U0534564

本书获山东师范大学教育学省级一流学科建设基金支持

# 乡村教师生活的历史考察

高盼望 著

中国社会科学出版社

# 图书在版编目（CIP）数据

乡村教师生活的历史考察 / 高盼望著 . —北京：中国社会科学出版社，2021.7
　ISBN 978 - 7 - 5203 - 8697 - 5

　Ⅰ.①乡⋯　Ⅱ.①高⋯　Ⅲ.①农村学校—教师—社会生活—研究—中国　Ⅳ.①G451.4

　中国版本图书馆 CIP 数据核字（2021）第 138764 号

| | |
|---|---|
| 出 版 人 | 赵剑英 |
| 责任编辑 | 王　琪 |
| 责任校对 | 郝阳洋 |
| 责任印制 | 王　超 |

| | |
|---|---|
| 出　　版 | 中国社会科学出版社 |
| 社　　址 | 北京鼓楼西大街甲 158 号 |
| 邮　　编 | 100720 |
| 网　　址 | http://www.csspw.cn |
| 发 行 部 | 010 - 84083685 |
| 门 市 部 | 010 - 84029450 |
| 经　　销 | 新华书店及其他书店 |

| | |
|---|---|
| 印刷装订 | 三河弘翰印务有限公司 |
| 版　　次 | 2021 年 7 月第 1 版 |
| 印　　次 | 2021 年 7 月第 1 次印刷 |

| | |
|---|---|
| 开　　本 | 710×1000　1/16 |
| 印　　张 | 14.75 |
| 字　　数 | 206 千字 |
| 定　　价 | 85.00 元 |

凡购买中国社会科学出版社图书，如有质量问题请与本社营销中心联系调换
电话：010 - 84083683
**版权所有　侵权必究**

# 序

教师在教育实践中获得的经验极为宝贵，它是实现教学品质提升的朴素力量，也是进行乡村教师生活历史考察的主要理由。但乡村教师教学理性的限度与经验的个人属性，决定了研究的复杂性。对此，我进行了大量的信息检索与阅读，发现在学术杂志、网络媒介中有零星记载，缺少针对民国乡村教师的系统化研究，毋说对该群体生活史的研究。在相关的研究者中，多半是从事教育的学者或教育研究者，还有一部分是其他社会科学研究者，少部分为民国时期的传教士等外国人士。他们各自从不同角度对乡村教师进行研究，分别涉及生活概况、群体演化、身份认同、日常生活等主题，提供了关于乡村教师零散、琐碎的认知。研究之初，发现乡村教师生活是零散且无序的，一直没有找到合适的突破口。幸好在这一过程中得到了我的导师徐继存教授的引导，逐渐厘清了研究思路。

在对相关史学进行回顾后，我发现以往研究者对乡村教师的考察多内隐在乡村教育、乡村生活、乡村政治、名家教育活动的研究之中，研究领域多集中在经济、政治、文化、制度等方面，有少量专门涉及乡村教师的教育调查研究，无法确切反映该群体的真实生活和精神面貌。绝大部分的研究不是围绕乡村教师而作，多是将其视为一种社会现象而忽视其教育性。研究者忽略了乡村教师在教育事业中的主体性存在，这个群体被无意中"遮蔽"。尤其是，新式教育在中国传播之初，乡村教师虽然学习了"先进"知识，却又时常依附于士绅阶层，在与塾师的博弈中，也没有体现出优势，更在乡土适应环节遇到诸多挑战。乡村教师从以前的融入乡村生活类似乡民的状态，逐步变为"专业人"，成为嵌入乡村的"他者"的存在，这是该群体在乡村生活中遇到的一大难题，也是其身份认同危机的根源之一。故而，我决定进一步挖掘乡村教师的专业生活和日常生活，研究乡村教师的社交网络，分析乡村教师被忽略的原因，探究乡村教师的自我意识、教育理想与职业期待等，以为今日教师之镜鉴。

高盼望

2020 年 12 月 1 日

# 目　录

绪　论 …………………………………………………………（1）

**第一章　乡村教师的时代背景** ……………………………（7）
　一　延绵不断的文化传统 ………………………………（7）
　　（一）祖荫庇佑与多神崇拜 …………………………（8）
　　（二）乡村聚落与农耕生活 …………………………（13）
　　（三）守成思维与儒家教化 …………………………（25）
　二　开始涌动的现代生活 ………………………………（30）
　　（一）西潮与新潮持续冲击 …………………………（30）
　　（二）乡村新学堂逐渐兴起 …………………………（36）

**第二章　乡村教师的群体状态** ……………………………（42）
　一　群体状态 ……………………………………………（42）
　　（一）新式学堂的毕业生 ……………………………（43）
　　（二）面临转型的文化人 ……………………………（48）
　　（三）根植桑梓的自乡人 ……………………………（57）
　二　生活水平 ……………………………………………（59）
　　（一）政策文本里的理想图景 ………………………（61）
　　（二）年代变动下的区域差别 ………………………（63）
　　（三）现实生活的清贫与无奈 ………………………（73）

## 第三章　乡村教师的学校教学 （79）
### 一　充满张力的教学场域 （79）
（一）学堂环境新旧杂糅 （79）
（二）教学条件参差不齐 （81）
### 二　张弛不定的教学生活 （85）
（一）理想与现实的张力 （85）
（二）课内与课外的境遇 （91）
### 三　渐趋理性的教学研究 （96）
（一）教学问题的初步审思 （96）
（二）教学研究的随机干预 （98）

## 第四章　乡村教师的社会生活 （105）
### 一　社会交往 （105）
（一）教师与士绅 （106）
（二）教师与塾师 （120）
（三）教师与乡民 （134）
### 二　社会活动 （155）
（一）传播实用知识 （155）
（二）参与乡村建设 （161）
（三）投身社会革命 （168）
### 三　社会形象 （175）
（一）家国情怀 （176）
（二）桑梓情深 （185）
（三）职业操守 （194）

## 第五章　乡村教师的时代际遇 （207）
### 一　乡村教师的生存论视角 （207）
（一）知识与权柄的分离 （207）
（二）守成与革新的割裂 （209）

（三）洋务与乡土的冲突 …………………………………（211）
二　乡村教师的知识论立场 ……………………………………（213）
　　（一）"体""用"博弈的乡村延续 ………………………（214）
　　（二）"知行""行知"的视阈对抗 ………………………（215）
　　（三）"中""西"哲学的侧重偏差 ………………………（215）

**参考文献** ………………………………………………………（217）

**后　记** …………………………………………………………（227）

# 绪　　论

　　科举废除之后，新式教育不断在乡村推进，区别于传统塾师的乡村教师开始出现，他们承受着西潮、新潮的冲击，在社会转型与新旧继替的多重压力下生活。乡村教师的生活细微而具体，却又因之构成一幅宏大的乡村教育图景，蕴藏着巨大的精神财富和教育价值。所以，乡村教师生活的历史考察有助于厘清乡村教师发展史，也有助于对乡村教师群体心理与心态的考察，可以为当代乡村教师发展提供历史镜鉴，也将对落实教育部、中组部、中编办、国家发展改革委、财政部和人力资源社会保障部六部门《关于加强新时代乡村教师队伍建设的意见》提供有益视角。

　　本书所指乡村教师指科举制度废除、新式教育在全国推广背景下的乡村学堂、学校里的教师，一般为小学教师尤其是初等小学的教师，有部分是改良塾师，极少数的中学教师，时间集中在清末民国阶段，以民国时期的乡村教师为主体。新式教育逐渐向乡村推进，私塾余韵与学堂乐歌相间，乡村教师肩负着传统中国的文化传承与近代西方的文化启蒙重任，也承载着教育进步、民族复兴的梦想。乡村教师是一个特殊的群体，他们有专业人的特点也有农民性的取向。研究发现，政策法规中的教师待遇极为可观，但与相关调查及教师话语表述的待遇有些差距。同样身为乡村中的知识者，山西人刘大鹏和安徽乡村教师黄卓甫有着不同的教育背景与立场。刘大鹏所受的是传统儒家教化，并取得一定功名，对地方社会贡献大，但思想保守，对新学多有敌意，在学堂中教书的时光也乏善可陈。黄卓甫则是师范教育出身，在乡村小学中教读数年，用心教学、关爱学生并有相当的教育体悟。

刘大鹏（1857—1942），字友凤，清末举人，号卧虎山人，别号梦醒子，山西省太原县（现为太原市晋源区）赤桥村人。光绪二十年（1894）中甲午举人，八年后其长子也中举，因"父子登科"闻名乡里。刘大鹏在随后很多年（光绪二十一年、二十四年、二十八年）进京会试全都名落孙山，直到科举制度废除。在备考期间，在离家不远的家塾教书。作为私塾先生，他备受"东翁"（东家，山西太谷县南席村商人武佑卿）尊敬，待遇较为丰厚。他当过小学教师、校长、省咨议局议员、县议会议长，后来还领着几个儿子开过小煤窑。刘大鹏所著《退想斋日记》近200册，天文、地理、文化、经济、农业、生活日用、婚丧嫁娶无所不包，另有一些片段提及他的教育生活。刘大鹏关心地方公益并编撰了《晋水志》等。① 刘大鹏也有其历史局限性，他对清王朝留恋却对民国政权不满，视近代革命先驱为"乱党"；相信因果报应，排斥农民革命甚至对红军大加批判。排除其历史局限性，他对地方建设、教育发展、文化事业做出的贡献不容忽视。

黄卓甫乃徽州乡村小学教员，前安徽省第二师范学校毕业，在乡村小学教授多年，教学经验丰富。他的系列日记作于1930年，并命名为《仪耘日记》。② 黄卓甫的教学日记从1930年3月30日开始，这一天是周日。该日记是李汉澄从许恪士那里得来。③ 李汉澄与许恪士相识多年，私交甚好，故而拿到该日记。日记详细记载了黄卓甫几乎一个学期的教学生活情形。

---

① 刘大鹏：《退想斋日记》，乔志强注，山西人民出版社1999年版，前言。
② 黄卓甫：《一个徽州乡村小学教员的日记》，《安徽教育》1930年第9期。
③ 许恪士（1896—1967），名本震，安徽省歙县许村人。他毕业于北京高等师范大学，曾任省立安庆第一师范学校校长。后赴德国留学。先后就读于柏林大学和耶拿大学，获耶拿大学哲学博士学位。1947年5月，就任台湾省政府教育厅厅长。晚年执教于台湾大学，并在政工干部学校、"中央"警官学校、"国立"政治大学和各军事学校讲学，从事教育工作50多年。

## 绪 论

当代中国，乡村城镇化步伐开始加速，必然会影响乡村教育的开展，也对乡村教师提出了更高要求。新的刺激不断渗透到乡村教师群体中，在改变其生活方式之外还影响着他们的人文精神。时代转型给乡村教师带来的挑战并非前所未有，史无前例。教师从古代"启蒙者"转化到当代"专业人"的形象，其"过渡阶段"出现在清末民初。这一过渡阶段包含了教师与塾师甚至是新与旧的博弈。其间，乡村中的教师有理想的追求也有现实境遇的挫折，他们过着琐碎的生活，体验着喜怒哀乐。我们与之并无区别，甚至和他们有着共同的梦想、共同的痛苦，总之是因有着类似的际遇而感受颇深。或许可以用一些形容词来概括乡村教师的群体形象、社会性格，但少有人能了解他们的生活状态，更说不上真正体会他们的内心世界。外界对他们的评判也有较大差异，这个群体有时候看起来平淡无奇，平淡的像落满灰尘的村庄一样缺乏存在感；也有可能，连他们都忽视了自己的存在。有时候又被看作国家的脊梁，肩负了民族的教育梦想与复兴愿望。乡村教师在各种阻力之外还承载着乡土社会的文化传承、乡村教育的使命，经受了多重考验。更难得的是，乡村教师面临困苦的生活环境，却在如此恶劣条件下坚守岗位，这种情怀所传达的能量不可小觑。

通过进一步研究，或许可以追寻逝去的、今世教师所匮乏的淑世情怀。清末民国时期乡村教师数量庞大，在普及教育、开启民智的过程中功劳卓著。他们是乡村教育的重要一环，他们坚强地支撑起了贫弱的乡村教育，存在感的缺乏并不能说明该群体的式微。所以，如此庞大的群体不能沦为"沉默的大多数"，也不能为历史学家撰写的"英雄诗史"所掩盖，他们需要有自己的历史。民情风俗、饮食起居、日常生活等方面的研究已蔚然成风，其细致入微的研究手段乃"宏大叙事"所无法企及的。由是观之，教育界所表现的不能只是名家的思想史、制度史，也需要有生活史，甚至是普通教师、乡村教师的生活史。从史学本身的发展来看，日常生活史学最大的野心是企图回答长久以来社会史研究所悬而未决的根本问题，即如何理解个体经验与总体结构之间的关系。① 如果仅仅是从班级教学、管理以及薪资等方面研究，又未免割裂了该群体生活的整体性与有机性，零碎的"枝叶"难以拼凑成鲜活的生命，这也是从浩如烟海的文献中还原乡村教师生活的原因所在。当然，从生活或者生活史的角度研究乡村教师，可以更加生动地展现这个群体的所做、所想，也只是一定程度地说明问题的存在。

研究教师的专业发展需要回到一般教师、乡村教师的日常生活中，把普通教师的日常生活、风俗习惯、心路历程等反映出来。通过看似平凡无奇的生活事件，重构教师生活，去发现教育历史的另一面或者真正意义。如此一来，研究乡村教师日常生活史唯有从丰富的历史细节中构建出鲜活的当下感与在场感，才不失其初衷。其实，早在20世纪下半叶学界就开始了对宏观社会结构与功能分析式史学研究的反思，认为宏观历史叙事忽略了作为历史主体的人的存在，开始关注历史事实如何被处在特定时空的不同权力主体所形构。另外，学科整合带来的视域融合，使教育研究变得更加科学和人性化，如历史学、社会学、人类学、心理学等诸多理论和方法涌入教育研究领域，让乡村教师生活的历史考察成为可能。

在一定程度上，"日常生活的变迁史，就是芸芸众生的喜怒哀乐史。最能反映一个时代、社会特点和本质的，其实并不一定是这个时代、社会中那些轰轰烈烈的重大事件，或那些政治领袖、英雄豪杰的升降浮沉，还可能是无数平民百姓日常生活中的细节。一些不为人注意的日常生活的细节，恰能细致入微地反映出时代、社会的氛围"②。旧时代乡村教师的生活已渐为历史的尘埃所覆盖，被当作历史陈迹，被放置在民族记忆的边缘，但尘埃之下却埋藏着无尽的精神财富和教育的真理，值得挖掘。

---

① 胡悦晗、谢永栋：《中国日常生活史研究述评》，《史林》2010年第5期。
② 雷颐：《"日常生活"与历史研究》，《史学理论研究》2000年第3期。

一是可以加深对教师群体的理解。乡村教师在喜怒哀乐之间反映的是他们对教育、生活现实的体悟。他们毕竟是小人物，其间必定掺杂了对进步的渴求以及力量弱小的无奈，他们"卑微"的人生际遇也反映了整个教师群体的现实。通过事实证据及其对细微片段的分析，细致研究乡村教师的生活，求得真相，将会加深人们对该群体的认识。研究虽然强调以乡村教师的生活为重点，将研究视野投入日常生活层面，但不意味着要完全与教育、教学相隔断，它们之间有着密切关联，对教育、教学的本质认识仍是不懈之追求。也就是说，研究乡村教师生活并不仅仅是一味地"埋头生活"，同时还要"仰望星空"，将细微生活与宏大理论结合起来。

二是可以为当代教师发展提供精神力量。正如美国新史学派代表人物鲁宾孙和贝克尔等人所强调的那样，每个人都生活在历史之中，都处于创造历史的过程之中，而历史又在每个人的生活和创造中体现出来。[1] 历史不能仅限于所谓的时代精英、宏大叙事，小人物、普通人也在创造历史。旧时代的乡村教师群体创造了独属于自己的历史，为后人留下了宝贵的精神财富。他们自然也不是"漫无目的"的生活，他们本身也在创造历史，有迹可循。他们从失意的科场士子到学堂、师范学校、教会毕业生，一路演化而来，最终代替了传统的"学官""私塾先生"。该时期的教师不但具有古代教师的典型特征，还逐渐走上专业化的道路。他们在与乡村塾师的博弈中逐步发展，不但承担社会教化的功能，还开始传授新知识、传播新思想。通过研究该群体，不但可以透视教师日常生活及其成长，还可以为当代教师提供精神动力。

三是可以为研究者提供历史的镜鉴。美国未来学家阿尔文·托夫勒很自信地说，唯一可以确定的是，明天会使我们所有人大吃一惊。但是他还说，如果我们不向历史学习，我们就将被迫重演历史。正所

---

[1] 何兆武、陈启能：《当代西方史学理论》，上海社会科学院出版社2003年版，第484—485页。

谓"以铜为镜，可以正衣冠；以古为镜，可以知兴替；以人为镜，可以知得失"，期待以乡村教师生活史的研究镜鉴当下教师发展、教师教育之"兴替""得失"，找到与当下乡村教师相通的地方，为解决教师发展、教师教育找到新的思路，为提出有益的措施做积淀。实际上，回望过去更多的是为了审查当下，将现在的教育状况放入历史中拷问，以便寻找解决问题的对策或者希望。

# 第一章 乡村教师的时代背景

"中华民国"在民主共和、除旧布新、造就新人的理想中建立，在战争、贫困、内耗中苟延残喘并最终为新中国所取代，这是正常的朝代嬗替也是自然的人事代谢。这期间，教育事业尤其是乡村教育事业发生了较大转变，相对晚清，民国期间的乡村教育在办学方式、教育理念、教育内容、教师队伍上都更加现代化。坊间流传的顺口溜"中华民国大改良，拆了庙宇盖学堂"，也形象地反映了这种蜕变的剧烈与激进。当时的农民"穿着粗布衣，吃着家常饭，腰里别着旱烟袋，头上戴着草帽圈"。仅此一句话就已生动地道出了乡村民众不变的生活节奏、清贫的生活状态与不健康的生活方式。这预示着乡村教师必然遭遇相应的磨难，其种种生活现实与动乱的社会不无关系，更与传统的乡村生活纠缠不清，因为这些新教师所面对的是一个有着良好组织、运行规律、聚落稳定的关系社会。

## 一 延绵不断的文化传统

乡村教师生活于乡土社会，自然难以超脱其中的风俗习惯，他们中的绝大部分本就是乡土生活的有机组成，除了职业特殊之外，与乡民并无太大异样。大多时候，教师生活于村落之中，因袭祖先生活方式，寻求神灵庇佑，也要因循旧制、延续香火等。近代以降，千年农业社会形成的社会纽带与生活共同体遭遇西潮与新潮的冲击，乡村已有的组织架构开始松动，运行轨迹出现偏离。但整体上，乡村聚落生活的实质并未改变。

### （一）祖荫庇佑与多神崇拜

传统乡村社会是一个有着浓厚血缘、宗族色彩的共同体，它的基本单位是家庭；人们根据血缘、权力、财产、知识等形成相应的规范并因之紧密贴合在一起；村落之间通过道路、集市相互联系，形成相应的文化，过着简单的生活。中国家庭，尤其是中国农村家庭，不完全是指生活在一起的一群人，它的含义可以更广。杨懋春以台头村为例进行了深入研究，他发现"家庭"包括家里的人员、财产、牲畜、声誉、习惯和神祇，它是这些因子构成的复杂的微型社会组织。如杨懋春所说，家畜是家庭生活中的重要组成部分。"在台头村，家畜主要有牛、骡、驴、狗、猫、猪和鸡。前四种家畜被视为家庭的一部分，受到特殊对待。农民对牛最有感情，这种感情非常强烈，以致他可能感到失去牛比失去年幼的孩子更糟，因为失去这种动物会危及整个家庭的生计。杀牛会受到所有人的谴责。尽管没有法律或社会习俗禁止职业性宰牛，但谁也瞧不起干这一行的人。人们相信没有人能在这个行当中发财，屠夫的灵魂在阴间会受到永远的折磨。就算他什么都有，他的子孙也会又穷又弱。农民总是竭尽全力保住他的母牛或公牛。如果有一天迫不得已要卖掉牛的话，将会引起家庭的巨大哀伤。当农民把牛交给买主，看着它被人牵走时，他会伤心得流下眼泪。至少有一两天时间全家人在用餐时沉默不语，这种状况要到买了一头新牛时才能改变。农民不会把牛直接卖给屠夫，即使屠夫愿出很高的价钱。他将非常认真地为牛找一个好买主，就像为他女儿找一个好丈夫一样。如果他发现他的牛卖出去后被杀掉了，他将诅咒自己、诅咒买主和买主的祖先。"[①] 有些地方还建有"牛王庙"，用以献祭，祈祷牛王的庇佑。

---

[①] 杨懋春：《一个中国村庄：山东台头》，张雄等译，江苏人民出版社2001年版，第49页（注：此书为英文写作后翻译过来的，余不赘述）。

多数时候，村里的人们最愿意相信祖先具有神灵。不管是在祖宗墓地还是在天上，祖先的神灵始终关注着后人的一举一动。乡民认为旦夕祸福都受到祖先的控制，神灵满意与否决定了家庭幸福与否。所以，在特殊的日子，如节日、婚礼和孩子出生时，必须邀请祖先参加，在他们的坟上、祖宗祠堂或家里祖宗牌位前祭拜。在新春佳节，人们的家族感最为强烈，因为活着的人觉得祖先实际上是和他们在一起的。很多的家庭活动是由祖先的无形权力所"控制"。

在祖荫之外，人们还延伸到对诸神的信仰。恽毓鼎曾在其日记中记载，过年时对供奉的神位的祭拜。"（1916年，正月初一）晨起向东北行三跪九叩礼。先师神位前行三跪九叩礼。祖先神影前行礼。菩萨像前行礼。偕夫人同车至三兄处，在二世父母影前（相片）行礼。饭后三兄来，偕至刘太爷处拜神影。刘太爷卧病，尚在被中也。（1917年，正月初一）晨起，东北向乾清宫行三跪九叩礼；至先师前，行三跪九叩礼；关圣帝君、观音菩萨像前均行礼，祖像前行礼。"[①] 这种现象在中国极为普遍，人们常常拿着祭品，放在祖先的灵位或神祇的偶像面前"孝敬"，期待在"天上"的神灵可以享用，博取诸神的高兴。

杨懋春以更加夸张的口吻形容这种现象。家庭或个体所做的许多事情基本上是为了讨祖先、神灵的喜欢。比如，人们刻苦学习以求在官场飞黄腾达是为了光宗耀祖；而人们不愿当乞丐、小偷和妓女，也是因为那会使祖先丢脸。对家庭绵延不绝的信念既表现在后代的行为上，也体现在代与代之间的纽带永不中断上。中国人总是尽最大努力保护祖先墓地、祖宗祠堂和祖宗牌位，它们代表了祖先的神灵，是家庭中真实的、活生生的一部分。乡村的生活因聚落提供安全感和基本保障，依靠看不见的神灵提供心灵的安抚、归宿以及寻求幸福生活的动力。

人们对神灵的信仰与恐惧是带有功利色彩的，"人们相信善有善

---

① 《恽毓鼎澄斋日记》，浙江古籍出版社2004年版，第757—772页。

报，恶有恶报。来自灵魂世界的奖赏可以是天国的荣誉官职，但是，正如我们已经说过的那样，人们期望得到的仍是荣誉、财富，以及祖祖辈辈的兴旺发达。惩罚可以是下地狱，然而，最直接的惩罚方式却是疾病、贫困、火灾、被窃、暴死、断子绝孙，以及一些其他形式的惩罚"①。人们对祖宗、圣贤的信仰，一定程度地维系了族群的稳定与团结，并为处境艰难的他们提供精神动力，但是，在另一极端又难免出现所谓的"怪力乱神"。有学者曾举例说，在渡河时看见船夫只是用两块大木板作为船与陆地的桥梁，以至于牛马害怕而站在木板上一动不动，浪费了很多时间，他们为了省下一点木料却无形中增加了更多的时间成本；或者船夫们没有想着怎么改进船只，让它更快、更安全，而是给船安上"眼睛"或用公鸡祭祀神灵，祈求庇佑。曾有歌谣提到这种风俗，如此唱道：

扒龙舟，<br>
转龙头，<br>
买只生鸡来保佑，<br>
买田买地起高楼。<br>
细佬哥，<br>
行里莫打斗，<br>
老少平安到白头。

研究者王骧认为，农民占据中国人口的绝大部分，他们的生活现实基本代表了中国的发展程度。统计数字可以清晰地反映乡村民众的生活状况，他们口口相传的歌谣更是对其生活的形象反映。王骧收集了部分歌谣并进行了归类。其中提到"农人的迷信"，摘录如下：

---

① 许烺光：《祖荫下：中国乡村的亲属、性格与社会流动（修订版）》，王芃等译，南天书局2000年版，第197页（注：此书为英文写作后翻译过来的，余不赘述）。

第一章　乡村教师的时代背景 ◉◉

### 1. 求雨

小孩求雨天欢喜，
青龙头，白龙头，
小孩求雨天欢喜，
大雨下在麦地里，
小雨下在菜园里，
收清麦，打清场，
蒸个龙馒敬龙王，
一敬天，二敬地，
三敬龙王受口气。

### 2. 走南窑

走南窑，走南窑，
南窑门前把香烧，
村婆做了大医士，
铜圆毛票揣满腰，
大医士，手段高，
艾绒香头当药料，
　肿了用瓦烫，
　疙瘩用火燎。①

类似企图借助"神力"降雨、治病的现象在乡村普遍存在。例如，山西曾发生一次大旱，几乎三年没有降雨。乡绅刘大鹏所在的赤桥村也受到波及。② 这三年来，当地村民一直去天龙山的天龙池祈雨，祈求"龙王"带来降水。村民进入深山，将石头堆起来，并在石堆上放一些柳枝并向那里洒水。当地还组织大型的祈祷，或赤足前行或反复跪拜，人们挥舞着柳枝、烧着纸钱，整个队伍里都弥漫着对雨水的

---

① 王骧：《从乡村歌谣谈到乡村教育》，《乡村教育》1936 年第 2 期。
② [英]沈艾娣：《梦醒子——一位华北乡居者的人生》，赵妍杰译，北京大学出版社 2013 年版，第 23 页。

渴望。祈祷期间，人们夙夜跪拜，仅吃一些素食斋饭，但是仍然没有降雨。

刘仲元回忆小时候常帮他干嫂子捡麻雀粪便，因为，据坊间传说，慈禧太后经常用麻雀、鸽子等的粪便洗脸、美容，被传为宫廷秘方。刘仲元还记载道："端午节，村人还有中午到河边抛弃旧荷包换戴新荷包的习俗……我把自己佩戴很久装香草的一串花荷包抛到小河沟里，当我与小伙伴捉小青蛙时，看见村东大嫂蹲在河边用双手捧河里长尾巴小黑蝌蚪活吞着吃。迷信说五月端午吃活蝌蚪可防瘟灾。我边走边想着她说吞吃活蝌蚪可防瘟灾的鬼话，我看她是没病找病。"① 何兆武也回忆湖南农村的迷信行为。如果有人生病，他们就会请个法师来捉妖。那法师披头散发，手里拿着宝剑，一边敲一边耍，嘴里念念有词。

> 我记得有这么几句，法师对着那个"鬼"说："太上感应篇，说得甚分明，若不遵吾令，斩首不容情。"当时我挺纳闷，鬼的脑袋还怎么斩？已经是死了的，你还斩它的脑袋？那不还是鬼吗？我有一次生病也是这样，母亲按照当地的习惯请了法师，折腾了好一阵，然后两个人抬着一座菩萨，像抬轿子一样，前边有人打锣，后边四五个人跟着在街上转。前边的人喊："某某某，回来没有？"后边的人答应着："回来啦。"这是在叫魂，以为你的魂被吸走了，得把它叫回来。②

美国人孔飞力曾经著《叫魂——1768年的中国妖术大恐慌》一书，研究一种称为"叫魂"的妖术，1768年人们对这一妖术的恐惧在中国爆发。文中提到，它首先在富庶的江南发端，沿着运河和长江北上、西行，迅速地席卷了大半个中国。很多人受这种妖术恐惧的支

---

① 刘仲元：《苦尽甘来忆童年：1938年至1952年》，北京出版社2009年版，第21页。
② 何兆武：《上学记》，文婧转录，生活·读书·新知三联书店2008年版，第74页。

配，相信妖术师可以通过人的发辫、衣物甚至姓名来盗取其灵魂为自己服务，而灵魂被盗者则会立刻死亡。从春天到秋天的大半年时间里，几乎整个国家都被这妖术恐惧动员起来。小民百姓忙着寻找对抗妖术、自我保护的方法，各级官员穷于追缉流窜各地频频作案的"妖人"，而身居庙堂的乾隆皇帝则寝食不安，力图弄清"叫魂"恐惧背后的凶险阴谋，并不断发出谕旨指挥全国的搜捕。一些咒语、护符可以用于诅咒别人。例如，如果有盖房的工匠或者别人想诅咒房屋主人，可以将刻有"冰消"的竹片（一幅破瓦一断锯，藏在梁头合缝处，夫丧妻嫁子抛谁，奴仆逃亡无处置）藏在正梁合缝中；或者在屋中间埋上一块牛骨（房屋中间藏牛骨，终朝辛苦忙碌碌，老来身死没棺材，后代儿孙压肩肉），诅咒主人及其后代一生辛苦、劳累。① 当然也有咒语、护符来化解未知的危害。例如，为了防止盖房匠人使坏，主人需要用朱砂书符贴在正梁上。

这种或正面或恶毒的妖术，暴露了众人缺乏安全感，也揭露了一些人所怀有的邪恶意图。信仰本可以引导众人走向更美好的生活，但被异化了的信仰——迷信，会让人迷失其中。人们没有学会宽容、赦免，而是以更加恶毒的方式回击，人们就在这种无休止的对抗中迷失了方向甚至拉低了群体的气质和整体的人格。如果说，对祖宗、圣贤的信仰尚可值得尊重，那么，妖术的这种不宽容的、不科学的意识形态是必须抛弃的，也是新式教育所肩负的重担。

### （二）乡村聚落与农耕生活

拥有土地，可以给农民家庭独立人格、精神鼓舞甚至自由的感觉。生活器具和生产工具也很重要，好的工具很贵，不是每个家庭都买得起的，因而成为家庭兴旺的象征。它们经常被借给村中其他家庭

---

① [美] 孔飞力：《叫魂——1768年的中国妖术大恐慌》，陈兼、刘昶译，生活·读书·新知三联书店1999年版，第143—146页。

使用，由此产生并加强了相互间的友好关系。① 土地对于农民极为重要，它不仅仅因为能够种庄稼，它还属于子孙后代，也是后代生活的基础。

农民们精心利用每一种资源，并不浪费而是尽量将之转化为肥料。为了肥田，村里人把人畜的粪便小心地收集并保存起来（如果离城区较近，他们会早早地奔走于大街小巷去担粪）。坑满之后，坑里的东西就被运到专门留出的空地上，用一层泥土覆盖起来，在那儿继续发酵。播种季节来临时，把粪堆砸开，让混合物在太阳底下晒干然后制成粉末运到田里。另一种重要的肥料是豆饼。做肥料用时，豆饼一般与堆肥混合使用，这不仅是因为光用豆饼农民负担不起，而且还因为当地人认为混合肥效果更好。"老砖炕、老灶头或老房子里面的泥土也可用作肥料。虽然该地区几乎群山环抱，但木材仍然弥足珍贵，不能当柴烧掉。任何不派其他用场的植物都被小心地收集、保存起来，塞进厨房的灶头里。农民认为既然植物还有其他许多用途，用作肥料不合算。"② 例如，麦秆可以当柴烧（或做饲料），之后再用于肥田。

历史上，很难有哪个家族能够在三四代内保留同样的土地。如果这个家族一开始省吃俭用，积攒了一些钱，家族成员开始置地并慢慢壮大田产。如果家族的第二代同样勤俭持家，他们的家族及其地产会继续扩大，并过上富裕生活。但是，再往后，他们的后代会坐吃山空，出现入不敷出的景象，这就要变卖一些土地。再往后，后代将土地几乎变卖一空。原来的地主，逐渐变为富农、平民甚至沦为贫农，不得不去当商店伙计、雇工等维持生计。然后，可能继续新一轮的循环，穷人又可能逐渐积累财富，变成富人。

乡村土地的转移与买卖涉及交换关系，随之而来的是土地的流失

---

① 许烺光：《祖荫下：中国乡村的亲属、性格与社会流动（修订版）》，王芃等译，南天书局2000年版，第232页。

② 杨懋春：《一个中国村庄：山东台头》，张雄等译，江苏人民出版社2001年版，第26—27页。

或积累，这便构成雇佣关系或帮工现象的基础。一般情况下，雇主及其家庭"与雇工的关系通常是融洽的。经济地位变化频繁，长期雇用劳力的家庭很可能在同一代发生受雇于其他人的情况，而大量曾经贫穷的家庭也会变得相对富裕。由于这种变化是大量发生的，因而一个家庭不会觉得比另一个家庭高贵或低贱。而且，多数雇工自家也拥有土地，尽管可能很少。一个相对富裕的家庭，其儿子也可能为邻居家庭或邻村的某一家庭干活。这个家庭比如有十亩地，因为父亲、母亲和一个儿子就能照料好这些土地，另一个儿子就能够为别人干活。通过勤劳和节俭，这些小块土地每年可能有所增加。这样一来，这个家庭就会受到当地人们的尊敬，谁也不会看不起来自这种家庭的雇工。所有雇工不是来自同一村庄就是来自同一地区的其他村庄，这些家庭之间相互了解。雇工与雇主从事同样的工作，都是在田间干活。所有这些因素都有利于缩小挣工资的人与雇主之间的区别"[1]。晏阳初认为，中国农民，不像帝制时代的农奴和印度的被压迫的阶级，他们是自由的人。正因为缺少强大的中央政府，才培养出农民的自力更生、独立的精神。尽管贫穷，他们仍然是勤劳俭朴的。尽管没有文化，他们却是有聪明才智的。[2] 在精耕细作方面，他们是"能手"，是"专家"。

费孝通认为，乡下人难以割舍泥土，久住乡间，耕种自然是最普通的谋生办法。他的老师史禄国先生也曾告诉他，远在西伯利亚，一些中国人住下后，不管天气如何，还是要下些种子，试试看能不能发芽，是不是适合种地。这样一个民族，与泥土分不开，其光荣历史也受到泥土的束缚，现在很有些飞不上天的样子。沈从文在其中篇小说《边城》里描写湘西人家的生活，时人诚实、勇敢、率性、热情、乐善好施、轻利重义、守信自约的形象给人留下了田园牧歌般的诗意想象。另如，南宋诗人范成大退居家乡后写了一组大型的田园诗——

---

[1] 杨懋春：《一个中国村庄：山东台头》，张雄等译，江苏人民出版社2001年版，第32—33页。
[2] 《晏阳初全集》（第一卷），湖南教育出版社1989年版，第258页。

●● 乡村教师生活的历史考察

《四时田园杂兴》，该诗分春日、晚春、夏日、秋日、冬日五部分，每部分各十二首，共六十首。诗中描写了农村春、夏、秋、冬四个季节的景色和乡民的生活与乡俗，有丰收的希望，有劳作的辛苦，亦有遭遇官吏盘剥的景象。现摘录如下：

（春日）柳花深巷午鸡声，桑叶尖新绿未成。坐睡觉来无一事，满窗晴日看蚕生。
（晚春）蝴蝶双双入菜花，日长无客到田家。鸡飞过篱犬吠窦，知有行商来买茶。
（夏日）昼出耘田夜绩麻，村庄儿女各当家。童孙未解供耕织，也傍桑阴学种瓜。
（秋日）中秋全景属潜夫，棹入空明看太湖。身外水天银一色，城中有此月明无。
（冬日）屋上添高一把茅，密泥房壁似僧寮。从教屋外阴风吼，卧听篱头响玉箫。
（冬日）村巷冬年见俗情，邻翁讲礼拜柴荆。长衫布缕如霜雪，云是家机自织成。

乡村中很多歌谣也留下了人们对美好生活的向往。例如，南京郊区一些山歌如此唱道：

走下田来就唱歌，好叫心里快活活，
去年收了千千石，今年收了万石多。
山歌本是古人留，留个山歌在田头，
虽然不是茶和饭，一解心事二解愁。
各田栽秧各田青，黄秧头上出黄金，
桑树头上出绸缎，女人怀中出贵人。
山歌本是古人言，为人在世为种田，
种田个个有好处，半年辛苦半年闲。

## 第一章 乡村教师的时代背景

> 太阳一出照四方，一照城里二照乡，
> 照在城里做贵员，照在乡里做田庄。
> 眼望田中秧青青，我家要收千万金，
> 明年讨个好媳妇，后年生个文曲星。①

辛苦的劳作之余或者农闲季节，村民则过着属于自己的休闲生活，平淡无奇。在村里，年轻人聚集在店铺等地玩乐，老年人则出现于街头、巷尾、墙角，或说笑，或晒太阳，或打纸牌。如有些民谣里提到，打牌、看牌成为一种生活方式：

> 小板凳，慢慢挨，
> 东庄去吃酒，
> 西庄去看牌，
> 今天拢一晚，
> 明朝分下来。②

不论怎样，普通乡民都在重复简单节奏并期望过上锦衣玉食或者温饱富足的生活。例如，1949年12月27日，中国人民解放军兵不血刃地进入了成都，整日担惊受怕的恶战并没有在成都打响，人们大松一口气。除非战火燃及家门，政治的角逐貌似与大众无关，最多不过是茶余饭后的谈资，人们的日常生活又恢复平静。人们或是劳作，或是休息，聚到一起打牌、喝茶也是不错的选择。入夜时，人们在茶馆中"拥挤不堪，因为评书就要开场。聚精会神的人们便进入《封神》《三国》或者《说岳》的另一个世界。在另一个世界里，听众暂时得到解脱，忘掉了种种不快，忘掉了明天可能还不知在哪里挣钱，养活一家老小；忘掉了他们负债累累，不知何时能偿清。他们在人间和鬼神的世界驰骋往返，在英雄和小人之间感受悲欢离合，在正义和卑劣

---

① 蒋杰编著：《京郊农村社会调查》，《中华农学会报》1937年第159期。
② 王骧：《从乡村歌谣谈到乡村教育》，《乡村教育》1936年第2期。

之间体会丑恶真善"①。听完评书的人们在唏嘘之后，又迎接太阳的照常升起，过起那平淡的生活。这时，新中国已然成立，战火与争斗渐渐远去，战争创伤也慢慢愈合。不知不觉，已是寒冬腊月。不论怎样，不论贫富，乡民们开始张罗过新年。富贵的人家还在盘算是不是要请个戏班子演演戏，普通人家在精打细算，贫穷的人家希望债主别再登门；大家都希望来年有个好运气。几十年前，也是这种场景，其间的变化貌似微乎其微，广大的乡村更是如此，即便是遭受战火摧残，仅剩下残垣断壁，他们的期望依旧。

尽管农耕文明的自给自足给人以田园牧歌的想象，但是相较工业时代的巨大发展，中国的经济显然落后许多。经济上的整体困苦成了中国特别是中国农村的地方病。"1912年、1933年与1952年的人均国内生产总值分别仅为113元、123元和115元（按照1952年的物价估计）。个别农户或特殊地区作物产量不是一成不变的，于气候、自然灾害、战争或者不利的价格趋势影响很大。仅够勉强维持生活的总产量没有富余应付过于频繁的意外事故，也无法不年复一年的担心一家人的温饱。"②国民党所编史书说："孙中山先生领导国民革命以来，经十余年努力奋斗，终于能推翻清朝，建立'中华民国'。但所谓'民主政治'实际上仅徒有虚名而已，当时全般局势仍在袁世凯与各大军阀控制之下。由于彼等之争权夺利，完全置国家民族于不顾，致演成全国混战之局面。孙中山先生乃继续领导国民革命，先后发生'二次革命''反帝讨袁'与'护法'诸役；各大军阀间亦为争权夺利发生火拼，其大者如直皖之战、直奉之战，小者为一省之内的派系作战，则不计其数；因之战火遍及全国，生灵涂炭，较之满清末年尤有甚焉。同时帝国主义者，又乘机侵略中国，不平等条约较前更为苛刻，主权领土损失益多，国家有被列强瓜分之虞。战乱地区人民生活

---

① 王笛：《茶馆：成都的公共生活和微观世界（1900—1950）》，社会科学文献出版社2010年版，第453—454页。

② ［美］费正清、费维恺编：《剑桥中华民国史：1912—1949年》（上卷），刘敬坤等译，中国社会科学出版社1993年版，第48、80页。

更加艰苦，平时难得一饱，荒年则饿殍遍地。"

晏阳初在定县乡村建设实践的报告中引用了一组调查数据，该数据放在文后附表中。数据显示，该县农田平均收入是每年每亩23元，每人每年平均收入30元；其人均仅有"一亩三分地"而已，勉强度日。陶行知做了一项180页的调查，发现农民一家人口众多，则平均地产就少，甚至有食不饱、衣不暖的情形，这群人在当时上学比较难（见表1-1）。

表1-1　　　　　　　　三十亩老农家境变化表①

| 家庭人数（人） | 每人亩数（亩） | 状态 |
| --- | --- | --- |
| 3 | 10.0 | 可受中等教育 |
| 4 | 7.5 | 可受初等教育 |
| 5 | 6.0 | 无力受教育 |
| 6 | 5.0 | 衣不暖 |
| 7 | 4.3 | 食不饱 |

即便排除特殊情形，乡民的生活还是较为艰苦的。据学者张纯元统计，1910—1920年，农村人口比重为93%，20年代为85%左右，30年代为80%左右，40年代为85%左右。② 如此多的农民，直接面临的现实是土地不够种。更加严重的问题则是土地分配不均，这极大地威胁到一般民众的安全感。1927年，武汉中央土地委员会就有调查，显示土地多掌握在占少数的地主手里，占大多数的中农、贫农拥有极少的土地（详见表1-2）。

"农业部"中央农业试验所着手调查农村状况，他们对20世纪30年代的租佃情况进行了调查。调查样本涉及全国22省961县，共收集3146份调查表（详见表1-3）。

---

① 陕西省陶行知研究会编：《陶行知论乡村教育改造》，陕西师范大学出版社1989年版，第51页。
② 朱汉国：《中国社会通史》（民国卷），山西教育出版社1996年版，第46页。

表1-2　　　　　　　　　　土地分配情况①

| 类别 | 耕地亩数（亩） | 人数百分比（%） | 占有地百分比（%） |
|---|---|---|---|
| 大地主 | 100以上 | 5 | 43 |
| 中小地主 | 50—100 | 9 | 19 |
| 富农 | 30—50 | 16 | 17 |
| 中农 | 10—30 | 24 | 13 |
| 贫农 | 1—10 | 44 | 6 |

表1-3　　　　　　　　　　30年代的租佃情况②

| 省名 | 自耕农（%） | 自耕农兼雇农（%） | 佃农（%） |
|---|---|---|---|
| 察哈尔 | 39 | 26 | 35 |
| 绥远 | 56 | 18 | 26 |
| 宁夏 | 62 | 11 | 27 |
| 青海 | 55 | 24 | 21 |
| 甘肃 | 59 | 19 | 22 |
| 陕西 | 55 | 22 | 23 |
| 山西 | 62 | 21 | 17 |
| 河北 | 68 | 20 | 12 |
| 山东 | 71 | 17 | 12 |
| 江苏 | 41 | 26 | 33 |
| 安徽 | 34 | 22 | 44 |
| 河南 | 56 | 22 | 22 |
| 湖北 | 31 | 29 | 40 |
| 四川 | 24 | 20 | 56 |
| 云南 | 34 | 28 | 38 |
| 贵州 | 32 | 25 | 43 |
| 湖南 | 25 | 27 | 48 |
| 江西 | 28 | 31 | 41 |

① 甘豫源：《乡村教育》，中华书局1936年版，第7—8页。
② 《中国各省的地租》，《农情报告》1936年第9期。

续表

| 省名 | 自耕农（%） | 自耕农兼雇农（%） | 佃农（%） |
|---|---|---|---|
| 浙江 | 21 | 32 | 47 |
| 福建 | 26 | 32 | 42 |
| 广东 | 21 | 27 | 52 |
| 广西 | 33 | 27 | 40 |
| 平均 | 46 | 24 | 30 |

民国公布的《全国土地调查报告纲要》对各类地权形态进行了更为细致的划分并进行了大致的统计分析。其中显示，自耕农占大多数，自耕农兼佃农、佃农这两者占到1/3左右，地主占5%左右（详见表1-4）。

表1-4　　　　　各类地权形态户的百分数①

| 地权形态 | 比例（%） |
|---|---|
| 地主 | 2.05 |
| 地主兼自耕农 | 3.15 |
| 地主兼自耕农兼佃农 | 0.47 |
| 地主兼佃农 | 0.11 |
| 自耕农 | 47.61 |
| 自耕农兼佃农 | 20.81 |
| 佃农 | 15.78 |
| 佃农兼雇农 | 0.02 |
| 雇农 | 1.57 |
| 其他 | 8.43 |

尽管农民忙碌在各国普遍存在，但在中国尤甚，这也是成人识字班、民众学校等在乡村招生困难的原因。"农夫忙"和"大小农户养

---

① [美]费正清、费维恺编：《剑桥中华民国史：1912—1949年》（上卷），刘敬坤等译，中国社会科学出版社1993年版，第84页。

蚕忙"等歌谣生动地诉说着农民的忙碌、辛苦、贫穷以及遭受的压迫：

### 1. 农夫忙

五月里，农夫忙，
二麦捆车要上场，
大麦熟，小麦黄，
大家忙，大家忙，
刚要田里去，家中又打场，
真真忙，真真忙，
大家预备冬天粮。

### 2. 大小农户养蚕忙

四月里来暖洋洋，
大小农户养蚕忙，
嫂嫂家里来付叶，
小姑田里去采桑，
公公街上买小菜，
婆婆下厨烧饭香，
乖乖小孙你莫要为妈妈噪，
养蚕发财替你做身新衣裳。

### 3. 做了一世还是穷

萤火虫，夜夜红，
爹爹挑水拨菜虫，
奶奶剥柴编斗篷，
儿子做帮工，
媳妇拨牙虫，
四手儿不放空，
做了一世还是穷。

### 4. 一年辛苦一年粮

一年辛苦一年粮，
省来拿去完钱粮，
若使年成收不好，
一条老命送监房。

### 5. 老农夫实在苦

老农夫，实在苦，
一天到晚耕田土，
收点粮，给庄主，
见庄主，如见虎，
　当面不敢坐，
　脚跟垫屁股。

### 6. 我劝主家要收工

太阳下山红又红，
我劝主家要收工，
家家人家吃晚饭，
我们还在田当中。

普通年月，农民的收成已无力满足自身的生存需求；更可怜的是，每逢灾荒、战火，农民陷入绝境，拼力挣扎；他们不得已逃离乡村，背井离乡，却可能在寻找好归宿的途中失去希望，甚或葬送性命。

### 1. 不如去吃粮

这两年，闹天荒，
种田不收，不如去吃粮，
　大哥吃粮在奉天，
　二哥吃粮在洛阳，
　兄弟二人忽上阵，

●● 乡村教师生活的历史考察

> 各人打死在路旁，
> 堂下有儿女，
> 堂上有爹娘，
> 厨中两妯娌，
> 辛勤做羹汤，
> 羹汤热了送上堂，
> 不知兄弟打死在路旁。

### 2. 田园荒芜农夫跑

> 阴雨多，太阳少，
> 田园荒芜农夫跑，
> 几时除去地上草。①

费孝通指出，这是中国"匮乏经济"②的必然结果，他认为劳力越多，技术越不发达，技术越不发达，劳力越多，其悲剧也是注定了的。古老中国生命力的维系一直以土地为主，在没有找到更好的生产方式、更先进的生产力之前，农业生产是最稳妥的。所以，农业生产也是最普遍、最稳妥的生活方式。除了上面提到的农民问题，地主阶层也是绕不过去的话题。地主阶层侥幸地过了几千年的寄生生活，他们靠农民尤其是雇农养活，恰如近代资本家一样被喻为寄生在受雇者身上的"吸血鬼"。抛开道德因素，他们拥有如此多的土地，是社会竞争的结果。如前所述，乡村里的每个人家都可能富裕过，只不过不知何时沦落、落魄；当时的富人也曾经贫穷过，他们通过几代人的不断积累而变得富有。但是，无论如何转换，大多数人的贫穷现实没有改变，乡村整体困顿的现状没有好转。即便地主们抛弃土地，逃离乡村进入城市，但城市也并无更好的职业可供选择，他们多是进入体制内；虽然离开乡村，但没有开辟新的发展模式，而是间接地寄生于土地的供养，地租只不过变成"赋税""摊派"等形式。解决矛盾的关

---

① 王骧：《从乡村歌谣谈到乡村教育》，《乡村教育》1936年第2期。
② 费孝通：《乡土中国》，上海人民出版社2007年版，第249页。

键不是打倒哪个阶层,而是如何转化他们,提高生产力。这就需要生产力与生产方式的巨变,这就需要新理念、新教育、新技术。

乡村社会的生活并不美好,自给自足的农业勉强养活中国的人民,甚至在最低限度的消费水平之上产生一个小小的"盈余"。这种盈余多是地主的,一般自耕农和雇农几乎是一贫如洗。农民们不得不面对抽租、赋税、兵捐等苛捐杂税的袭扰。蓄婢、纳妾和包办婚姻的恶习随处可见,穷人女儿在地主家当丫头,有的甚至"被商人贩卖到上海当妓女,太丑的,就送到工厂做工。她们自己毫无选择的余地,因为已经卖身给他人,只得任人摆布"①。整体而言,乡村生活困苦、平淡,不像文人墨客所勾勒的那般田园景象,也没有一些文本里所阐述的那般破烂不堪。它有自身的单纯、美好,也有掩盖不住的沉疴痼疾。

**(三) 守成思维与儒家教化**

习惯就是法律,这是传统中国常见的现象。在中国的话语体系里面,貌似缺少对革新、创新的理解。如果说一群人因循守旧,他们可能反击论敌人心不古。事情就是本来的面目,"模具"是先人做好的,规矩是祖宗制定的,沿着他们的指引基本不会出错,也将会有个稳定的预期。曾有夸张的故事说,一个中国厨师每次做布丁时总是先敲开一个鸡蛋,然后扔掉,因为他第一次学做布丁时,那个鸡蛋恰巧是坏掉的。当然,外国也有很多类似现象,如印度苦力习惯于用脑袋负重,就连运泥土时也这样做,外国承包商不忍心或出于对效率的追求,提供了手推车,这些苦力就把手推车也顶在头上。巴西的一些苦力也是类似的方式:一天,一位绅士让巴西仆人去寄一封信,结果绅士惊奇地看到仆人竟然把信顶在头上,并在上面压了一块石头。或许这些夸张的故事并无恶意,但它无疑反映了习惯的力量,也在侧面暗示了无知所造成的困顿。

---

① [美] 杰克·贝尔登:《中国震撼世界》,邱应觉等译,北京出版社1980年版,第181页。

久住中国的外国人发现，其实中国人还有很多优点。中国人看问题的方法较西方人更全面，中国人有着更宽阔的心胸，他们镇静而达观的忍耐力往往使那些热切而鲁莽的西方人感到无地自容。但是，这里讨论的是民众普遍地对科学、技术、民主知识的无知。无知，即要听从他人或权威或习惯，如此一来，会更加无知甚至丧失自己应有的判断力和权利。更加危险的是，人们信奉"朝廷莫如爵，乡党莫如齿"，盲信经验、权威，因循先人、他者安排好的路线，不知道反思自己，只会造成忙忙碌碌却平平庸庸的后果。毛泽东曾经在接受斯诺采访的时候说："我继续读中国旧小说和故事。有一天我忽然想到，这些小说有件事情很特别，就是里面没有种田的农民。所有的人物都是武将、文官、书生，从来没有一个农民做主人公。对于这件事，我纳闷了两年之久，后来我就分析小说的内容。我发现它们颂扬的全部都是武将，人民的统治者，而这些人是不必种田的，因为土地归他们所有和控制，显然让农民替他们种田。"① 即便有几个人物突然觉醒领导起义，从"治于人者"转为"治人者"，不过是"风水轮流转"而已，没有在根本上触动底层民众的无知状态。

传统社会，一般有势力的氏族都会支持家庭成员或族人接受私塾教育；废科举之后，他们慢慢转变思维，令子弟上新学堂。"对于有力培植子弟读书之父兄与彼读书能猎取功名之子弟，则全族嘉奖不已，而本人尤认为无上光荣。今者科举已废，学堂为登进之阶。此日不早入学堂，则他日必无出身之路。"② 一般看来，乡村教育主要是"守成"的，其目的主要表现在"谋取功名""生活日用""延续香火"等方面。如许烺光所说："教育无论正式与否，是所有部族用以延续其社会存在的一种手段。教育可以着重于未来——注重青年人自身的实践和发展；教育亦可承袭过去——依照前人的形象来塑造年轻

---

① ［美］埃德加·斯诺：《西行漫记》，董乐山译，生活·读书·新知三联书店1979年版，第109页。

② 章开沅、马敏、朱英：《辛亥革命前后的官绅商学》，华中师范大学出版社2011年版，第342页。

的一代。传统地方，如喜洲，过去即今天的模式，而过去和今天便是明天的样板。"① 他就总结了喜洲镇的教育目的（详见表1-5）。

表1-5　　　　　　　　喜洲镇的教育目的

|  | 谋生能力 | 社会适应性 | 祭典礼仪 |
| --- | --- | --- | --- |
| 男性 | 在地里干活；经商；在商店商号里干活；就学 | 孝顺；疏远女性；热心家庭、宗族事宜等；在谋生手段、权利、威望、荣誉方面表现出竞争力 | 取悦灵魂，至少不冒犯；敬奉并服从所有神灵 |
| 女性 | 家务活计；地里干活；做买卖；经营店铺 | 孝顺；疏远男性；操持家务；服从男性；在买卖及家庭生活方面所表现出的竞争力 | 为争取神灵的欢喜所表现出来的个人竞争力（由于月经、妊娠和分娩等女性生理因素而造成了更多的宗教仪式限制） |
| 富人（男性） | 商号经纪人；工头；文人学士或做官；闲散家中 | 孝顺；疏远女性；热心广泛的宗族事宜；在权力、威信、祖先荣誉以及生活富裕等方面表现出来的竞争力 | 取悦灵魂，至少不冒犯；敬奉并服从所有神灵 |
| 穷人（男性） | 在地里干活；做买卖；在商号里干活；做商号经纪人 | 孝顺；疏远女性；热心广泛的宗族事宜；谋生方面的竞争力 | 取悦灵魂，至少不冒犯；敬奉并服从所有神灵 |

如果不是这样，会让亲人、族人、乡人非常不解或气愤。例如：

在台头村，没有一个家族真正资助过年轻成员接受教育，尽管他们对这种事情很感兴趣。比如一个杨族男孩在集镇学校上学时名声非常好，受到老师、集镇社区领导和潘族年长成员的称

---

① 许烺光：《祖荫下：中国乡村的亲属、性格与社会流动（修订版）》，王芃等译，南天书局2000年版，第171—183页。

赞。家族中所有人都产生了极大的希望，这是家族中第一个有可能获得学术地位的人。他们希望这个男孩通过官方考试，最后获得学位。这个男孩小学毕业后，进入了教会中学，最后进了教会大学，这不仅使他的亲属感到失望，也使村民感到失望，因为那时许多中国人还不知道教会学校，在他们看来，教会学校不是走上仕途的"门户"。后来的事更令他们感到失望，这个年轻人非常不合常规，甚至在成为大学生后，暑假回家还到父亲的田里干活，穿得也像普通农民。这给亲属和村民留下了这样的印象：他不会成为学者、绅士或官员。因此，他们渐渐对他冷淡起来……至今他对整个家族还没有任何贡献，甚至他自己的兄弟也对他失去了信心。①

乡人多是将知识作为手段、工具，以求"经世致用"，而少有人以增进知识、发展知识、创造知识为目的。传统私塾的教化强调灌输、识记，皓首穷经也可能是"不求甚解"，导致学习主体与学习文本之间缺乏对话、沟通的空间，压制了年轻人好奇、怀疑、求知的心理。这与长达千年之久的儒家教化和伦理压制不无关系，也招致了许多年轻人的极力反抗。蒋梦麟曾经回忆乡下家塾的生活，他对这种教育生活恨之入骨。这种反叛源于死板的教学方式对学生好奇心、求知欲的压制，学生难以忍受僵化教条的束缚，难免产生叛逆行为。除了来自乡村教育系统内部的反叛，西风东渐之下，外部科学世界的冲击也愈加强烈，逐步打乱了乡村亘古不变的教育节奏。

尽管教育节奏、教育形式开始变化，一般乡村民众、知识阶层的思维已经固化，难以接受新的教育与知识。传统的知识阶层能够取得较高社会地位与他们对旧知识的顺应不无关系，"学好文武艺，货与帝王家"，这句话切实地反映了旧知识人的心理。科举制度废除，乡村传统知识人赖以生存的知识权利及其合法性逐步丧失，他

---

① 杨懋春：《一个中国村庄：山东台头》，张雄等译，江苏人民出版社2001年版，第137页。

## 第一章 乡村教师的时代背景

们在外在利益与内在心灵方面遭受巨大冲击。尽管如此，他们中的很多人依旧守卫着传统。如山西的乡村士人刘大鹏，他在思想、行为上都较为保守，视民国治理为乱世，对待教育、知识的态度亦然。他在日记中写道：

> 乱世以来，新党不信鬼神，谓世间本无鬼神，何必尊崇土偶木偶乎。遂将一切祭祀全行罢止，即孔庙圣贤亦无一块冷肉之可享，于今二年矣。
>
> 自变乱以后，学堂之内禁读经书，只令学生读教科书，则圣贤之道将由是而泯焉，吾恐不久学术界必更有一场大的惨剧演出于世也。①

刘大鹏同样担忧"士"，曾经为四民之首，而今却要面临"坐失其业，谋生无术"的尴尬局面。因为新国初立，乡村混乱，苛捐杂税繁重，刘氏甚至期望复辟。袁世凯等人的复辟闹剧及末代皇帝溥仪的傀儡政权竟然得到大部分乡村知识者的支持，认为中国自此可以长治久安，王权重归旧主真是幸运之至。旧知识人"辅世长民"的心理依旧盛行，所谓的民主、科学都是陌生的词汇和难以理解的东西。

在中国生活多年的美国传教士明恩溥曾专门著一书讲中国人的气质，大致描述如下：好面子、节俭、勤劳、保守、重礼节、漠视时间、漠视精确（差不多就行）、误解的才能、拐弯抹角的才能、灵活的固执、智力混沌、神经麻木、缺乏公共精神、漠视舒适和便利、生命力强、忍耐和坚韧、知足常乐、孝顺、仁慈、缺乏同情心、社会台风（争风吃醋、相互谩骂）、相互负责和遵纪守法、互相猜疑、缺乏诚信、多神论、泛神论和无神论。② 很显然，中国不似伏尔泰所想象的田园诗歌那般，也不如孟德斯鸠所鄙夷的那么不堪。

---

① 刘大鹏：《退想斋日记》，乔志强注，山西人民出版社1999年版，第178—179页。
② [美]明恩溥：《中国人的气质》，刘飞等译，上海三联书店2007年版。

## 二　开始涌动的现代生活

清末民初，西潮汹涌，新潮乍起，处于"穷乡僻壤"的乡村教育也开始受到冲击。尽管其波动比城市要小很多，甚至有些乡村"纹丝不动"，但寻求变革已经成为不可阻挡的潮流，这股热流不断冲刷原本单调、寂寥的乡村。或许是因为久住乡下，乡民很难想象大城市的车如流水马如龙，乡村新式人群及其西装、皮鞋、文明棍等煞是新鲜，可谓村中一景，让村民看到了"新世界"。这些新事物会展现出巨大的能量或创造力，然而，它们并没有因此而受到认可；相反，它们还可能被传统、守旧的人们排斥，在给乡村教育带来很多不确定性的同时也给其中的教师带来更多的挑战和机遇。

### （一）西潮与新潮持续冲击

科学技术的进步带来西方工业文明的极速成长，也使这些国家变得更为自信，在与古老中国的碰撞中优势尽显，西方人的行为也愈加肆无忌惮。裹挟着枪炮与武力入华的西方人，给人们以新奇感以及相应的惧怕，也带来人们对他们的仇恨。梁漱溟说，清末人们普遍害怕外国人，包括自家的狗也是，见到那些长毛的外国人都吓得往床底下钻。却也有一群人号称"刀枪不入"，练成了所谓的"铁布衫""金钟罩"，甚至可用大刀对抗洋人的火枪、大炮，燃灯焚香、念咒吞符之后，真的有"刀枪不入"之景象。人们愈害怕外来势力，就愈加卖力地将自家的功夫传得神乎其神，逼迫自己相信真的可以"刀枪不入"，但是，也有状态不佳的时候，常常会出现所谓"漏刀"或"漏枪"的时候，也就是刀枪"入"了。这种自欺欺人的现象屡见不鲜。

张鸣曾经撰文提到类似的事件。闹义和团的时候，团民围攻西什库教堂，久攻不下，非常焦灼。这时冒出一个和尚，骑着马，涂红了脸，一手捧《春秋》，一手提青龙偃月刀，勒马来到阵前。团民们声势大振，说是关公再世，洋人的末日到了。大家拥着再世的关公，一起上前，欲将龟缩在教堂内的传教士斩于马下。这时候，不幸的事情发生了。只听一声枪响，"关公"坠落马下，大家一哄而散。直到八国联军进城，小小的西什库教堂都岿然不动，没有被攻下。[①] 如果这是拳民一时受到蛊惑做出的天真行为，那冯玉祥的部下张之江就是一厢情愿地将历史演义的章节奉为圭臬，使残酷的战争演变为一场闹剧。1925年，张之江与李景林在天津附近开战，双方僵持不下。张之江想起了《东周列国志》上田单的"火牛阵"，打算如法炮制，可是急切之间，找不到那么多牛，京津附近羊倒有的是。于是，张将军临时修正了古人，改打"火羊阵"——抓羊、买羊，在羊尾巴上浇上煤油，羊角上束好火把，拉到阵前，一起放出去。没想到，被弄得疯掉的羊，并不听从指挥向前冲，而是四面八方乱跑。"火羊阵"没有改变双方的阵地格局，但其结局，两边阵地上的士兵倒很满意，因为他们都可以美美地享用大块的羊肉。

清末民国时期，有识之士认识到了科学、民主、自由所蕴含的生命力，并倾力宣传推广。如梁启超等人主张的自由观，现在看来，仍不过时。但是，乡村大多因循乡规民约、宗族家法来惩恶、扬善、维稳，基本可以维持正常生活秩序，不需要与官府产生纠葛。在法制不健全、人民自由意识匮乏的年代，民与官直接接触带来的混乱与破坏尤甚，并没有太好地体现新思想、新制度的优越性。这也使得很多持激烈革命观的人士在全盘否定传统君权、风俗、教化、话语压制之后，又排斥西方自由、民主的虚与委蛇。最终背离缓慢改良的路线，走向更加轰烈、破坏性更强的革命道路。

美国学者罗斯说："在中国，一般人还没有形成一种维护那些不应分配的公共利益的观念。国家一直是贡品的征收者，而不是大众福利的保护者。所以团体利益为个人利益而牺牲，公共利益为地方一小部分人的利益而牺牲，子孙后代的利益为今天活着的人的利益而牺

---

① 张鸣：《民国的角落》，红旗出版社2011年版，第136页。

性。渭河沿岸的庄稼地里分散着大量枝叶繁茂的树木，严重影响了庄稼的生长，而两三英里以外的山上却是光秃秃的。人们宁肯在自家的庄稼地里种树，也不愿在不宜种庄稼的山上种植草木。这是因为在没有公共管理的条件下，山地不属于任何人，上面的任何东西都会遭到毁坏和抢劫。"① 公共精神的缺失，貌似成了勤劳民族的污点，每个人仅仅是埋头算计自己的利益，而很少去关心公共利益、关怀他者，这也造成了外族入侵之下的一盘散沙。守着自家"一亩三分地"的乡民们甚至怀有"事不关己，高高挂起"的心态。

民国官场腐败之风盛行，它几乎不会因为腐败官员遭受的责罚而有何收敛。尽管在一些受过教育的人中间，正在滋长对官场腐败的不满情绪，报章杂志也在激烈抨击。然而人们在私下或一个小圈子里，对贪腐、私利之徒非但不加指责还会赞赏那些人对自己或对亲戚的慷慨。乡民的社会或许更为简单，他们基本不关心所谓国家大事，但是谁要损害了自家亲戚、宗族的利益，那是难以让人容忍的。"对于他们，乡规乡俗的力量远远超过改良社会、振兴国家的远大理想。"②

以前所谓"格物、致知"，也多是对先贤智慧的揣摩，通过推究其本末而获得。随着近代科学的冲击以及解释的庸俗化，"格物"有了科学实验、尝试钻研的意味，"知"也逐渐由智慧变成知识之意。清末洋务学堂中算术、物理、化学、地理等自然学科被称为"格致"，较以前变得操作性更强、开放性更大。强大的科技力量挟裹现代性的精神并逐步渗透到中国的文化当中，守道的本意被渐次蚕食，传统的格局也在逐步瓦解。西方人通过殖民形式传播其宗教、政治、经济、文化。甚至现在还有很多人认为西方化就是全球化，也就是说第一世界发出知识、思想的冲击，第三世界只能对此做出回应。抛却上述意识形态，传统中国的守旧立场已被多次的战争否定，被证明是"落

---

① [美] E.A.罗斯：《变化中的中国人》，公茂虹、张皓译，时事出版社1998年版，第18页。

② 许烺光：《祖荫下：中国乡村的亲属、性格与社会流动（修订版）》，王芃等译，南天书局2000年版，第196页。

后的"。

　　莱布尼茨曾盛赞中国的儒家学说，伏尔泰也万分推崇中国的文官考试制度，视中华帝国为世外桃源。但郝大维等学者说得明白："过去，亚洲的影响只不过纯粹是好奇或少数人表面上的迷恋所带来的。如莱布尼茨对《易经》的兴趣，伏尔泰对孔子德行的赞颂，还有20世纪初掀起的一股明朝的花瓶热。"[①] 事实上，"西洋和中国许多研究者，是通过古典文化来观察中国的。他们通过这样的媒介物来观察，把中国当作是'古雅'的，而且发现年深月久的苍翠的锈痕，悠悠然笼罩在中国的乡村和人民之上。田野中圣经时代的韵律，使中国的生活仿佛是一首牧歌，以神所指定的旋律，从这一季荡漾到那一季，从播种时荡漾到收获时，从出生荡漾到死亡。中国的知识分子为了外国销行而写的关于他们国家和人民的作品，总是强调这潇洒之美，以及古代哲学的明白纯洁。这种图画是虚假而有毒的。在种田和农事的表面日常生活之下，求变的酝酿在可怕地沸腾着，现在这种沸腾日益高涨。当农民起来，在乡下激起变乱的时候，对那些变乱的野蛮性最先吃惊的人，就是把农民的生活幻想成十分可爱的人们。人民大众如得到机会以原始的公道加之于压迫他们的人，其如火似荼的粗野，是什么都比不上的。抢掠和屠杀，火焰中的庙堂，以及泥泞的草鞋踩躏锦缎的景象，是令人惊惧的。"[②] 多次的交往、斗争，改变了他们对中国文化的美好幻想。

　　正如西方人对美丽中国的偏执想象一样，西方人带来的事物也不尽美好。一开始，西方人手里拿着鸦片来换取国人的金银，所谓的西方文明也多是依附在掠夺之上。吸食鸦片对家庭、个人的危害更为严重，对社会造成巨大伤害。刘大鹏曾记载鸦片对家庭生活的破坏性：

---

① ［美］郝大维、安乐哲：《先贤的民主：杜威、孔子与中国民主之希望》，何刚强译，江苏人民出版社2004年版，第36页。
② ［美］白修德、贾安娜：《中国的惊雷》，端纳译，北京出版社1988年版，第35页。

乡村教师生活的历史考察

群黎百姓，悉被鸦片之害，一家之中，无吸食鸦片者，尚可宽裕度日。若有吸者，必至日不聊生。余族兄前数日，雇一造饭老妇，年已七十岁矣，人问其有子否，曰有，问其子年几何，曰三旬余岁，问之曰："偌大年纪，有子而正在强壮，尚出门为人造饭，真令人莫解也。"老妇曰："吾家运甚衰，子与媳妇，皆吸鸦片烟，子则四体不勤，媳则怠于女工，日卧家中吸烟，将衣物等件尽售于人，目下莫能糊口，无奈出门事人，求几文钱以养儿与媳。"正言间，其子即来讨钱，言饭犹可缓，而烟瘾所逼，莫能缓须臾，取数十钱而去。①

刘大鹏曾在山中过了三天，见山民"困苦已不聊生"，加之吸食"泡泡"，材料和洋烟的危害类似，吸食它的人非但受穷困之苦，且有生命不能久长之祸。美国人罗斯曾经来到中国，在一次去往宝鸡的路上，领事问一位老农到宝鸡还有多远。第一次问，老农没有反应；第二次问，老农开始转头；第三次问，老农的眼里才泛起一丝灵光；第四遍问，老农才听懂"宝鸡"二字；第五遍后，他才听懂"多远"。这时，老农才慢吞吞地吐出"四十里"这几个字，就像是在梦游一样。一上午，这种事情发生了十多次。罗斯疑惑地问领事，这是怎么回事，这些人天生就这么愚笨吗？领事沉思片刻说："不，或许是因为鸦片。你没听说过'十个陕西人，十一个是大烟鬼'的话么！"②罗斯引用菲律宾鸦片调查委员会的报告说：

中国人的娱乐活动如此匮乏，穷人的食品如此糟糕，究竟是什么原因造成的呢？在中国，人们没有户外活动，事实上，除赌博外没有任何其他娱乐活动。整个国家处于一种极其单调和沉闷状态之中。单调和沉闷这两个恶魔逼得高加索人酗酒，在中国，

---

① 刘大鹏：《退想斋日记》，乔志强注，山西人民出版社1999年版，第19页。
② [美] E.A.罗斯：《变化中的中国人》，公茂虹、张皓译，时事出版社1998年版，第145—146页。

## 第一章 乡村教师的时代背景

它们迫使人们吸食鸦片。如同一个人由于常年的劳作而不觉得辛苦或者由于忙于商务致使自己不会娱乐一样,中华民族这一辛勤劳作了数千年,让人们不可思议的古老民族同样地达到了这样一个发展阶段,在这一时期,人们娱乐的才能已经萎缩和消失。所以,几千年来中国人所剩下的只是这样一种愿望:在温和平静的环境中消度时光。而鸦片恰是满足这一愿望的最好之物。①

《大名县志》中一首歌谣针对吸毒者进行了批判:

鸦片烟,真可恨,<br>
上了瘾,倒了运,<br>
家中银钱全花尽,<br>
破席摆过照尸灯,<br>
半截砖头当作枕,<br>
发辫锈成一根棍,<br>
老婆暗与旁人混,<br>
大烟鬼,心中忿,<br>
要说打她吧,浑身没有劲,<br>
要说杀她吧,刀子卷了刃,<br>
再说禀她吧,官府封了印,<br>
到此时,常发闷,<br>
只落个河中跳,井里奔,<br>
亲戚朋友全不问,<br>
狗腹以内出了殡。②

这首歌谣形象地刻画了吸毒者的悲惨下场,在对吸毒者的讽刺之

---

① [美] E. A. 罗斯:《变化中的中国人》,公茂虹、张皓译,时事出版社1998年版,第148页。
② 统筹(笔名):《民国老歌谣》,《燕赵都市报》2012年3月4日第19版。

外也起到了一定的警示作用；它还折射了人们对这种事情的无力感以及政府禁毒工作的失职。这种现象对本就贫弱的乡村家庭是摧毁性的，将乡村生活推向更加困窘的境地。

西式价值观、科学知识及其"毒瘤"的输入变得不可商议。古老帝国对"蛮夷"的千年"霸道"，突然转变为老朽弱国面对西方的"霸权"，直接使我们感到无力抗拒的就是西方的先进武器和生产技术。西方强大的科技力量挟裹现代性的精神渗透到中国的文化当中，传统的教育格局也在逐步瓦解。

## （二）乡村新学堂逐渐兴起

自晚清"废科举，兴学堂"以来，兴办新学的潮流开始从都市延伸至乡村。学堂深入地方并引起各种势力间错综复杂的冲突，"兴学热浪、学界风潮和毁学骚动交相作用。学堂在凝固的旧机体上楔入，形成对农业社会封闭状态的有力冲击，加剧了社会基层组织的变动"[①]。但是，新式教育的演进又是缓慢的，乡村中的私塾教育依旧兴盛，出现私塾与学堂并存的状态。不论是洋务者、维新者或是民国政府，都无法改变这一新旧并存的样态。私塾与学堂之间有时泾渭分明，有时又相互融合、协作。据调查，"1919年底，全国初等小学性质的私塾共有29425所，几乎占公立小学的一半；高等小学性质的私塾总数为1904所，占高小总数的30%—40%。私塾和公立小学之比虽然不高，但是私塾设置便捷，开办简单，以至天涯海角无处不有，因而影响极大。1936年，教育部对全国私塾进行了统计，私塾共有10144所，有塾师110933人，私塾学生1878351人"[②]。乡村私塾仍然大量存在，尤其是在公立小学薄弱或未曾设立之处。

例如，清末民初，聊城地区新式学校发展缓慢，在农村，私塾甚至多于新式学校。至1917年，私塾虽经清末之改良、民初之取缔，

---

[①] 桑兵：《晚清学堂学生与社会变迁》，广西师范大学出版社2007年版，第142页。
[②] 熊贤君：《中华民国时期私塾的现代化改造》，《华东师范大学学报》（教育科学版）1998年第3期。

还尚存1193处（实际是1603处，见表1-6）。仅"聊城县"就有250处。五四运动以后，办学之风渐盛，至1936年，聊城地区所辖，有高初等小学3885处，普通中学4处，师范学校5处，师范讲习所十余处，职业技术学校3处。

表1-6　　　　　　　　聊城各地私塾数量①　　　　　　（单位：处）

| 县　别 | 私塾数量 | 县　别 | 私塾数量 |
| --- | --- | --- | --- |
| 聊城县 | 250 | 馆陶县 | 99 |
| 堂邑县 | 180 | 高唐县 | 78 |
| 博平县 | 41 | 临清县 | 330 |
| 茌平县 | 100 | 清平县 | 23 |
| 莘县 | 19 | 东阿县 | 200 |
| 朝城县 | 54 | 阳谷县 | 49 |
| 观城县 | 15 | 寿张县 | 6 |
| 范县 | 117 | 冠县 | 42 |
| 总　计 | 1603（原表为1193，此处县治为民国时期的划分） ||| 

孙中山曾在《建国方略》中写道："若必俟我教育之普及、知识之完备而后始行，则河清无日，坐失良机，殊可惜也。必也治本为先，救穷宜急'衣食足而知礼节，仓廪实而知荣辱'，实业发达，民生畅遂，此时普及教育乃可实行矣。"②自民国临时政府成立始就十分重视新式教育及其在乡村的推广。蔡元培倡导"五育并举"，甚至给出了具体的分配。诸多新思维、新手段逐渐被接受。随着新式教育在乡村的深入，它对传统私塾教育产生极大冲击，二者的冲突也越来越激烈。政府为了鼓励、支持乡村的新式教育，在立法与管理层面提供了很多支持，私塾等旧式教育受到诸多限制。如《乡村小学充实儿童学额办法》规定："乡村小学学额不足时，其附近一公里内，不得另

---

① 刘九龙、韩平：《聊城地区教育志》，聊城地区教育局内部印行，1989年，第67页。

② 孙中山：《建国方略》，牧之等选注，辽宁人民出版社1994年版，第82页。

设招收九岁以上儿童之私塾。其有设私塾影响于学校招生时，得由校长呈请主管教育行政机关勒令停闭之。"① 在此基础上将私塾改为学堂，或者借用地方的庙宇、祠堂作为新学堂。

一般情况下，借了寺庙、祠堂之后，就将大门前的大片场地改为运动场，放牌位的神龛用布遮起来，将厅、堂等分别用作教室、活动室、办公室、厨房等。创办乡村小学的要求非常简单，只要是能够遮风挡雨，有个房舍即可开办。1935年12月，一位陈姓教师记录了他们"搬神像，拆神台，移棺材"的经过。② 他们开了几天的保甲长会议，陈老师提出要将菩萨搬出，为学校办学提供方便。经过几次解释，陈老师说服了其他人，并主导此次活动。在燃灯、焚香等礼貌性的活动之后，陈老师指着神像问低年级的学生，相信吗？小学生们高喊道：不相信，打倒它！打倒它！随后，依次移掉神龛、神像等。全体小学生都参加活动，不但他们觉得很快乐，就连陈老师也感到是很有意义的事情。在搬走邻家大娘的寿材之后，便请瓦匠把庙的后门填上，使得"前庙"和"后校"完全脱离关系，减少不必要的影响和麻烦。

《菏泽文史资料》中记载，1934年，从山东堂邑县来了一位老人，他是武训的曾孙，名叫武廷栋。他来到菏泽县府找主管教育的负责人，期望在菏泽募捐兴学。他在任德宽和王衡如先生的帮助下，买了一辆独轮车，又见到了专署孙专员，写了一封募捐证明信。武廷栋在单县等地募捐一个多月之后返回菏泽，把募捐的账簿和现金全部交给王衡如校长，王校长经过核对，大吃一惊，对武廷栋的节俭大为敬佩。随后，他们一起到南关勘察建校基地，"确定校址建在曹伯祠。利用原来三间祠堂做教室，后来又用募捐款建设两间教室一间办公室，又制作了教具，这个小学直到日寇入侵菏泽才停办"③。

抗日战争爆发后，国民政府根据乡村教育的实际情况，将思路从

---

① 《中华民国教育法规选编（1912—1949）》，江苏教育出版社1990年版，第218页。
② 陈秩：《搬神像，拆神台，移棺材》，《乡村教育》1936年第2期。
③ 《菏泽文史资料（第一辑）》，山东人民出版社1988年版，第104页。

第一章　乡村教师的时代背景

取缔、压制私塾转变为改造私塾、改良塾师，并使其发挥传授新知识的功能。小学教育普及力度不够，改良塾师在乡村教化之外，较好地担当起了补充乡村基础教育的重任。教育主管部门主要利用寒暑假期或相当时期，举行塾师训练班或讲习班，讲习的学科，除国语、算术、常识外，还注重公民训练、科学常识与各科教学法的实际研究，以求促进私塾教师在思想、内容、方法等方面的革新。改良后的塾师可以进入普通学校当老师，也可开办私塾。

传统教育基本承袭了祖先的生活轨迹，乡村中的师者只要照本宣科即可，但是"中国旧日书房教育，于科学知识实用技能完全没有，其必须采取西人长处补我之所短。然中国文化至清代而益成定型，外面光滑，内容枯虚，似盛而实衰……演孔孟书为游戏文章"①。近代外侮带来的创新力量对传统中国的守成势力取得压倒性优势，新式教育的趋势不可阻挡。新式教育虽然有别于既往，且有助于提高生产力的变革，但它并非出于国人的主动意愿，也很难及时为乡村带来新的气象。这又注定了这一教育形式必然会在乡村遭遇阻滞、拒斥甚至发生异化。

国体变更、战乱频仍对教育有直接的影响，很多乡民认为时局太乱，糊口比读书重要。黄炎培曾说："各地小学校其校数及学生数，民国元年、二年无不大增，今年锐减，其所以增与减不一其因，而最重要之点：前则深信国体既更，舍学校无进身之路；后则误会今后政府不复重视教育，故纷纷改变其意向。"② 更深一层，现代工业文明与西方科技理性的启蒙并没有真正触及传统乡村的文化根基。除了这些因素之外，如若将新式教育推及每个村落，地方上至少应该有相应的人才以及足够的财力。但政府财政基本无法惠及村落，只能期望民众、士绅、精英、地主的集资和捐助。在新学制冲击下，原本城乡一体的教育格局发生了转变，乡村教育变得被动和依附。在教育重心偏向城市、资金匮乏的现实下，新式教育在乡村社会出现了被疏离的

---

① 梁漱溟：《教育与人生》，当代中国出版社2012年版，第51页。
② 《黄炎培考察教育日记》（第一集），商务印书馆1914年版，第205页。

现象。

　　地方上的学董、校长并不完全理解教育的意义和新式教育的内涵，在教育教学、学校管理方面基本按照自己的理解或者按照旧制办学，认为教学不过是为了子弟们读识几个字，将来能够回书、写帖、登记小账就可以了。所以，只要平时学生肯天天到校，坐在那里学习，也就没有再多要求。也有些地方，为了达成民众教育的目的或者提升乡民识字率，常常借助政府的力量强迫成年人到民众学校学习，甚至不惜动用警力。冯国华曾记载一则警察到家里催促一位农妇读书的事情。这位农妇说：“我年纪这样大了，你们倒拼命地促我读书，我的儿子，初级小学毕业了，要进高级，因为手头少了几个钱，学校就不让他进去！唉，小孩要读书没有书读，我们是没有用的人了，反要催迫我们读书。"① 警察则不听其哭诉，还是硬拉农妇上学，农妇不去，警察便将此事报告到试验区，教育局局长闻之，慨然特许小孩免费入学，那农妇也就入了民众学校。如此看来，包括政府所属的办学机构或团体往往只顾及自己的任务，而缺乏相关合作，忽略了教育的系统性和复杂性，出台的方案本是为了保障新式教育的顺利实施，却在无形中为目标所规限。

　　自上而下的行政命令自顾颁布，乡村的新式教育依然举步维艰，与地方政府、精英、民众"各怀鬼胎"并相互掣肘有关。陶钝曾回忆，民国初年，社会动荡不安，自家生意难做也没有支撑，找到诸城北乡的绅士，他们给出了一致的答案：办学校。"这个世道光有钱没有人没有势不行，应该办个小学校，培养几个懂维新的人才好。为了对抗邻家马三的小学，我家早有办一处小学校的意思。本来想叫四叔去县城东关的单级师范养成所学习后回来当教员，四叔不去。因为社会传言将小学教师比作驴，活重草料坏……向县教育科报告学校成立，并请介绍教员，他们要学校自己去请。祖父得了个捐资兴学的奖状，其作用至少是马家无可奈何。"② 可以看出，很多地方精英、大家

---

① 冯国华：《从经济观点论今后之民众教育》，《教育与民众》1933 年第 4 期。
② 陶钝：《一个知识分子的自述》，山东人民出版社 1998 年版，第 59—60 页。

族办学的初衷可能是为了加强他们在本地的声望，也可能是为了拉拢政府，寻找靠山。

李怀印研究发现，民国早期获鹿县的新式学堂迅速增加，不仅是因为国家的激励和压力，而且也在于村民的自愿合作。学堂带来的好处明显超过他们承担的费用。尽管如此，新式学堂还是遭遇了一些抵制。一个村民可能会在提供学堂资金上拒绝合作，其主要原因有两方面：要么他没有从新式学堂中受益，或者只有村中少数村民受益；要么学费太高。黄炎培曾指出，科举制度虽耽误了国家发展、科技进步，但它在教育的平民化上还是做得较好的。新式教育本应该更加平民化，却越来越带有贵族色彩。在那个时期，农民借粮、借钱的比例较大，他们基本生活在贫困线以下。即便有些乡民不惜变卖田产，举债度日，也仅仅是为培养"不复为乡村所用的人才"，期望子弟永远不要重回那个贫困的乡村。事实上，不论是"私塾余韵"还是"学堂乐歌"，它们都有着各自的遭遇，这与简朴的乡村生活不无关系也是中国社会转型的必然。总之，传统乡土生活中带着人们对美好生活的寄托也掺杂着不健康的生活方式，它在规律生活的同时，逐渐遭遇新潮的冲击。普通的生活之外，乡村教师肩负着近代中国的文明传承与现代西方的文化启蒙重任，也承载着教育进步、民族复兴的梦想。

# 第二章 乡村教师的群体状态

按照马克斯·韦伯的说法，传统中国是一个"卡里斯玛"（Charisma，具有非凡魅力的领导）社会，它的组织结构逐步走向阶级分野、层序分明的状态。自晚清政府废科举制度以来，权贵阶层与知识精英行使教化欲望、传播经典知识的合法性和可能性日渐息微，这种权利与义务正逐步移交给专业的教师。在乡村，这群专业人士可被称为乡村教师，他们开始担负共和国的教育梦想。乡村教师是一个特殊的群体，他们在特殊的年代和特殊的社会环境中生存，有专业人士的特点也有农民性的取向。该群体部分是师范毕业，部分是中小学毕业，还有些是旧塾师改造而成，鱼龙混杂。乡村教师所拿薪资待遇基本处于行业最低水平，但相较一般工人和农民则差强人意。

## 一 群体状态

乡村教师主要是源于新式学堂、师范学校的培养，部分教师来自旧知识分子（主要指塾师）的转化，还有极少数社会人士与宗教人员。接受新式教育的乡村教师一般都较年轻并逐年增多。对于乡村旧式知识阶层尤其是乡村塾师而言，除了维持既往生活之外，困窘的乡村教育现实也期待他们进入新学校，他们对补充基础教育师资力量也尤为必要。乡村教师大多为土生土长的自乡人，来自其他区域或者城市的教师较少。

## （一）新式学堂的毕业生

20世纪20年代末到抗日战争全面爆发期间，中国社会相对稳定，教育事业有较大发展，相关的调查研究也多集中于此时，民国政府还编纂了第一部、第二部教育统计年鉴。为了对乡村社会有一个全面了解，农业部中央农业试验所着手调查农村状况，调查涉及"乡村教育概况"。样本涵盖全国22省961县，共收集3146份问卷。此处仅列公立小学、私立小学与私塾这三类较普遍的教育机构，它们合计占到总数的94.8%之巨（相关统计数据见表2-1）。其他教育机构，如"社会教育机构""职业教育机构""中学"，总计不过5.2%。

表2-1　　　　全国22省乡村教育机构所占比例[①]

| 省名 | 公立小学（%） | 私立小学（%） | 私塾（%） |
| --- | --- | --- | --- |
| 察哈尔 | 79.5 | 0.8 | 7.0 |
| 绥远 | 49.7 | 13.1 | 36.7 |
| 宁夏 | 70.6 | 21.0 | 6.8 |
| 青海 | 78.0 | 15.9 | 1.7 |
| 甘肃 | 40.9 | 15.8 | 35.6 |
| 陕西 | 47.0 | 29.5 | 19.0 |
| 山西 | 73.8 | 15.1 | 3.6 |
| 河北 | 67.9 | 8.9 | 12.1 |
| 山东 | 52.1 | 20.0 | 21.5 |
| 江苏 | 38.5 | 6.3 | 50.5 |
| 安徽 | 17.6 | 7.2 | 73.1 |
| 河南 | 40.7 | 15.6 | 38.5 |
| 湖北 | 19.1 | 15.6 | 63.0 |
| 四川 | 37.7 | 11.7 | 47.2 |
| 云南 | 75.0 | 10.9 | 9.8 |
| 贵州 | 33.8 | 14.7 | 49.4 |

---

① 《乡村教育调查》，《农情报告》1936年第9期。

续表

| 省名 | 公立小学（%） | 私立小学（%） | 私塾（%） |
| --- | --- | --- | --- |
| 湖南 | 32.1 | 33.8 | 31.8 |
| 江西 | 25.2 | 29.4 | 42.5 |
| 浙江 | 40.6 | 28.0 | 23.6 |
| 福建 | 26.9 | 13.9 | 49.9 |
| 广东 | 21.3 | 39.2 | 36.7 |
| 广西 | 66.4 | 19.1 | 6.8 |
| 平均 | 47.0 | 17.5 | 30.3 |

从表2-1中看，小学在乡村占大多数，公立小学居多，但各省很不平衡；私塾占到全部教育机构的30%左右，其中可能还有谎报、漏报的数据，它在乡村的势力不可小觑；更有南方一些省市私塾占了大多数，最高的安徽省竟然占到73.1%。另据统计，全国公立小学招收的学生占总数的60.2%，每个学校平均有56人；私立小学学生占总数的18.3%，每个学校平均有44人；私塾生占总数的19.2%，每个私塾平均有19人。

全国范围来看，乡村教师以初中毕业者最多，占总数的35.7%；师范学校毕业者次之，占28.1%；小学毕业者占14.6%；乡村师范毕业者占9.5%；其他学历者占少数（详见表2-2）。另如，江西泰和每校约有乡村教师2人，教师年龄平均为29岁，教师中的小学毕业者占35%，中学肄业者占50%，中学及专门学校毕业者占11%，小学未毕业者占3%。[①] 教师中，除少数为书记或公务员外，大多数都有教学经验。宋震寰在调查山西省教育概况后提到，山西省乡村教师中高小毕业教师占大多数，约占总数的39%，师范毕业者占25.2%，中学毕业者占6.8%，前清贡生占3.8%。研究提道："前清贡生不知教育、教学为何物，其并不宜做小学教师，只因现实所迫。

---

① 梁庆椿：《从泰和乡村小学调查所见吾国乡村教育问题》，《国命旬刊》1938年第13期。

中学生本是为了升学，但因经济压力或程度太差而无法升学，所以侧身小学校做教师。二年师范和六年师范本是专为培植小学教员而设，其所学也专为教育儿童，但岗位多被高小及中学毕业者把持，虽欲施其所学，而无用武之地。另有一名大学毕业生也在乡村教师之列，他本应高就，却在乡村破产之际回到乡村；有'翰林院坐知县'，大材小用之嫌。"① 在他看来，这又是乡村之大幸。

表2-2　小学教员出身分布状况和每个小学平均教师数量

| 省名 | 专科以上 | 师范 | 高中 | 初中 | 职业学校 | 乡村师范 | 简易师范 | 讲习所 | 小学 | 未在学校 | 未详 | 学校教员均数（位） |
|---|---|---|---|---|---|---|---|---|---|---|---|---|
| 察哈尔 | — | 42 | 2 | 2 | — | 23 | 4 | 19 | 8 | — | — | 1.2 |
| 绥远 | 3 | 36 | — | 29 | — | — | — | 6 | 26 | — | — | 1.7 |
| 宁夏 | — | 26 | — | 34 | — | — | — | — | 40 | — | — | 2.2 |
| 青海 | — | 37 | — | 43 | 1 | — | 4 | — | 16 | — | — | 1.9 |
| 甘肃 | — | 37 | — | 37 | — | — | — | — | 20 | 1 | 5 | 3.3 |
| 陕西 | — | 3 | 1 | 32 | — | 21 | 1 | 1 | 37 | 4 | — | 1.8 |
| 山西 | 1 | 23 | 1 | 21 | 1 | 3 | 19 | — | 38 | — | 1 | 1.5 |
| 河北 | — | 24 | 2 | 8 | — | 46 | — | 8 | 10 | 1 | 1 | 1.3 |
| 山东 | — | 30 | 1 | 16 | — | — | — | 31 | 17 | 2 | 3 | 1.9 |
| 江苏 | 1 | 72 | 3 | 14 | — | 8 | — | — | — | — | 2 | 2.6 |
| 安徽 | 1 | 40 | 3 | 46 | 1 | — | — | 1 | 5 | — | 1 | 3.5 |
| 河南 | 1 | 12 | 2 | 13 | — | 59 | 3 | 4 | 5 | 1 | — | 2.8 |
| 湖北 | 3 | 31 | 4 | 35 | — | — | — | — | 8 | — | 19 | 2.3 |
| 四川 | — | 18 | 7 | 58 | 1 | 4 | 1 | 3 | 7 | 1 | — | 2.8 |
| 云南 | — | 31 | 1 | 37 | — | 17 | — | — | 6 | — | — | 2.0 |
| 贵州 | — | 22 | 4 | 52 | — | 4 | 2 | — | 12 | 2 | — | 3.0 |
| 湖南 | — | 35 | 2 | 38 | — | 17 | — | — | 4 | 3 | — | 2.1 |
| 江西 | 2 | 23 | 3 | 46 | — | — | — | — | 15 | — | 11 | 2.3 |

① 宋震寰：《山西乡村教育状况之调查》，《新农村》1934年第13—14期。

续表

| 省名 | 乡村小学教师出身状况（%） |||||||||| 学校教员均数（位） |
|---|---|---|---|---|---|---|---|---|---|---|---|
| | 专科以上 | 师范 | 高中 | 初中 | 职业学校 | 乡村师范 | 简易师范 | 讲习所 | 小学 | 未在学校 | 未详 | |
| 浙江 | 1 | 22 | 1 | 47 | — | — | — | 1 | 25 | 1 | 2 | 2.5 |
| 福建 | — | 14 | 11 | 64 | — | 3 | 1 | — | 6 | — | 1 | 3.5 |
| 广东 | — | 21 | 4 | 58 | — | 4 | — | — | 7 | 2 | 3 | 3.1 |
| 广西 | 1 | 19 | 7 | 55 | — | 1 | 2 | — | 9 | — | 6 | 2.9 |
| 平均 | 0.6 | 28.1 | 2.7 | 35.7 | 0.2 | 9.5 | 1.4 | 3.5 | 14.6 | 0.9 | 2.8 | 2.4 |

乡村教师学历普遍偏低，知识结构不容乐观，为此，相应的教育培训也逐步开展。一些地方的教育志中曾提到，地方政府响应国民政府号召，开展短期的教师培训。开设科目一般包括："精神讲话、中华民国政府国势概要、地方自治、教育行政及学校行政、国民教育、公民训练法、普通教学法、各科教材及教学法、社会教育、农村经济及合作、国语、算术、史地、自然、音乐、体育、劳作、美术、实习。学习期限一年，学生毕业后由专署分发各县服务。各县则举办短期，一般3—6个月。除开办国民学校师资训练班外，小学教员设讲习会，以适应小学教育实际需要和增进小学教员学识。讲习科目为语文、算术、自然、劳作、音乐、体育、学校卫生、教育学、儿童心理学。"① 1947年，因经费困难，教师讲习会从此停办，改为自修，指定教师阅读进修刊物等。正如喻谟烈在其《乡村教育》中对乡村教师的评价：欲学校之优良，必赖教师之有造就，负责任而欲乡村学校与城市学校并驾齐驱，尤须多多培养乡村教师。在当时，于开学前或者闲暇时间给教师以相应训练，不但培养教师的教学技能，社会上还希望他们能领导学生、发动民众、服务乡村。

从当时武鸣县的调查数据来看，教员中25—29岁的占大多数，有29.58%，20—34岁的次之，50岁以上者亦有之，平均年龄32岁

---

① 《宜宾教育志》，西南师范大学出版社2005年版，第298—299页。

左右（见表2-3）。调查中，乡村教师已经结婚的占95%，有3个以内子女的居多，有四五个子女的少一些，有六七个子女的极少数。这可能与教师的年龄结构有关，很多教师为青年或中年教师，还将继续生育儿女。另有调查显示，教师家庭人数最少的为3人，最多的为22人，10人左右的家庭占大多数，这与其年龄分布较为一致。

表2-3　　　　　　　　武鸣县乡村教师年龄分布①

|  | 20—24岁 | 25—29岁 | 30—34岁 | 35—39岁 | 40—44岁 | 45—49岁 | 50—54岁 | 55—60岁 | 60岁以上 | 合计 |
|---|---|---|---|---|---|---|---|---|---|---|
| 高小（个） | 6 | 4 | 2 | 1 | 2 | 5 | 1 | 1 | 0 | 22 |
| 完小（个） | 8 | 8 | 4 | 3 | 3 | 0 | 1 | 0 | 0 | 27 |
| 初小（个） | 6 | 9 | 2 | 2 | 2 | 0 | 0 | 0 | 1 | 22 |
| 合计（个） | 20 | 21 | 8 | 6 | 7 | 5 | 2 | 1 | 1 | 71 |
| 比率（%） | 28.17 | 29.58 | 11.26 | 8.45 | 9.86 | 7.04 | 2.82 | 1.41 | 1.41 | 100.00 |

平均年龄≈32岁

民国时期，李景汉选取定县东亭区78个小学教员家庭进行调查，其中年龄最高者70岁，30岁以下占绝大多数，较高教龄者，人数很少。从事教育5年以内者，43人；5—9年者，17人；10—14年者，8人。78个小学教员中，有兼职的14人；其中10人兼平民学校教员，1人兼本校校事总理，1人兼本校学董，1人为农民，1人为财务局职员。有71人结婚，1名教员有6个子女，2名教员有5个子女，绝大多数教员有1个或2个子女，这多因教员普遍年轻。② 其中5口以下的家庭共11家，5—9口的27家，10—14口的20家……甚至有3个家庭人口数量达30多人，这基本上与教师的年龄呈正相关。

---

① 谢润身：《武鸣县乡村教育调查》，《统计月报》1935年第5—6期。
② 李景汉：《定县社会概况调查》，中国人民大学出版社1986年版，第211—216页。

## （二）面临转型的文化人

社会剧烈动荡，新旧知识嬗替，乡村中的士绅、塾师等人面临历史的抉择，他们在坚守与转型中艰难挣扎。这一点在刘大鹏身上体现得淋漓尽致，他较为保守，甚至将辛亥革命视为变乱。刘大鹏认为自此之后，学堂之内禁止读经，圣贤的教化将要被泯灭，认为学界不久将会生出大变故或是大悲剧。他做了三十多年的私塾先生，终于答应去自己村里的晋祠小学当老师。刘大鹏在日记中记载："予充晋祠蒙养小学堂教习业经一月，系遵新章办理。晋祠学堂教习二人，予外尚有一人，系晋祠毕业生，教算学、图书、体操等事。予教国文、修身。凡学堂经费必用公款，此项系用磨捐，仍然不足，尚需学生摊派，民间最恶学堂，更为紧逼，则是好人之所恶，恶人之所好，而欲其不因此起大风潮也势必不能（1913年4月21日）。"[①] 身为晋祠蒙养小学的一名教员，每天面对着小学生，口讲指画，以四书五经为"本"而教科书为"末"，刘大鹏倒是觉得很清闲，也没有更多的烦心事来打扰他，较为自在。

曾有人用"晴耕雨读"来形容旧知识人的生命形态，这放在刘大鹏身上再合适不过。加之刘大鹏有功名在身，在地方上较有影响力，自然也会被有钱的人家聘为家塾老师。刘大鹏最初的志愿本不是教书，出门教书也是迫于无奈。用他的话说，就是为了糊口而已，并非为了发财。如果想着发财，倒是不如另寻一个职业或者做点生意。所以，他觉得还是端正心态，不要财迷心窍的好。在刘大鹏看来，教书之人，怀抱远大志向的人甚少。只祈求在一个小地方能找到满意的塾馆，每年收到的"修银"多一点，吃得好一点，东家礼待一些，如是而已。他并不期望永远寄身别人屋檐之下，那需要看他人脸色，这终非长远之计。他较为偏激，并赞同谚语"家有三石粮，不做孩子王"的说法，认为哪怕是有一点其他出路，就可以不用从事教书这一行

---

[①] 刘大鹏：《退想斋日记》，乔志强注，山西人民出版社1999年版，第179—180页。

业。因为教书一事,不但耽误自己的工夫,也有损自己的德行。因为教书,刘大鹏的自由被束缚了,他也极为痛心,认为读书不能平步青云却落得教学一途,仅仅是为了多拿一点修金,实在是"龌龊"的行为。

刘大鹏曾记载,他早年在别的村里坐馆,其"馆馔"皆是由东家供给。小儿子"瑄儿"跟着他读书,也不要自己出钱"以摊饭食之费"。刘大鹏认为东家给他的待遇非常丰厚,自己较为满足。刘大鹏平日在塾馆里,一日三餐都有书童备办,基本可以选择自己认为可口的饭菜,一般是"多素而少荤"。在刘大鹏眼里,已经够奢侈了,而旁观者反讥诮其过于节省。刘大鹏对其早年间的塾师生涯较为满意,但也有让他烦心的事情。在他看来,多数教书人都较为窘迫,生活条件艰苦。他曾经在回家路中遇到一位塾师,两人一见如故,相谈甚久。那位同侪塾师教了五六个童子,每人给学费一千六百文左右,该塾师一年所得不满十千钱。自己留着糊口都不够,又何谈养家呢?更令他忧心的是教书一职太累,而且当他母亲或家人生病时又不能来去自如,"令人闷闷"。刘大鹏是个孝子,每每回到家中都要先拜见父母,报平安。他对母亲多是牵挂,对父亲多因敬重。相较之下,他对十五岁左右就娶进门的第一任妻子没有多少描述,可以猜想,其夫妻感情不甚理想,或许是父母之命、媒妁之言,不得违背,年幼的他没有太多的话语权和选择权。刘大鹏两度丧偶,但从其文字中可以发现,他最喜欢自己第二任妻子(郭静),对第三任妻子(刘大鹏坐馆时东家赠给的使唤丫头)的感情也越来越好。

他的状况虽好,但整个塾师群体的情况却不容乐观。"师道之衰益甚",人们轻视教育,对老师也不甚礼遇,为师者也愈加自卑。仅仅拿点糊口的钱财,艰难生活,被世人欺凌。他看到清人郑板桥的《自嘲》[①]之后,也写出了几句诗。内容是:

---

① 《自嘲》内容是:教馆原来是下流,傍人门户度春秋。半饥半饱清闲客,无锁无枷自在囚。课少父兄嫌懒惰,功多子弟结冤仇。而今幸作青云客,遮却当年一半羞。

教学果然是下流，古人尝以此含羞。
去来子弟随他便，出入先生不自由。
平日间居勤指示，黎明忙起课姱修。
为兹讵做终身事，投笔常怪中原侯。①

虽然满腹抱怨，但这并没有阻挡刘大鹏作为知识人对学校、书院的敬重。刘大鹏看到当地的桐封书院弊窦丛生，内心极为焦虑，故而，他与当地的几个绅士一起来到书院，欲将其重新修整一番。可是他们的"堂公"没有到，无从下手，只得等待。他们对圣贤教化与文化传承的重视超出了今人的想象，虽有呆板、保守之嫌，但这种精神值得钦佩。对故乡的热爱和对故国的眷恋激起了他们内心的涟漪，看到社会上的种种浮夸、自私、自利行径，痛心异常。刘大鹏认为，居住在城里，感情冷漠的市侩小人十有八九；而住在乡下农村的，则不过十之二三。相对来说，县城里的人浮夸轻薄，乡村中的人勤俭敦厚，住在县城还不如住在乡村。

废科举、兴学堂的潮流已然波及乡村。刘大鹏家附近的学堂，以教授西学为主。要是有人能够教授外国语，会被政府视为上等人才，"四书""五经"几乎被弃而不讲。刘大鹏感慨，以后如何才能正人心，安天下，"而大局将有不堪设想者矣"。他说："余友乔穆卿，东里村人，其馆改为育英学堂，仿照现行学堂章程，教习三人，学生三十人，以算法为重，兼教体操，皆西法也……余友乔穆卿为学堂教习，仍教学生以孔孟之学，其二教习则教算法并西法耳。私询穆卿学堂中学生果有进益乎，穆卿嗟叹再四而言曰：不惟无益，恐此后人心之坏，靡所底止矣。"② 正如刘大鹏所担心的那样，新政府在地方上的统治出现了很多问题，地方政府用权力强收赋税、学捐等，致使民怨载道。有的地方聚众数千人示威并拥入衙署，拆毁堂房，欲殴打县

---

① ［英］沈艾娣：《梦醒子——一位华北乡居者的人生》，赵妍杰译，北京大学出版社2013年版，第32页。

② 刘大鹏：《退想斋日记》，乔志强注，山西人民出版社1999年版，第141页。

令，县令侥幸逃脱。百姓又将怒火发在"学堂捐"上，认为它不过是向村民敛财的幌子，遂一把火将学堂化为灰烬。尽管有极端的案例出现，新学堂越来越多的趋势不可阻挡。

在刘大鹏看来，当时为学之人，竟分两途：一种是守旧，另一种是维新。守旧者坚持孔孟之道，维新者坚信西洋之法。守旧的人因为违于时代潮流而被时人所讨厌；维新者则迎合时代，而被时人所喜欢。所以，维新的人日益增多，守旧的人渐渐变少。刘大鹏的同侪们聚到一起，议论废科考的事情。大家认为，科考一废，后路已绝。想着谋个其他差事，又不知道干什么，也没有经验，大家都非常沮丧。废除乡村私塾，塾师遇到了大难，几乎是没有生路可走。刘大鹏感慨凭借"舌耕"为业的塾师们，厄运连连，本就寒酸的生活又逢此变故，可谓生不逢时。科考一停，很多的知识人尤其是年轻人都涌入新学堂学习西学或在里面教书。刘大鹏认为，如此一来，辞章之学再也无人讲求，如果再过十年，恐怕"无操笔为文之人矣，安望风之蒸蒸日上哉！"刘大鹏自幼所学为孔孟之道，对圣贤之学从来不敢有半点疏忽和不敬。尽管国家变法，设立新学堂，停止科考，士子们都舍弃孔孟之学而学"洋夷之学"。他却感觉内心不安，不能随波逐流、靡然从风。"人弃而我不弃，此其志也"，他最终选择了坚守圣贤教化。榆次县车辋村还设立了女学堂，太谷县东里村也设立了女学堂。里面都是二十余岁的妇人，最小的也是十六七岁的女子，教师却是男子。保守的刘大鹏认为，此风一开，男女有别之道也就不再讲究了。

刘大鹏对新青年的衣着、造型也极为不满，顺便抨击了新潮所带来的世风日下。他说："太常秦氏设一学堂，延聘三教习，本县者二，服色未改。其一系五台县人，由日本游学而归，非但改装洋衣，而且剪其发辫，殆华人变为夷者也。维新党则尊之为师，喜而敬爱，有识者见之，莫不谓若辈之失其本来面目，毫无廉耻焉尔……辛亥大变以来，伦常全行破坏，风气亦更奢靡，礼义廉耻望谁讲究，孝悌忠信，何人实行，世变日亟，岌岌乎其可危。"① 这种批评声音并不是刘大鹏等少数人的行为，很多的村民也对之难以容忍。社会学者许烺光曾经提到，有一位年轻人从香港回来，挽着自己的新娘子漫步街头。不承想，有人用粪水从背后泼了他们一身。在大街上牵手的行为，在当地被认为有伤风化，尽管那时已经是20世纪40年代。年轻的夫妻，也并没有因为遭到泼粪而得到任何赔偿。

河北人士恽毓鼎，曾任晚清史官数十年，在其《恽毓鼎澄斋日记》中也记载了他兼教师以及对时局的看法。他每周二、周五为学生上两堂历史课。1913年3月22日，他记载道："近来新学小生不信命数，斥为迷信。余则笃信之，盖信得万事皆有命数，非人力所可妄干，自然培养风节，坚挺气骨，确守道义，消除竞心。今人所以蝇营狗苟，不顾廉耻，阴谋倾挤，为所欲为者，皆根于不信命数之一念也。究竟谁能占若干分外便宜？"② 其议论源于革命巨子宋教仁在上海被刺身亡③，而感慨东南之乱、世道不古。

民国政府抛弃取缔塾师的极端政策，开始改良塾师。旧式塾师群体需要进行相应的学习和考试才能重新教书。刘大鹏遇见当地的一位老秀才，基本是凭借舌耕度日，岁修仅得两三千钱，较为穷困，捉襟见肘。一天，他专门来找刘大鹏说教育科员令其在规定时间到县里参加考试，若考试不合格即不准设帐授徒。老秀才说，要是没有做教师的资格，势必生路告绝并请求刘大鹏帮着疏通一下关系。老秀才声泪俱下，令人恻隐，刘大鹏随即应承为之调停。在刘大鹏看来，自设学

---

① 刘大鹏：《退想斋日记》，乔志强注，山西人民出版社1999年版，第169—180页。
② 《恽毓鼎澄斋日记》，浙江古籍出版社2004年版，第633—635页。
③ 宋教仁因帮助黄兴沿沪宁铁路北上，刚到车站即被人暗中狙击，1913年3月22日不治身亡。临终前，"宋已不能语，惟以目四瞩，周视故人，依依难舍。黄兴睹此心痛，用双手扶着宋的臂膀，附耳呼曰：'钝初，你放心去吧！'宋遂气绝。黄兴痛哭失声"黄兴因病而未参加宋教仁的葬礼。黄兴在挽联中大声斥责凶手："前年杀吴禄贞，再杀张振武，今年又杀宋教仁；你说是应桂馨，他说是洪述祖，我说确是袁世凯！"孙中山也题写挽联："三尺剑，万言书，美雨欧风志不磨，天地有正气，豪杰自牢笼，数十年季子舌锋，效庄生索笔；五丈原，一抔土，卧龙跃马今何在，冠盖满京华，斯人独憔悴，洒几点苌弘血泪，向屈子招魂。"

堂以来，毕业之学生车载斗量，不可胜数。他甚至认为学生们非但不知有君，而且不知有父，"无父无君天下大乱"。刘大鹏将人情风俗、纲常伦理的下降归咎于新式教育。

1915年3月19日，刘大鹏到太谷高等小学校参观。那里有教员五人，学生七八十人。他找到学校书记询问一番，问校内功课如何。书记回答道：刚来的学生多为不识字之人，怎能奢望他们能有什么学问啊？学校里的教员也都是学堂毕业生，仅学得新学的皮毛，他们做学生的老师，也不过是将自己以前学的东西拿过来教育学生罢了。刘大鹏看到，乡村之学堂基本命名为某某国民小学校。学生所读的书，多数是教科书。可是，教科书没有一定的标准，年年更换。学校不准读"四书""五经"，学生也不敢违背，有的学生只是偷读（或许这些人还幻想有朝一日复科举，重进帝王家）。废除科举制度之后，世面多是教材，经典著作较难买到。恽毓鼎只好"托大德通任亮侪在打磨厂旧书肆（注：专卖旧日学塾所读之书）买《礼记旁训》二部，授汀、振两儿读之。今日小学生读《礼记》者鲜矣。旁训最便幼学。知从前课蒙之本，胜于近人所编教科书。教育部偏弃彼取此，不解其是何肺肠。清朝三百年天下，亡于练兵、教士。练兵之罪，载洵、毓朗、铁良辈尸之；教士之罪，张之洞、张百熙尸之，千古不能逃其责也"①。他认为，新学后生，读书不多，轻诋"中学"，简直就是井底之蛙。

刘大鹏的家乡还成立了一所高等女子小学校，他的旧友程果亭任该校的校长，学校曾在南关庙设立多年。另有一所模范女子学校在县城西北角，曾经为关帝庙，后拆庙宇改建而成。每年六月中旬，该县第四区的乡村小学教员，各自带领学生到晋祠下进行会考，检验他们的成绩。刘大鹏认为，民国教育似乎有大进步，实则无益而且有害，甚至认为他们"维重科学不读经书，不惜廉耻，五伦破坏，八德沦亡而已"。事实上，新学堂并非刘所厌恶的那般一无是处，只因为他太

---

① 《恽毓鼎澄斋日记》，浙江古籍出版社2004年版，第730—735页。

过偏激，将新教育全盘否定。刘大鹏曾看到晋祠高等小学校的教员、学生，排着队往县城去，沿路讲演村范等知识，呼吁村民杜绝烟赌毒，保持一个健康的生活方式。这也从侧面反驳了刘大鹏的偏激观点。

有一天，刘大鹏遇到晋祠小学的学生在村里示威。时任晋祠高等小学校长在家养病，不能到校，该校学生成群结队来到村里，扬言驱逐校长出校。他认为这种风气败坏的事情，不止一处。该校董事会全都是由附近各村村长充任，多数都是不知学务的农人，不知道在董事会上如何解决这一问题。刘大鹏认为这"必无良好结果"。九月的一天，刘大鹏早早起床，来到前一晚演戏剧的会场。这里遍地都是纸烟盒子，他将这些盒子拾回家。刘大鹏遵循古人"敬惜字纸"之遗训，时人不知此训，反笑刘大鹏太寒酸。他将捡回来的纸烟盒子拆开，统一装帧，用于写诗书、日记等。刘大鹏很多卷的书籍都是用废旧纸盒写成。一些不能用的纸，他也收集，然后拿回家，将之恭敬地烧掉。

敬惜字纸并非刘大鹏一个人的癖好，那是古人的教化使然。古人认为，文字是先圣创造，如果文人玷污文字则将进学无门、屡试不第，平民玷污文字则会更加愚蠢。捡到有文字的纸应该恭敬烧掉。曾有故事讲到王曾之父因为对文字恭敬，捡到之后冲洗干净、晾干再烧掉，致使其"阴德"大增，子孙得荫。这种习俗在《颜氏家训》《惜字速报》等典籍中都有记载，古时甚至还有惜字亭、惜字塔等建筑，以警示后人。抛开其中的传说与迷信，古人对文字、知识的敬畏之情值得今人学习。

刘大鹏热爱写作，就如沈艾娣描述的那样："1925年11月25日，女儿的啼哭吵醒了刘大鹏，外面仍然漆黑一片，但公鸡已经报晓。刘大鹏披上衣服去里屋看母女两人，不久，他们的小儿子（洪卿）也吵着要起床。当清晨第一缕阳光洒进来时，和刘大鹏一起睡在外屋的两个孙子可能是被声响吵醒了，也起床温习功课。看着子孙围坐膝下，刘大鹏感到很欣慰。刘大鹏通常在这个时候写日记，他从床头的大木橱中拿出笔墨纸砚，这些文具已经破旧不堪了。他每年都把自己所有

第二章 乡村教师的群体状态

能够弄到的白纸、报纸（单面印刷）、讣告的背面、药店广告单等切成同样大小，然后折成风琴褶，在上面书写。"① 爱惜字纸，热爱写作的刘大鹏，几乎每天重复这样的节奏，笔耕不辍，他还期望写的日记能有一天可以出版，使自己名闻天下。在今天看来，他基本上成功了。

在初冬的一天，晋祠高等小学来了一位革命党人，为学生讲演革命之事。刘大鹏对该校教员任其"讲演惑乱人心，世乱如此，殊堪畏惧"感到非常气愤。他又一次展现了他的顽固和保守，不喜欢辛亥革命者，也不喜欢地方军阀。同样，他对共产党人也无甚好感。这是其时代局限性所致，源于他的守成思维或者传统立场，只是期望安稳的生活，并无对错之分。

刘大鹏发现，乡里人在办理婚丧嫁娶等事宜时，很多行为都违背了旧礼。五月十三到了，人们忙着准备祭祀关公。刘大鹏看到此种景象，又生感慨，提笔写道："关帝君大义参天，精忠贯日，庙偲遍天下，为人伦之师表，每当今日，赛会之处甚多，演剧之处纷如，似此纪念，天下曾有几人？……此为关帝之'磨刀雨'，将刀磨快，好斩现时之贪官、污吏、劣绅、土棍，以及一切不孝、不忠、不信、无礼、无义、无耻、无廉之徒耳。"② 老年的刘大鹏愈加愤世嫉俗，他以前并不是这样的状态，或许是经商遭遇不顺又被政府盘剥，所以才发此愤恨之语。

民国已经成立二十多年了，他依然对旧学念念不忘，对新学嗤之以鼻。对于社会混乱、人心不古等行为归咎于读教科书而不读圣贤经典，"即欲挽救使正，亦没个良法也"。他闲暇时就教授自己的三女儿碧英及孙子、孙女读《大学》《中庸》《论语》等。很早的时候，刘大鹏的孙子就已经就读于晋祠小学。只不过，刘大鹏还偶尔传授一些经典知识给他的孙子、孙女。1936年12月，他的五儿子刘鸿卿在三

---

① ［英］沈艾娣：《梦醒子——一位华北乡居者的人生》，赵妍杰译，北京大学出版社2013年版，第8页。

② 刘大鹏：《退想斋日记》，乔志强注，山西人民出版社1999年版，第450页。

家村做小学教员，学生只有十余个。因为村中只有四十来户人家，规模太小。

抗日战争爆发后，他的三儿子刘珣任赤桥村小学教员，"（伪）太原公署召集各村小学教员到校训练一星期，以阳历七月十五为始，廿二日为终。珣儿今日自县归言，在县高小训练，每员报名费三元，到者二十余人，训练员为日人，以日文为先物，以中文次之。全县开学者四十余村，到县应训练者才十数人。由本城又措七、八人，始足二十余人之数。现时纷乱不宁，人皆视此举为不急之务也"①。山西煤矿丰富，日本觊觎已久，抗战爆发不到一年就占领山西。日本疯狂开采煤矿，日伪政权也没有闲着，加强奴化统治。

刘大鹏在民国初年辞去小学教员职务后，就进入了煤炭行业。他是比较幸运的，因为那时行业竞争不大、利润丰厚。刘大鹏凭借他的名望和正直的作风，得到当地商人的认可，并被邀请一起采煤，获得了丰厚的回报。但是，随着时间流逝，政府加紧了对煤窑的控制和盘剥，他们的生存空间日益狭小。刘大鹏的家境日渐衰微，他不得不重新打理自己家里的那片小农田。用耕读之家、晴耕雨读等词汇形容刘大鹏较为恰当，爱惜字纸也体现了他对知识的敬重以及过于节俭的人生。与其鸿篇巨制相比，他很少提及自己的教育经历，这里只能做一个大致的解读和想象。善良的刘大鹏为地方、为社会做出了积极的表率，为传播教化尽了自己所认为的最大努力，保守的他意欲为故国招魂却又挡不住时代的潮流。正如他曾经说的那样，年轻的士子们纷纷舍弃旧学，投向新学。在距他一千三百公里的徽州，有一名年轻人——黄卓甫，开始学习新知识并接受师范教育。与刘大鹏的多重身份不同，这个年轻人变成了现代意义上的"专业人"。事实亦是如此，他们这群年轻人真的以更专业、更专注的姿态立足于乡村小学校，使得"学堂乐歌"的历史想象得以生动展现。

---

① 刘大鹏：《退想斋日记》，乔志强注，山西人民出版社1999年版，第530页。

## （三）根植桑梓的自乡人

乡村教师中多为"自乡人"，自然也包括"他乡人"；"他乡人"里面又可以分为"来乡者""下乡者"。以河北定县东亭的62村为例，1917年该地共有小学63所，教员78人，其中男教员68人、女教员10人。绝大部分学校（52所）只有一名教员，有两名教员的学校只有8所，有3、4、5名教员的学校各仅有一所。教师来源地方面，有男22人、女6人共28人生于学校所在村庄，占总数的35.9%。定县其他地方的有45人，其中男41人、女4人，占总数的57.7%。剩余5位教师为定县之外的，其中河北望都县3人，宁津县1人，内邱县1人。① 他们中的大多数原本就生活于所在乡村，是其中的一分子，故可较好地融入日常的乡村生活。但作为新式学堂的教员，他们传播的新知识、新文化又与传统乡土生活观念隔阂较大，致使新教育的推进遭遇一定程度的阻碍。

有研究称"小学教师多属'土著'，属本县县籍的占98%；吾国人民安土重迁，146名小学教员中只有3名为非泰和籍贯"②。家庭生活的困窘也逼迫一些学子不得不早早放弃学业，回到家乡。一位署名"晓"的女教师说："失业使我在这万难的困境中挣扎了一年多，做过两个月白吃饭的教师，一个月的绒线工人，甚至想去当报贩（因为看到友人的实验，蚀了本，不敢冒险，没有去）。第二年，就又回到乡村去了。在两个私立小学里接连生活了三年。"③ 面对种种的生活现实，回到乡村，做一名乡村教师貌似是他们的最优选择。但是，也有人最终将之作为自己的志业。

李思秀在她的《做了民族解放的神圣职业》中说：

---

① 李景汉：《定县社会概况调查》，中国人民大学出版社1986年版，第210—211页。
② 梁庆椿：《从泰和乡村小学调查所见吾国乡村教育问题》，《国命旬刊》1938年第13期。
③ 晓（笔名）：《从生活中去学习》，《妇女生活》1937年第12期。

●● 乡村教师生活的历史考察

> 现在我已经做了两年的乡村教师了。自己感觉可笑死,有的学生年龄跟老师差不多。这样的说法,其实正道出了自己心灵的悲哀。我曾这样的想:依我这样幼小的年龄便为人师长,假如在一个好的环境中,将来一定会有更好的造就吧!我痛哭了,泪水沾满了我的衣襟。抬起头来,看着满身污垢的一群孩子,我立刻把悲哀的观念转过了。嗒!他们才是人类的不幸儿呢,我应该教育他们,因为他们是新社会的创造者,将来的主人翁。这是我应做的民族解放的神圣事业。①

为了尽快地培养新式教师,各地除了加大师范学校招生力度之外,还开办简易师范学校、师资训练班、塾师培训班等。所以,乡村学堂中比较常见的还是小学毕业或者毕业后通过短期培训班培训出来的教员,学生毕业后被分配到各自县、村的学堂,进行教学,依然称得上自乡人。

少数来自其他县域或者城市中的精英可称为"他乡人",还可细分为"来乡者"和"下乡者"。所谓"来乡者"即在家乡之外的地方进行教学的教师和城市下乡教师。教师黄卓甫即其中一位,他是学校资助者花重金聘请过去的,老家离所在学校较远,每次回家需要请假或者等放假。幸而,其岳父家即学校所在村子,生活上还较为方便。黄卓甫在其日记中记载了两次请假回家的情景。第一次原因不得而知;第二次请假因其生病,加上他的妹妹结婚,时间较长。教师刘来之则叙述了她做乡村教师的缘由,她说:"重担压上了肩头,困难层出不穷,我到偏僻的小农村教书。在我们这里,小学教师尤其是农村中的小学教师,更是分文不值,就视一个年工。教材有国语、常识、公民、算术,音乐、体育是村中所不满意的科目。农村中的小学塌台的不少,这还常常有将教师饿跑了的事出现,我这里还算是生命线较长,支持至今。现在也为吃喝而难住了,所以残存至今。"② 尽管位列

---

① 李思秀:《做了民族解放的神圣事业》,《妇女生活》1936年第10期。
② 刘来之:《四块钱的月薪》,《妇女生活》1936年第10期。

新式知识阶层，但其敬业精神和职业素养的不足令他们对乡村教育的贡献程度有所降低。当然，限于恶劣的生存条件以及教育保障制度，这个群体能够选择教育事业已难能可贵。

值得一提的，是在乡村留下浓墨重彩的知识精英下乡带来的改造运动，这些知识精英可谓乡村教师中的"下乡者"。他们多属于高级知识分子中的重农派、乡建派，多以指导者的身份参与乡村教育。这部分知识分子为了除旧革新，纷纷下乡甚至亲自投入乡村建设、乡村教育中。其中很多知识人深入乡村实际，探索有效的教育方式，一定程度上影响了当时的乡村教育。例如，晏阳初等人组织数百名教授、校长等知识精英进行乡村改造，他们通过不断探索，形成了以教育为核心的乡村改造模式。在举国疲敝、文化激荡的年代，乡民最起码需要有自力更生的能力，而这些能力又是建立在一定的知识、技能之上的。所以，他们认为，以教育进行乡村改造最终达到民族改造之目的的方案是非常可行的。

知识精英的乡村教育实践在中国教育史上的地位不可忽视。孙中山曾在1912年9月北京教育界欢迎会上，以《民国教育家之任务》的演说表达了他对知识精英的期待。他说："专制时代，一般士子求学之心思，皆以利权为目的，助纣为虐，此兄弟从前之所痛恨最切……诸君须知此后求学方针，乃期为全国人民负责，非为一己攘利权。从此研究文明学问，铲去野蛮学问，使我国之道德日高一日，则我国之价值日高一日。价值日高，则有神圣不可侵犯之地位，兄弟于诸君有厚望焉。"[①] 这股浪潮及其成员在当时影响巨大，相关研究也极为丰富，此处不再赘述。

## 二 生活水平

乡村教师的薪资待遇是其社会地位与行为表现的物质基础，是该

---

① 陈飞、徐国利：《回读百年》（第一卷），大象出版社2009年版，第686页。

群体生活水平的间接表达。在两篇日记中，刘大鹏和黄卓甫表达了不同的看法。刘大鹏认为薪资待遇较低无法养家糊口，黄卓甫则承认他去仪耘小学教书部分是因为薪资可观。

1913年4月，刘大鹏开始在晋祠蒙养小学校当教员，这期间他无暇远游，更是没有精力编辑各书。因为学校里的学生众多，功课繁杂，他难免顾此失彼、疲于应付。他曾经计划写写诗、读读书并主持编辑《晋祠志》等，当了教员之后，基本是围着学生转。然而，最令刘大鹏无奈的事情发生了。他在日记中说："予充晋祠小学校之教员半年，其束脩并未送来，予因无款辞谢其任，谋再办别物以求糊口之资（1913年9月4日）。"刘大鹏家中人口众多（十四口），学校里的薪资本就微薄却没有及时发放，仅仅当了半年学堂教员的刘大鹏只得另投他业，领着自己的儿子去开小煤窑。

黄卓甫到校不久，校工就辞职回家了。他不得不早早起床，晚上还要等着给小木匠开门，经常睡眠不足。有一天，水缸里没有水了，黄卓甫早起去河边挑了一桶水。黄卓甫写道，这是他人生三十年来第一次挑水，别人不知情的，还以为来仪耘教书是受物质诱惑，哪里知道自己受的苦累。后来，黄卓甫也承认，有一点看重工资待遇的原因，但他认为若是为了物质利益来过这种生活，自己倒不如去做什么委员、老爷（县官）去了，再不济也可以做个舒适的店老板。"人们太不知道我了。"黄卓甫又感慨一番。

民国初建，各级政府对教育、教师非常重视，相应的教育投入与教师待遇较为丰厚。相对而言，乡村教师的待遇要稍逊一等。低微的薪资待遇给他们的生活造成一定程度的压力，并迫使他们省吃俭用或兼做农活。平日里，除了少数宿于学校的青年教师，乡村教师的生活几乎与乡民无异，柴米油盐、日常应酬是其生活主调。他们在农忙时候多与农民一样在田间劳作或给亲友帮忙。

陈存仁先生曾著《银元时代生活史》一书，详细阐述了民国各地的生活及其经济水平。在上海,银元早期被称为"银饼"①(理论上一银元可以兑换一百枚铜板,但有波动),他说幼时一个铜板可以买糖块十粒,买大饼油条各一件。当时,城隍庙的酒酿圆子每碗两枚铜板,一碗肉面大概四个铜板;一瓶汽水两个铜板,两个铜板大概还可以买两大块酱肉,一元大概可以买一百五十枚鸡蛋。陈存仁先生说:"我六岁前,绝少有机会可以看到一块银元。新年中,到九姑母处拜年,姑父号称巨富,开设典当七家,姑母见到我非常高兴,给我一块钱作为'拜年钱',我拿着银元回来,觉得飘飘然已成为有钱人了。"为了便于后面的比较,此处大概以抗日战争之前的购买能力为参照(详见表2-4)。

表2-4　　　　　清末、民国1元大概的购买力②

| 等价物 | 清末到1911年 | 1912—1920年 | 1921—1925年 | 1926—1936年 |
| --- | --- | --- | --- | --- |
| 人民币(1995年) | 70元 | 50元 | 40元 | 36元 |
| 大米 | 45斤 | 30斤 | 18斤 | 16斤 |
| 猪肉 | 10斤 | 8斤 | 7斤 | 5斤 |

此处以物价最高的上海为基准,其物价要比北京高10%—20%。大米、猪肉在当下看来较为普遍,但当时尤其是内陆比较稀缺,一般家庭较少吃,所以,此处仅供参考。普通城市物价更低,若是偏远地区,一元钱购买力会更高,甚至可能买到一亩地。1937年之后,因通货膨胀,法币泛滥,贬值严重,暂不计入。

## (一)政策文本里的理想图景

中华民国第一次临时教育会议通过了《小学教员俸给规程》,对教师薪资待遇做了总体规定。1917年,教育部根据调查结果,完善了《小学教员俸给规程》。规定校长及正教员分为12个等级,最高月薪

---

① 1银元即1两白银,俗称1大洋,也可称1元。本书余同此用法,不再赘述。
② 陈明远:《文化人的经济生活》,文汇出版社2005年版,第356—357页。

● ● 乡村教师生活的历史考察

60元，最低12元；专科正教员及专科教员分11个等级，最高40元，最低6元；助教员分8个等级，最高22元，最低4元（详见表2-5）。

表2-5　　　　　　　　小学校长、教师月薪①　　　　　　（单位：元）

| 职称\级别 | 1 | 2 | 3 | 4 | 5 | 6 | 7 | 8 | 9 | 10 | 11 | 12 | 13 | 14 |
|---|---|---|---|---|---|---|---|---|---|---|---|---|---|---|
| 校长、正教员 | 60 | 55 | 50 | 45 | 40 | 35 | 30 | 26 | 22 | 18 | 15 | 12 | 10 | 8 |
| 专科教员 | 40 | 35 | 30 | 26 | 22 | 18 | 15 | 12 | 10 | 8 | 6 | | | |
| 助教员 | 22 | 18 | 15 | 12 | 10 | 8 | 6 | 4 | | | | | | |

但是，每个地方并不是完全执行该规定，区域差异、城乡差异、经济水平等因素使得教师薪酬高低不等。1928年，国民政府针对小学教师薪水问题，公布《小学教员薪水制度之原则》。其中做了一些限制性规定：

（1）订立最低限度之薪水。（原则）两倍衣食住（以舒适为度）三事之所费，为最低限度之薪水。譬如江宁县城每月每人塾师之膳食需费十元，每月房屋需费六元，每月添置衣着（以一件土布衣服为标准）需费二元，共计十八元；两倍之得三十六元，年薪四百三十二元。此即为江宁县小学教师最低限度之薪水，凡合教师之资格者，其所入薪金不能短于此数。

（2）订立根据学历之薪级表。（原则）教师之学历有超过规定标准者，得估其所费多给薪水；不及规定标准者，得酌量减至最低限度之薪金……

（3）订立根据经验之加薪数。（原则）教师经验年有增加，薪金亦随之而加，可以劝其久任……其它如教师之效率、教师之

---

① 李桂林、戚名琇、钱曼倩编：《中国近代教育史料汇编——普通教育》，上海教育出版社1995年版，第492—493页。

课务等，亦有影响于薪水之增加，但其标准必须专家审慎考订，一时不易实行。故后缓议。①

1921年，广州小学教师薪水最低为36元，最高可达125元（一般是校长，还兼拿正教员的薪水），1926年最低薪水改为40元。较有代表性的为20世纪30年代《北平市市立小学校长教员俸给暂行标准》。教员薪酬按照教员类别划分为14个等级，月薪最高者95元，最低的仅25元，薪酬差距明显（详见表2-6）。

表2-6　　　　　　　　北京小学教员俸给表②　　　　　（单位：元）

| 级别 | 级任教员 | 科任教员 | 级别 | 级任教员 | 科任教员 |
| --- | --- | --- | --- | --- | --- |
| 一级 | 95 | 90 | 八级 | 60 | 55 |
| 二级 | 90 | 85 | 九级 | 55 | 50 |
| 三级 | 85 | 80 | 十级 | 50 | 45 |
| 四级 | 80 | 75 | 十一级 | 45 | 40 |
| 五级 | 75 | 70 | 十二级 | 40 | 35 |
| 六级 | 70 | 65 | 十三级 | 35 | 30 |
| 七级 | 65 | 60 | 十四级 | 30 | 25 |

1933年3月公布的《小学规程》规定，小学教员的工资应根据学历及经验分等级，但最低不得少于所在地个人生活费的两倍。在一些地方的标准中也有对乡村教员薪金的规定。如辽宁省规定县属小学职员分三等九级，一等一级小学职员月薪为44元，三等三级月薪为12元。

## （二）年代变动下的区域差别

乡村教师的待遇因时、因地、因人而异。据1907年《第一次教育统计图表》显示，清末全国小学教师薪俸每月在7—8元到3—4元

---

① 《教育法令汇编》（第一辑），商务印书馆1936年版，第293页。
② 于述胜编：《中国教育制度史》（第七卷），山东教育出版社2000年版，第242—244页。

不等。如山西省初小教员月薪3.7元，河南省月均3.8元，安徽省月均4.6元，浙江省月均5.6元，江苏省月均7.8元。①民国初年，乡村社会关系相对稳定，这种状态大概持续到20世纪30年代。之后，乡村开始"破产"，乡村流动加剧，乡民逃离，秩序格局发生变动。处于其中的乡村教师受到较大影响，他们的薪酬、待遇也大有不同。一般来说，县立及以上学校教师待遇较稳定，乡村教师所拿薪水基本是政府规定的最低薪金；抗战期间学校教员薪水一律按八折发放，有"国难薪"之说；民国后期，通货膨胀，乡村教师生活受到较大冲击，生存状况不容乐观。

据1914年统计资料显示，直隶高小教师每月薪水最多24元，最少16元；初小教师每月薪水最多21元，最少5元；四乡小学教师每月薪水仅4—5元，甚至有的小学教师一年仅能得120吊京钱（京都所铸的钱，旧时北京通行币的一种）。②1914年，黄炎培游历各地区，考察教育状况，在其日记中多次提到地方上乡村教师的待遇问题。例如，"山东博山县教员月薪多者十五六圆，每周功课自十六时至二十时不等。博山全境人口约十四万，在城者二万，博山教育程度在山东各县为中等。乡间各小学每校给京钱三十串。一乡间小学教员年俸约京钱一百串（合大钱五十千文），自膳，但与学生家庭感情好者或轮食学生家饭焉。遇春秋假，则教员为学生家助理农事，俸额虽薄，然从前私塾教员每人不过三十串耳……山东泰安初高小，以九时、十二时、（下午）四时为三餐时间，寄宿生七十人，皆自家携来食物。若煎饼之类，以高粱、豆、玉蜀黍、麦等为之，此饼每斤市价六铜圆，自制者五铜圆，学生日食一斤，苦力须二斤余，学费不收，用品自备"③。1917年，李景汉等人在《定县社会概况调查》中提到乡村教师的薪金水平及其家庭财产状况，结果显示当地乡村教师薪资待遇与

---

① 田正平、肖朗编：《世纪之理想——中国近代义务教育研究》，浙江教育出版社2000年版，第450页。
② 阎国华主编：《保定近代教育史略》，河北大学出版社1992年版，第59页。
③ 《黄炎培考察教育日记》（第二集），商务印书馆1915年版，第74—84页。

其他地区差别不大。另一统计显示，教师家中的家产较为乐观（详见表2-7和表2-8）。

表2-7　　　　　定县东亭区62村小学教员薪金①

| 全年薪金（元） | 初级小学教员 男 | 初级小学教员 女 | 两级小学教员 男 | 两级小学教员 女 | 所有小学教员 | 百分比（%） |
| --- | --- | --- | --- | --- | --- | --- |
| 40—59 | 5 | 2 | — | — | 7 | 9.0 |
| 60—79 | 10 | 2 | — | — | 12 | 15.4 |
| 80—99 | 22 | 1 | — | — | 23 | 29.5 |
| 100—119 | 14 | 3 | 1 | — | 18 | 23.1 |
| 120—139 | 5 | — | 1 | 2 | 8 | 10.2 |
| 140—159 | — | — | 4 | — | 4 | 5.1 |
| 160—179 | — | — | 5 | — | 6 | 7.7 |
| 综合 | 56 | 8 | 12 | 2 | 78 | 100 |

表2-8　　　　定县东亭区62村小学教员家产之价值②

| 家产（元） | 教员数 男教员 | 教员数 女教员 | 教员数 合计 | 百分比（%） |
| --- | --- | --- | --- | --- |
| 无 | — | 1 | 1 | 1.3 |
| <2000 | 11 | 2 | 13 | 16.7 |
| 2000—3999 | 16 | 1 | 19 | 24.4 |
| 4000—5999 | 14 | 1 | 15 | 19.2 |
| 6000—7999 | 11 | 1 | 12 | 15.4 |
| 8000—9999 | 9 | 1 | 10 | 12.8 |
| >10000 | 7 | — | 8 | 10.3 |

张鸣在《民国的角落》中提及作家徐杰的小学教师生活。20世

---

① 李景汉：《定县社会概况调查》，中国人民大学出版社1986年版，第216页。
② 李景汉：《定县社会概况调查》，中国人民大学出版社1986年版，第219页。

纪20年代，徐杰曾在浙江临海当过一段时间的小学老师，那时候他的工作是半义务性质的，每月仅有3元的伙食津贴，为了糊口，他拿出其中的1.5元交给邻居入伙，剩下的钱换成铜板买些下饭的小菜，每天都计算着用，勉强够用。一般是早晨买一个铜板的豆腐，午饭、晚饭买小菜或炒鸡蛋或炖鸡蛋。当时一个鸡蛋花不到一个铜板，他有时也花一个铜板买两三个烧饼充当消夜。

1921年4月1日，刘大鹏曾在日记中记载："聘定女教员彭孝卿为县立女子高等小学校教员，担任一切科学，每月薪水大洋六元。"① 据不完全统计，20年代中期，中学教师月薪在50元左右，小学教师在13元左右。② 安徽省教师相关数据显示，绝大多数的教师（8352人，占总数的74%）拿15块以下的薪水，甚至有很大部分（1127人）教师仅拿5元以下的薪水。③ 1927年，李楚材对江苏9个县进行调查，结果显示教师薪金平均为17.3元。④

1935年，许玉洲等在《做乡村教师的困难》里说到当时的待遇状况："年来因为小学教师过剩，一般做教师的唯恐自己失业，不管教育局法定的薪金额数，不管对于同人有什么影响，自甘落价；有的竟落到全年三四十元的。虽是我们地方教育局规定：甲等年薪百三十元；乙等百一十元；丙等九十元。但是他们可以先给校长写七十或八十元的空收据，再由校长呈报教育局一百三十元或一百一十元。结果一般的薪金低落了，不会逢迎的教师们仍是失业。"⑤ 由此看出，虽然教师抱怨薪水不高，但仍有很多人趋之若鹜，甚至不惜自降身价。

当时，河南洛阳实验区31名乡村教师中全年待遇最高的100元，最低的40元，平均60.1元，具体如表2-9所示。

---

① 刘大鹏：《退想斋日记》，乔志强注，山西人民出版社1999年版，第287页。
② 朱汉国：《中国社会通史》（民国卷），山西教育出版社1996年版，第258页。
③ 刘强：《1927—1937安徽教师群体研究》，安徽大学，硕士学位论文，2011年。
④ 李楚材：《小学教师的生活问题》，《中华教育界》1928年第6期。
⑤ 许玉洲、王景志：《做乡村教师的困难》，《教育短波》1935年第24期。

表2-9　　　　　　　　　洛阳实验区教师待遇统计①

| 待遇（元/年） | 40 | 45 | 50 | 55 | 60 | 65 | 70 | 75 | 80 | 85 | 90 | 95 | 100 |
|---|---|---|---|---|---|---|---|---|---|---|---|---|---|
| 人数（个） | 4 | 4 | 2 | 5 | 3 | 2 | 3 | 3 | 2 | 1 | 1 | 1 | 1 |

1927年到抗战前这十年，被称为民国的"黄金十年"，社会生活水平有所改善。据调查，1927年，江西省乡村教师月薪最高15元，最低3元，平均6元；1930年，江苏省乡村教师月薪最高30元，最低10元；河北省乡村教师最高月薪24元，最低4元，平均11元；威海卫乡村教师月薪最高36元，最低21元。1932年，博兴县全县共有公立小学教师396人，其中302人月薪为5—12元；35人月薪为12—15元；23人月薪为15—22元；36人月薪为22—35元。②1937年，龙发甲在其《乡村教育概论》里面提到江苏无锡小学教员月薪平均为14元。③1930年《第一次中国教育年鉴》统计显示，南京乡村教师月薪最高40元，最低18元；安徽乡村教师月薪最高19.8元，最低7.8元；湖北乡村教师平均月薪为8元，甘肃则为10.75元。④

舒新城曾在游历时参观过一些小学，在其《蜀游新影》中写道："据他们说，校中经费全恃百货捐的收入，现在每年有经常费一千五百串（约合四百余元），学生不收学费，寄宿者月收膳费五串，教师薪修最高额年二百串，最低额年一百串，校舍系旧时书院改建。"⑤1931年，保罗·朗之万等人组成的国际联盟教育考察团来华考察，在其考察报告里提到：中国乡村初级小学教师有的人能得到30—40元的月薪，但一般而论，每月能得到10—15元，薪水较高者非常少。⑥

---

① 章元善、许仕廉编：《民国丛书（第四编，乡村建设实验第三集）》，生活书店1936年版，第405—406页。
② 《博兴文史资料》（第二辑），滨州地区新闻出版局，1984年，第95页。
③ 龙发甲：《乡村教育概论》，商务印书馆1937年版，第49页。
④ 《第一次中国教育年鉴》（丙编），传记文学出版社1977年版，第762—790页。
⑤ 舒新城：《蜀游新影》，上海开明书店1929年版，第109—110页。
⑥ 《中国教育之改进》，国立编译馆1932年版，第46页。

●● 乡村教师生活的历史考察

1934年,江宁县乡村教师月薪在20—32元,相较其他地方薪俸之菲薄,该县待遇还是较好的。其时,昌平县几位乡村教师的工资在12元左右,并有每年30元的补助,教师都较为满意。当地人多数抽旱烟,男女皆然,多是自家种的黄烟。吸纸烟的也有,买的却只有教员1人。这从侧面反映了乡村教师的经济状况相对宽裕。

1935年,赵石萍调查了南京市郊的乡村教育,其中提及乡村教师薪水(排除义务教职),一般在20—53元,平均为37元,相较其他地方待遇是比较高的,目的就是教师舒适生活、安心教学。[①] 差不多同一时间,谢润身调查武鸣县的乡村教育概况。从调查数据来看,该地乡村教师年薪多在100—350元不等,在100—150元区间的人数最多,占25%左右,其余区间各在10%左右。其平均年薪203.85元,平均月薪17元(详见表2－10)。

表2-10　　　　　**武鸣县乡村小学教员年薪**[②]　　　　(单位:人)

|   | 义务劳动 | <100元 | 100—149元 | 150—199元 | 200—249元 | 250—299元 | 300—349元 | >350元 | 不详 |
|---|---|---|---|---|---|---|---|---|---|
| 高小 |  |  | 1 | 2 | 4 | 5 | 7 | 1 | 1 |
| 完小 | 2 | 1 | 7 | 3 | 5 | 4 | 4 |  |  |
| 初小 |  | 5 | 10 | 2 | 3 | 1 |  | 1 | 1 |
| 总计 | 2 | 6 | 18 | 7 | 12 | 10 | 11 | 2 | 2 |
| 比率(%) | 2.82 | 8.45 | 25.35 | 9.86 | 16.90 | 14.08 | 15.40 | 4.23 | 2.82 |

同时期,山西省会小学教员月薪20元起,县立小学教员月薪20元左右,乡村小学教师年薪高低不等,有的小学教员年薪不到50元(详见表2－11)。

---

① 李文海主编:《民国时期社会调查丛编》(文教事业卷),福建教育出版社2004年版,第37—53页。

② 谢润身:《武鸣县乡村教育调查》,《统计月报》1935年第5—6期。

表 2-11　　　　山西省部分地区乡村教师全年薪金统计①

| 薪金（元） | 20—49 | 50—99 | 100—149 | 150—199 | 200—249 | 250—300 |
|---|---|---|---|---|---|---|
| 人数（个） | 9 | 20 | 25 | 25 | 9 | 5 |
| 比例（%） | 8.73 | 29.15 | 24.27 | 24.27 | 8.73 | 4.85 |

另有江西省泰和地区，"教师月薪平均为七元六角一分，不及五元者13人，五元者16人，六元者20人，七元者6人，八元者18人，九元者5人，十元者11人，十元以上者21人"②。教师李贺汶曾在《妇女生活》上撰文说："我的薪水，是按年来计算，每年仅仅四十块大洋，这种低微的数目，还不是一齐交付给我。从大年正月间就开学，一直到现在九、十月里，才给我十五块，其余的非到腊月间放寒假，照例是不给的。"③ 在一张老照片里看到，1936年的浙江省嘉善县四贤祠中心小学教师聘约的场面，内容如下：

县政府核准聘任凌亚男为本小学第一期四年级级任教员，任期自二十五年八月一日至二十六年一月三十一日止，每周任课950分钟，月送修银23元0角整（全年以十二个月计算），所有服务事项照嘉善县小学教职员服务细则办理此订（详见图2-1）。④

1946年，河南省私立宛东初级中学聘请高福林任国文历史教员的聘书显示，薪金是按授课小时计算的，高先生每周任课20小时，每小时法币200元，小麦津贴每小时20斤。1946年通货膨胀严重，当时1斤小麦的价格是法币130元左右，虽如此，高先生一个月仍然能

---

① 宋震寰：《山西乡村教育状况之调查》，《新农村》1934年第13—14期。
② 梁庆椿：《从泰和乡村小学调查所见吾国乡村教育问题》，《国命旬刊》1938年第13期。
③ 李贺汶：《在乡村里》，《妇女生活》1937年第11期。
④ 倪杨艳：《民国25年教师的聘约长啥样》，《嘉兴日报》2011年5月19日第B2版。

图 2-1 浙江嘉善县四贤祠中心小学教师聘约

挣到小麦 1723 斤左右（详见图 2-2）。①

有些地方经济落后，"学校的资金比较紧张，但是学校给予教师的待遇还是比较优厚的。当时在菏泽一般高级小学教师的月薪为 24 元左右，而立达小学教师的月薪一律为 40 元（当时一元钱可买小麦 50 斤）"②。何兆武曾经回忆："抗日战争以前，（北京）一个小学教师大概是二三十块钱，老资格的教师一个月可以有大概四五十块钱。一个中学教师，比如师大附中资格老的可以拿到近两百块钱，年轻点的教师总有一百块的样子，那是一般学校比不了的。大学教师拿的更

---

① 王平（记者）：《透过三份聘书，看看清代、民国时期的教师待遇——当个教师，一年能挣多少粮》，《南阳晚报》2011 年 9 月 14 日第 W11 版。
② 《菏泽文史资料（第二辑）》，山东人民出版社 1990 年版，第 90 页。

第二章 乡村教师的群体状态

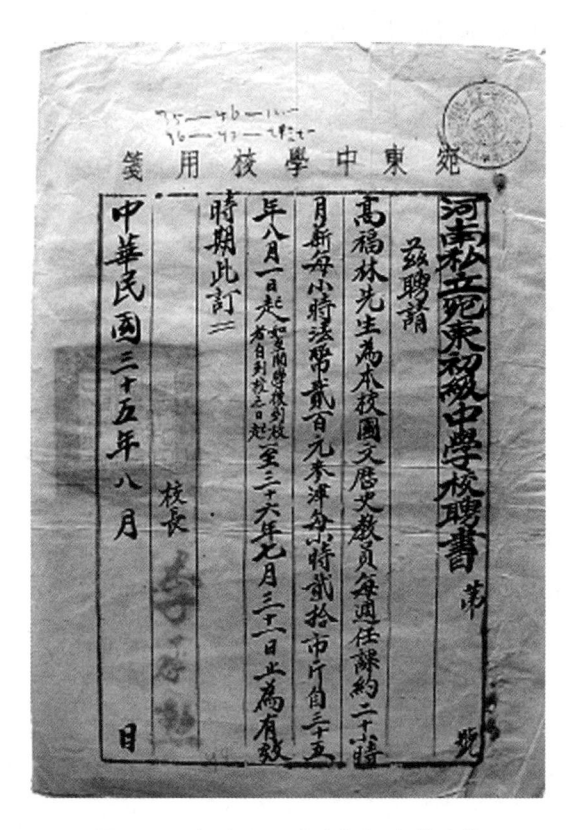

图 2-2 河南私立宛东初级中学聘书

多，比如冯友兰一个月可以有五百，可以买一套普通的四合院了。胡适钱更多，因为他名气大，头衔多，兼了很多职位。1937 年，何键——当时的湖南省主席——请胡适到我们家乡讲演，一次就送了他五千银洋，等于现在的明星出场一样。"[1]

抗战时教师薪资下降严重，加之通货膨胀，生存压力巨大，有些乡村小学几乎停薪，仅发米面或者让富裕学生家庭为教师供饭。[2] 上海某报刊登了一篇中学生的短文《从咸鸭蛋看物价飞涨》，形象地反

---

[1] 何兆武：《上学记》，文婧转录，生活·读书·新知三联书店 2008 年版，第 68 页。
[2] 吴琼：《民国时期教师薪俸的历史演变》，《教育评论》1999 年第 6 期。

映了当时的通货膨胀之严重，原文如下：

> 弄堂口有个卖咸鸭蛋的摊主……每个蛋壳上用蓝墨水写着售价……家母清早总得去买来供我佐饭。前天蛋壳上分明三百元，昨天已改四百元，今天买来的那个蛋，隐约有三百、四百、五百三种码子。但较深一层的蓝墨水字样是五百元。家母当然是花五百元买来的，因此知道市价的飞涨，一个咸鸭蛋每天升价一百元。①

山西省孝义小学教员的日记则记载了另一尴尬的场面：

> （1944年，农历四月）十二日，风。没有粮，学校无学生，无饭又无粮，十六教读此仅见，永世不在铁匠巷，教室阴，天井风，室内室外难以存，家有三斗糠，不当小孩王，如今此语果尔验。果尔验，也流连，可恨没有粮，也没面。
>
> 十五日，晴。摆摊尽是他人的东西，就卖下也不是自己的，咱就有书，偏没人买。

解放战争期间冀鲁豫边区的小学教师实行薪粮制，其标准为：初小教员每月小米120斤；高小教员每月小米130斤。聊城地区部分县小学教员的生活待遇较上述标准低一些，高小教员每月甲等小米130斤，乙等小米129斤；初小教员甲等小米100斤，乙等小米90斤，丙等小米80斤。中等以上学校的教员仍享受供给制，粮食定量，菜金、津贴、路费、被褥、鞋袜、妇女卫生、育婴保健、烧柴等一律与军政干部人员相同。为优待中学教员，在其粮食定量内发给1/3的细粮。② 1946年，大学教授最高月薪80万元，在北京可买20余袋面

---

① 陈明远：《文化人的经济生活》，文汇出版社2005年版，第279页。
② 刘九龙、韩平：《聊城地区教育志》，聊城地区教育局，内部印行，1989年，第41—42页。

粉。1947年，月薪涨到1000万元，却也只能买5袋面粉。① 通货膨胀使得这个时候的纸币基本上没有什么意义。乡村教师的报酬多是以谷米、粮油的形式发放，有的地方可能连粮食都不发，老师只得轮流去富裕的学生家吃饭以抵工资。

### （三）现实生活的清贫与无奈

乡村教师的待遇次于一般县城教师，更次于省立、国立小学教师，与大学教师更无法比较。② 一般情况下，乡村教师的待遇与技术工人、医生的工资差不多，比一般工人要高。陈存仁在《银元时代生活史》中提到，1914年，上海绪纶公所学塾中一位有秀才头衔的塾师可拿12元的月薪，一个裁缝铺的总账房可拿10元，育才小学每学期学费3元；自己学医时的生活费是2元，之后在上海当见习医生，每月薪资是8元。"但袋中常有铿锵的银元撞击声，气概为之一壮，内心有说不出来的快乐，外表上也觉得飘飘然，第一个月，吃过用过，口袋中还剩下五块钱。"③ 在上海，年轻的陈存仁每月三元钱就可以维持生活，所以，当时乡村教师的待遇比他们陈述得要好。

1934年，《河北霸县乡村小学教师生活写照》中提到，初小教员最高年薪120元，并且还有很多教师每月仅能拿到七八元，有人认为这样低微的报酬实在不如一个商店的学徒、雇工。虽然乡村中的生活比较简朴，可是每月只吃棒子面，也得四五块钱，再穿衣裳和零用也得两三元。平均算起来，每个月顶多能剩余二三元钱，仅够糊口。④ 但是，小学教员都有家室，而更要命的是县政当局发文，全县各级教

---

① 《关于小学及村学教员待遇的决定》，山东省档案馆，1947-02-14，档号：G004-01-0103-003。

② 当时大学教师分4等，每等6级，教授最高月薪一般在400元，本科教授最高280元，预科教授最高24元，助教最高120元、最低50元。1913年，鲁迅月俸220元，按北京肉价，可买2244斤猪肉；1916年月俸300元，可买2692斤肉。1918年，毛泽东担任北大图书管助理员，可能因不是正式职员，每月薪水只有8元。

③ 陈存仁：《银元时代生活史》，广西师范大学出版社2007年版，第18—19页。

④ 张英夫：《河北霸县乡村小学教师生活写照：工作劳苦到极点，生活低微到极点》，《众志月刊》1934年第3期。

师薪水一律按照八折发放。在他们看来,当乡村教师真是只有苟延残喘,在无趣的生活中敷衍。

身为农民,当时五口之家需要 10 亩肥沃的土地才能维持生活;在上海、天津、广州等大城市附近,种 5 亩蔬菜即可维持生活;土地贫瘠的地方只能种高粱,要种 50 亩才能维持一家生活。以对冀、皖、苏、浙四省九县 6296 户农家的调查为例,当时(20 世纪 30 年代)每年的食物支出为 150 元,占总支出的 80.2%;衣服支出 20 元,占 10.7%(当时美国东部食品支出占总支出的 39.5%,衣服支出占 13.7%,杂项占 27.8%;美国西部食品支出占总支出 44%,衣服占 17.7%,杂项占 24.9%)。而北京一个叫黑山扈的地方,米面花费 138.32 元,占总支出 89%,菜蔬支出 8.39 元,占总支出 6%,肉类支出 1.12 元,仅占总支出的 1%。① 30 年代,江苏农村雇农月收入在 6.8—10.1 元,碾米工月收入在 6—12 元,北方雇农月收入仅 3 元左右。② 如果折合成铜元,成府村每人每日平均 15 枚,饮食以玉米面、小米、白薯、青菜、咸菜等为主,鱼肉荤菜可能只会出现在逢年过节时。1916 年,刘大鹏雇人割麦子每人每天工资一百七八十文,两百文的较少见;到了 1919 年,割麦子要两百八十文,间苗要两百文;雇一长工,每月工资 4 元;沿路弄皆刈麦,每人每日工资 4 角;雇工两人担粪上谷,每人每日工资大洋 5 角,又有三餐,每人必须大洋 7 角。③ 雇人的成本急剧上升,种地所得效益也不甚理想。

杨懋春研究了山东省台头村的生活状况,他在《一个中国村庄:山东台头》里面写道:"按照食物消费情况,可把台头村人大致分为四等。最低一等以甘薯为主要食粮,往上一等是甘薯和小米结合,第二等主要吃小米和小麦,最高一等主要吃小麦。在蔬菜上市时,四个等级的人都消费大量的蔬菜。前两个等级的人很少吃肉制品,后两个

---

① 甘豫源:《乡村教育》,中华书局 1936 年版,第 10—12 页。
② 朱汉国:《中国社会通史》(民国卷),山西教育出版社 1996 年版,第 180 页。
③ 刘大鹏:《退想斋日记》,乔志强注,山西人民出版社 1999 年版,第 232、280、369、393、451 页。

等级的人也只是偶尔吃肉。一些穷村民谈起基督教牧师、学校教师或集镇上的商人时，就会说：'他是一年四季吃小麦粉的人，他的脸怎么会不光滑呢！'"① 值得注意的是，教师多出自本乡本土，家中基本都有耕地。对乡村教师来说，所得薪水可能是他们的额外收入。李景汉曾调查定县农村概况，他发现东亭区62个村子中几乎每个农村小学教师家中都有土地，只有一个女教员是特例（详见表2-12）。这也符合当时的乡村教育现实。

表2-12 定县东亭区62村小学教员家中田地数量②

| 田地数量 | 教员数 ||||
| --- | --- | --- | --- | --- |
|  | 男教员 | 女教员 | 合计 | 百分比 |
| 无 |  | 1 | 1 | 1.3 |
| 20亩以下 | 10 | 3 | 13 | 16.7 |
| 20—39亩 | 15 | 4 | 19 | 24.4 |
| 40—59亩 | 16 | — | 16 | 20.5 |
| 60—79亩 | 6 | — | 6 | 7.7 |
| 80—99亩 | 12 | — | 12 | 15.4 |
| 100亩以上 | 9 | 2 | 11 | 14.1 |

20世纪20年代中期，武汉市第一纱厂工人月薪大概14元；铁路技术工人最初在20元左右，老员工和技术人员可拿40—50元；上海巡警月薪10元左右，巡长15元左右；上海卫生局的科长月薪也不过30元；报刊编辑月薪80元左右，记者10元左右，校对20元左右。

王运明对比了济南市第三实验小学和章丘龙溪小学的教师待遇。第三实验小学教员月薪多数在40元，龙溪小学教员月薪在17元左

---

① 杨懋春：《一个中国村庄：山东台头》，张雄等译，江苏人民出版社2001年版，第34—37页。
② 李景汉：《定县社会概况调查》，中国人民大学出版社1986年版，第218页。

右，教育局只发 15 元，不足之数由村杂税补齐（当时普通工人月薪 7.5 元左右）。① 教师一个人生活绰绰有余，但养活一家五口人则捉襟见肘。② 张鸣说，五四时期唐山煤场的工人，日工资为 2 毛钱，月薪折算为 6 元；他们拼命干活，把两星期的工赶在一个星期做完，余下一周便去吃喝嫖赌。张鸣引用李大钊的分析说，工人们太无知，所以他们除了吃喝嫖赌外，不知道有高尚的娱乐可以慰藉他们的痛苦。

结合相关数据与研究不难看出，乡村教师所赚取的薪水不算多，自用较为充裕，勉强应付一家人的生活。但这与城市教师相差较大，并未能达到乡村教师的职业期待。对此，署名钟南的人写下了《改善乡村教师待遇之我见》一文，大意如下：

> 城市中小学教师生活较为美满，薪金较为丰厚，所以历届的师范生，每不愿到乡村小学里去担任教职，除非在城市里找不着相当的生活途径。我国的乡村小学的师资，多半是师范讲习科毕业或是普通中学毕业或高级小学毕业或中学肄业者，甚至初级小学毕业者也往往呈现于吾侪之前，良可痛也！以此种学识简陋，经验缺乏，而又没有受过相当的训练者，去传播发展乡村教育，唤起乡村民众，以收教育上之最高效率，不是缘木求鱼么！但是，俗说"八败命还怕死做"这句话虽然很不文雅，可是用在此时此地，似乎也很恰当。学识经验虽是缺乏，假如能够尽心力为之，总可得一些效果。却再回想到事实方面，那可又不然了，他们拿这教师看作什么？可以武断地说一句，大多数不过看作一个暂时维持生活的工具，所以对于乡村生活没有同情，没有兴趣，又哪能安于其位，而乡村教育，又哪能不渐次地消沉下去呢？
>
> 要使乡村教师视教育为终身事业，而安心教学，就非使其所得的收入足以维持他一家的生活，及有什么忧虑不可。至于现在

---

① 王运明：《民国小学教师待遇初探》，《教学与管理》2011 年第 3 期。
② 《关于小学及村学教员待遇的决定》，山东省档案馆，1947-02-14，档号：G004-01-0103-003。

## 第二章 乡村教师的群体状态

的乡村教师所得的酬报，恐怕较任何职业都来的微薄，平均他们的薪金，每月少者不及十元，多者也不过十五六元左右，在现在生活程度高涨的时候，以这样微小的每月的收入来维持一家的生活，试问事实方面可能不可能吧！如果再有许多儿女，真要吸风喝水了！这样说来，做小学教师的，奉养父母，已经很难，更谈不到什么妻子了，与从前的所谓宦官，又有什么差异呢?！

就大多数说，都是迫于生计，拿着教师为名，行劣绅之实，甚或离开教师的职责。其中优良的呢，就只有东对西借典当衣物的过活了。因此，乡村小学腐败不堪，亦势所必然。要挽救这种现象，只有改善乡村教师的待遇。换句话说，乡村教师的待遇一天不能改良，乡村教育一天就不能发展，中国教育一天不能普及。①

正如辛润堂在对安徽省和县乡村教育调查时所提及的："（教员）处目前中国乡村社会中，列身士子阶级，势须衣衫整洁，表率乡党，家人亦多以书香门第自居，全家生活，类多赖于一、二人之赡给，故每一小学教员恒负有仰事俯蓄之责，乃一年舌耕之所入，几不足三百元，欲求其能尽力职守，宁非苛责，故宽筹经费，提高教职员待遇，实为该区教育最迫切之需要。"② 在战火纷乱、社会动荡的年代，虽然时常有抱怨之声，但大部分乡村教师依然坚守岗位，凭着自己的良心教书。

生活的艰难和职业的困境貌似又是永恒的，它无法完全解决，只能在一定程度上缓解。虞箴曾在《教育杂志》里谈道："整顿小学机关实尤为本中之本；县乡无力承担小学教育之经费，今学校教员无真实之资格而滥竽其间者，良非少数；学校欲得优良之教员，其俸给亦不得不稍微从丰，今各县市乡之办学经费，类多支绌，故不良教员之

---

① 钟南：《改善乡村教师待遇之我见》，《通中校刊》1934年第3期。
② 李文海主编：《民国时期社会调查丛编（文教事业卷）》，福建教育出版社2004年版，第37—71页。

滥充，自所不免，欲免此弊，又非国家略与补助不为功矣。"① 新中国成立之后，地方政府已经深刻认识到该问题的重要性，申请增加小学教师的工资。② 这给我们的启示是：相关主管部门结合各地实际生活水平，探索、制订合理的薪资底线，以及薪资修正制度；保证乡村教师生活水准的稳定性，改善教师生存环境，提升教师的幸福感；引入多样化的奖惩制度，改变教师"吃大锅饭"的心态，激发他们上进的动力。

---

① 李桂林、戚名琇、钱曼倩编：《中国近代教育史料汇编——普通教育》，上海教育出版社1995年版，第774—775页。
② 《关于提高小学教员待遇问题的请示与批复》，山东省档案馆，1949-10-26，档号：G004-01-0371-003。

# 第三章 乡村教师的学校教学

乡村小学堂或学校多以庙宇、祠堂改建而成，另有部分为私人住所改造而成，校舍破旧、人员不整、设施不全的景象已成为当时的常态。有些学校没有挂牌，外观与寺庙祠堂或农家并无二样；或者外面是学堂招牌，实质却是私塾教育。乡村教师面临上层国家意志与下层乡村生活惯性的双重压力，多数时候还要面对塾师的挑战和学生发展程度参差不齐的困扰。该群体所处的教学环境较为恶劣，但这并未泯灭他们对教育理想的坚守，在张弛不定的教学节奏中追寻教书育人的时代使命。与纠结于柴米油盐、衣食男女的日常生活不同，教师的教学生活改变了那种自发、原始的物欲与牵绊，开始彰显自身的主动性与专业性并超越时代带来的局限性。

## 一 充满张力的教学场域

乡村学校受制于时空条件和经济水平，学堂环境新旧杂糅、教学条件参差不齐等表现较为明显。

### （一）学堂环境新旧杂糅

在学校，乡村教师不但受制于教室条件、教学设备等客观环境，还受到校内管理者、服务人员以及相关规章的影响，它们一起构成了该群体教学生活的"场域"。学校优劣差异较大，整体不容乐观，教学场域的张力显著。部分乡村学校因有地方精英赞助，办学状况相对乐观。

例如，黄卓甫所在仪耘小学就是由当地精英资助，办学条件相对普通学校要好一些。但学校属于初建，还有一些地方没有装修完善，村里的木匠继续来学校做活，但厕所的门仍旧没有安上。不知道是木匠技术不好，还是设计有问题，厕所的门没有安上，木匠就回家了。过了几天，学校又去了一位木匠，他是专门过来安学校栅栏门的，所以厕所门依旧没有安上。黄卓甫去问木匠，木匠说那门不是他经手办理的，不归他管。黄卓甫没有办法，只得再请朋友去木匠铺里交涉。诸如此类的事情较多。

与大部分乡村学校相比，仪耘小学的办学条件在当时较为出众。民国初期，乡村里面的校舍更为糟糕，可能仅是招牌不叫某某私塾而叫某某学堂、学校，实质上的区别并不明显。英国传教士麦高温描写了当时乡村学校的大致境况："中国人对校舍的要求是不拘一格的，只要它不违背传统观念，就允许存在下去。这所学校只有一间孤零零的、毫不起眼的房子，没有丝毫美感可言。屋内的地面脏乱不堪，而且凹凸不平。没有人来消除这些长年累积起来的厚厚的污物，也没有人去打扰在角落里自得其乐结网的蜘蛛，它们自信任何时候都不会受到干扰。"[①] 不同于旧时的塾馆，乡村学堂大多利用寺院、庙庵等既有的公共场所，部分学堂则由家族祠堂、义庄和私人住宅改建而成，它们多散落于村外，距乡村生活居所较远。如昌平县在新式教育出现之前，多是以村塾的形式进行教学，村塾设于村庙的大屋中，里面有两个土炕，学生几十人则围在土炕上念书。取消私塾之后，这些地方改为小学教室，但较为阴暗，光线不好。有条件的还会挂一张中国地图，但多布满灰尘。教室已经变为黑板、讲台、讲桌、课桌此类布局。有的学校甚至不挂校牌，不注意根本不会认为那是学校。

晚清学堂多借用民房，后来开始在村大寺、关帝庙设立学校或农

---

① ［英］麦高温：《中国人生活的明与暗》，朱涛、倪静译，中华书局2006年版，第62页。

暇识字会，从此坊间纷纷效仿"毁庙兴学"。钱穆回忆他小时候上的果育学校"乃假华氏一祠堂，屋有一大厅，四壁楹柱，皆遍悬联语。右边侧房为乐在斋，诸师长退课皆聚于此。乐在斋北左侧开一门，通大厅之后轩，广长舒适。朝北长窗落地，窗外杂莳花木，有假山，有小池，俨然一小园"①。俞子夷在《二十年前乡村学校生活里的我》中回忆他初到一所乡村学校任职的情形，那所学校"在庙的左邻，实在就是改造殿宇的一半成功的。进门一个院子，三间一进……东侧一门，可通庙里。也是三间大殿，东西两厢。庙内有一个看庙的老人，此外别无和尚"②。裴竹君在沙淤小学办学时提到，学校由旧庙改造而成："'三元宫'是庄上一座破败的和尚庙，有十间屋子，和尚住了三间好的，那其余七间破的，就给了我们。这七间破的，在里头抬头数得着天上的星星，梁柱和屋椽全都是东歪西斜的，墙头、窗户什么也没有。"③ 承载新式教育的学校孤立于村外，所占据的貌似是人们敬重之地，事实上，除非重大节日和特殊时期，这些地方是乡民一般情况下不愿意接近的。

### （二）教学条件参差不齐

新式学堂由校长管理，如果一所学校只有一位教员，那么他就要兼任校长；即便有的初级学校教员较多，校长也得兼课，这种现象很普遍。例如，察哈尔某县12所乡村小学仅有12名教师，学校的管理、教学、杂务等大小事务全由教师一人承担。黄炎培在其考察教育的日记里记载，九江县第三初等小学"地址一神社也，前殿为操场，教员一人，月薪一百四十千文。学生二十人，内女生二人。不收学费是学校特色"④。另如，浙江女子初等小学，"凭民屋设立，校长高腾康女士，杭人，与教员方女士均毕业浙西女子师范，教员龚女士曾在

---

① 《钱宾四先生全集》(51)，联经出版社1998年版，第38—39页。
② 《俞子夷教育论著选》，人民教育出版社1960年版，第210页。
③ 《老解放区教育工作回忆录》，上海教育出版社1979年版，第196页。
④ 《黄炎培考察教育日记》（第一集），商务印书馆1914年版，第55页。

利康公司习缝纫者。学生五十,高、初各一,教室无寄宿、无学费,年由公家补助八百元。时在九时前,学生方自习,未上课,观时间表,缝纫殆占三分之一。备缝纫机五,学生皆携料来习"①。狭小的空间内装着几个年级的学生,小的七八岁,大的十六七岁。20世纪30年代,山东省泰安程家海小学只有一名教师,为此还经常误点、拖堂。教师周庆浩说:

> 当啷,当啷……天天依照钟点代行工友职务的我,这样的摇着铃上课,一般孩子们一听到铃声,不管有没有尿,总要没命的奔到厕所里去撒撒后,才站好队,走到教室里依次坐下。在做教学生涯的我拿着教授书,一上了课,除拍拍沙沙的在黑板上写着外,便时而像演说家的大展其讲演,时而学老翁的龙钟蹒跚,时而效儿童的哭、笑、嬉戏,时而学猫、狗的跑跳、叫喊,时而把一个方丈的教室,做了舞台,做了世界,照这样忙忙乱乱的,一班一班的过去。
>
> "吆!又过钟点啦!"我每当下了班见了钟,常要发出这样一句话。这是因为我们简陋的乡村小学里,既没有按时摇铃的工友;又因是复式教授,在班上多咕噜几句,竟不知不觉地过了规定的一点钟,哪像那些设备完善的学里(学校里)的先生们,一听到下班的铃声,便不管一切的就下班呢!②

情况好点的,学校里会配备一名夫役(校工),整理、修缮、维护教室,按时敲铃、做饭等。当时,村里也同意教师要求学生做些琐碎的事情。例如打扫教室,给老师的煤球炉添煤,或者去村里小卖部给老师买面、鸡子、茶叶、香烟等,学生们多厌恶学习,对这些杂役倒是很感兴趣。

一些学校并没有严格按照新学制执行,甚至还保留着浓厚的私塾

---

① 《黄炎培考察教育日记》(第一集),商务印书馆1914年版,第190页。
② 周庆浩:《乡村教师的生活》,《民众周刊》1934年第36期。

味道。黄炎培还发现一所小学，简直就是私塾。

> 过刘家祠，门悬"振修初等小学校"牌。入而观之，不见教师。有儿童三十余人，读商务本国文教科书。有书者仅一二生，余者皆抄读黑板书国文第十三课地球全课。时间表为修身、国文、算术、体操、音乐，科目亦无大异。所异者，黑板左右赫然陈两大棺其前，七纵八横皆学生桌。而其室之前左隅设教师预备桌，此所谓教师预备桌乃依余意哉，易以新名词，实则旧包与。戒尺齐飞朱墨共灰尘一色之私塾先生之书桌也。尤奇绝者，有二生，背壁坐其书桌，紧接先生桌右，紧接赫然之大棺之和头其前。又紧接七八生并坐之长桌。审视良久，终莫得此二生出入路，问之，乃知日日从先生桌下蛇行出入者也。同行者皆为绝倒。①

民国时期，私塾教师的改造与改良取得了很大进展，但在资金匮乏、培训简单、监督不力、思想保守等因素困扰下难以完全改造，致使学校教育半新半旧或者"四不像"。新式教育为的是传授人生必需的知识，培养具有现代精神、独立人格的公民，但政府不过是挂了个新招牌而已，在教育推进上明显力不从心。黄炎培在考察教育的过程中也发现诸多问题，他反问：教育虽有算术、体操、音乐等，其目的岂止在文字之间？甚至批判当时的教学形式、教学内容换汤不换药，如修身科、农科、商科，也就是教师教读几本教科书而已。这种偏向文字的积弊终将使新式教育转变成另类的科举教育。

战争与革命是那个时代绕不开的话题，它对教育的影响极为明显，尤其是抗日战争全面爆发对教育事业带来的毁灭性打击。其间，共产党人在敌伪统治力量薄弱地区或者偏远乡村开展教育教学。例如，刘芳曾回忆敌后无为中学的创办过程，他说当时的校址选在无为

---

① 《黄炎培考察教育日记》（第一集），商务印书馆1914年版，第109页。

●● 乡村教师生活的历史考察

县与巢县交界的蒋家冲。校舍是蒋家上代做官退休养老的别墅，有几间大房间做教室，有可容纳百余人的大厅做礼堂，有小桥流水、四时不谢之花的庭园做校园，有打稻场做操场，有菜园和周围的荒山做农场；最重要的是还有山西丁家（清末海军名将丁汝昌的后裔）一片大瓦屋，可使学校有发展的余地。但村子很隐蔽，不仅在山外看不到，即使转到山内来，也不大容易发现。在那战斗频繁的岁月里，这里实在是个办学的好地方。学校的一切设备都是因陋就简，就地取材。

  学校是在"一面作战，一面建军""一面扩大，一面巩固"的情况下发展的。校舍由蒋家冲发展到丁家大院，学生也越来越多，而且越来越杂。有大到二十岁左右的，小到十岁左右的；有烈士遗孤、干部子弟，也有开明地主、富农的儿女；有进过中小学和私塾的有一定文化基础的学生，也有文化较低但觉悟较高的年轻干部。学生多了，教员就不够了。有一次，游击队在通往敌占区的边境上，查到两个形迹可疑的过境青年，经过保卫部门审查，搞清楚他们是高中毕业生，一个长于数学，一个喜爱体育，准备到国民党"大后方"找出路。经我们动员说服，也留下来担任算术和体育教师。师部给我们送来一位老红军主力团的营长，他由于负伤次数过多不宜继续在部队里工作，就请来担任军事教官。师政治部也给我们调来一位语文水平较高又擅长文娱活动的同志，来担任语文教师及文娱指导。就这样四面八方凑合了一批阵容不弱的教师队伍。筹备人员带来的几个小鬼，既是通讯员又是油印员，同时也听课学习。学校成员来自各方，由于党的领导，大家干劲始终很足。学校就这样办起来了，学生也随到随考随编班。于是在群众中就很快地传开了"新四军办大学堂"的消息。①

---

① 《老解放区教育工作回忆录》，上海教育出版社 1979 年版，第 116—133 页。

学校的设备差不多全部来自群众。不仅学校经费有限，即使有钱，很多东西在短期内也买不到。当学生打算用稻草铺地铺的时候，有老年人就为同学们出主意说：天气快暖了，睡地铺潮湿，只要用土基架上门板就行，这么大的村子，还怕借不到门板吗？同学们接受了这个建议，分头出去借门板，果然没花上两天工夫，几十个人的高铺就搭好了。教室里是一排排整整齐齐的粉红油漆贴金桌面的课桌，是用丁家几个大厅里的屏门加土基砌脚撑起来的。凳子是同学们从家里带来的，黑板是用黑漆大门或一般门板代替的。在安排布置的过程中，村民不仅热心提供解决问题的线索，有的干脆回家搬自己家里的东西给学校用，有的则指挥同学搭灶，安排家具。

比较珍贵一点的教学用具，如油印机、钢板、蜡纸、粉笔等，都要从敌占区买来，一方面是敌人封锁，购买困难；另一方面要用解放区的粮油去换，所以人人自觉地爱惜，蜡纸的边沿也充分利用，粉笔头也没有人肯糟蹋。墨水是用红、蓝、紫等染料炮制的，为克服一见水就模糊的缺点，还到中药铺买五倍子和胆矾，试制黑色墨水，虽说见水不模糊，但颜色不够深，用得不广泛。其条件之艰苦，不言而喻。

## 二 张弛不定的教学生活

新式教育推行以来，乡村学堂在更新与守旧中嬗变。乡村教师的教育教学除了受相关制度与政策的影响，更受其所处的教育现实的限制。

### （一）理想与现实的张力

1912年1月，临时政府颁布了《普通教育暂行办法》，规定初等学校男女同校，废除读经科。蔡元培倡导"五育并举"，甚至给出了具体的分配比例，即军国民教育占10%、实利主义教育占40%（包括历史、地理、算学、物理、化学等)、公民道德教育占20%、世界观教育占5%、美感教育占25%。

1912—1923年颁布的《壬子·癸丑学制》以留心儿童身、心、智发展，培养国民道德之基础，授以生活所需知识技能为宗旨，初等小学设修身、国文、算术、手工、图画、唱歌、体操等，女子加设缝纫课程。教育部对小学校的教学原则与课程表进行了说明和规定。以初等小学校为例，以教授孝悌、亲爱、信实、义勇、勤俭等为宜，使学生逐渐转移到对国家的责任，养成爱国精神；小学校应该正视发音，使学生知道简单文字读法、写法并逐渐修习日用文章；首先宜教授十数以内的加减乘除；等等。相关课程开设及其时间比例，都有详细规定（详见表3-1）。

表3-1　　　　民国初等小学课程设置及时间比例①

|  | 一年级 | 课时 | 二年级 | 课时 | 三年级 | 课时 | 四年级 | 课时 |
|---|---|---|---|---|---|---|---|---|
| 修身 | 道德要旨 | 2 | 道德要旨 | 2 | 道德要旨 | 2 | 道德要旨 | 2 |
| 国文 | 发音，简单文字、文章读法，语法 | 10 | 简单文字、文章读法、做法，语法 | 12 | 简单文字、文章读法、做法，语法 | 14 | 简单文字、文章读法、做法，语法 | 14 |
| 算术 | 20以内加减乘除 | 5 | 百数以内加减乘除 | 6 | 通常之加减乘除 | 6 | 通常之加减乘除，珠算 | 5 |
| 手工 | 简易细工 | 1 | 简易细工 | 1 | 简易细工 | 1 | 简易细工 | 1 |
| 图画 | — | — | 简单形体 | 1 | 简单形体 | 1 | 简单形体 | 男2 女1 |
| 唱歌 | 单音唱歌 | 4 | 单音唱歌 | 4 | 单音唱歌 | 1 | 单音唱歌 | 1 |
| 体操 | 游戏 |  | 游戏、体操 |  | 游戏、体操 | 3 | 游戏、体操 | 3 |
| 缝纫 |  |  |  |  |  | 1 |  | 2 |
| 总计 |  | 22 |  | 26 |  | 男28 女29 |  | 男30 女29 |

① 《中华民国教育法规选编（1912—1949）》，江苏教育出版社1990年版，第201页。

## 第三章 乡村教师的学校教学

教育的理想图景必然遭遇办学条件的制约，乡村教育尤甚。教师李贺汶曾记载："一般学校就是一个教师，一个教学班，班里有几个年级的学生，所以乡村教师的教学工作比较辛苦。虽然我们的薪金是那么的低少，但是啊！我们所担负的工作，是任何都不能比喻的；像我们的校中，分成一二三四年级的，人数是四十余名，教国语的是我，教算术的也是我，自然、社会是我，美术工艺……总起来说一句，校内无论任何工作都是我啊！每日的工作，也没有一时一分的论过，只知道从昏昏的早晨，就爬起来，在这一天的中间，除大小便是我的休息时间，其余的都忙于教授、修改作业、笔记、日记、算草、大小字，一直到静静的深夜才算上床睡觉了，究竟是几点钟休息的呢？几点钟的工作呢？亲爱的读者，由你们想想吧。"①

乡村教师在忙碌、劳累、无序中度过，他们因儿童的天真烂漫、学习刻苦、尊敬师长而快乐，因学校发展、学生成长而欣慰，也因事无巨细、内外应酬、条件艰苦而苦恼。高年级的学生调皮较难管教，而年龄小的孩子又多不能自理。有教师说，教小的孩子，非但一句重话也不能说，并且还得好好地骗他们，假使说了一句重话，他们就会哭个不停。有时候一裤子的尿粪，教师不但要教书，还要做母亲。②山东省泰安程家海小学的乡村教师周庆浩同样面临类似困难，他说道：

> 在我们素无办公费的乡村小学里，设备就难免过于简陋，运动器械简直可说等于零，更谈不到适当的娱乐了。在当猢狲王的我，除了每日呆板的准时上课和课后冈在不盈一立方的教员室里，伏案批改学生的作业或自修外，简直是枯寂，无聊得很，就是孩子们亦何尝不是这样。但我们却不能就终于度这种枯寂、单调、烦闷无聊的生活，就不得不别寻适当的娱乐。于是就想出省钱又易举的——军乐队，如鼓、号；雅乐如笛箫、胡琴。每当

---

① 李贺汶：《在乡村里》，《妇女生活》1937年第11期。
② 蓓蕾：《小学教员的自述》，《特写》1936年第2期。

课后无聊的时候，便同孩子们琴琴……琴琴……达达的奏一阵军乐；或合二三支笛，二三支箫和一个胡琴幽抑清脆的奏一阵雅乐。这难免不了简陋的訾议，但我无聊的心灵却因此得到不少的安慰；孩子们活泼的心灵也为乐声所浸淫而振奋起来，欢耀舞蹈起来，呵，这也可说是聊胜于无吧！

在好静的我，除终日忙于教务外，有暇便寻点自修，虽然说不上"三年不窥园"，但除每日在放学的时候，送学生到大门外，等看不见了学生仍匆匆回学校中过冗忙的生活外，是很少有外出的机会的。除非遇着一天傍晚松闲了一些，因往外送学生，偶尔信步至村外散步一趟，正为着不常出外，偶尔出外，便有异样的意味，当我独自漫步在村前道上时，被那清新拂拂的风吹拂着，便像服了清快散似的，顿时神气清爽，心旷神怡起来。

愉快方面——纯洁天真和忠诚而活泼的乡村儿童天天处在一块儿，哪能使你不愉快？当每次放了学时，眼看着数十个未来的国民，排着队奔回家中，霎时便又见他们三三五五，有的拿着他们每天需用的用品，匆匆返回校中，显示着幼年勤学的热诚。见了他们的先生，总毫不迟疑地瞪着乌黑的两个小眼，红红的小脸上泛着微笑，恭恭敬敬地行上一个礼。我每遇着这个当儿，无聊的心灵，不由得为纯洁而活泼的天真陶醉了而兴奋起来。又如我每次因事外出回来时，他们也总要很欢跃地上前慰问："老师回来啦？渴不？烧水不？"又有一次，我正在院中呆望，忽听背后喊道："啊，老师背上有土啦，快给老师打扑去！"随即有一个儿童代我把土拂去。啊！纯洁的小朋友！你们竟这样的时时敬爱你们的先生吗？你们叫我心中有如何的愉快呀！

程家海小学，当我初接事时，本是一个乙等（本县共有二百四十余处小学。分特、甲、乙、丙四等；现下全县只有八个特等小学）。后经我笨伯似的傻干了二年多的结果，已由乙等升至甲等，现更由甲等升至特等，已博得附近几个村村民真实的信仰，使他们踊跃地把他们的儿童送来上学，今年更能使他们把他们的女孩也送到学校来。又兼一般忠诚的村民无论何时见了你,他们无不显出欣喜而恭敬的态度相待。藉此一点,也值得无穷的愉快吧!

苦恼方面——一个人的精力本是有限,就是只每日机械的按时上课,课后批改作业,已忙迫的够受的了,除此以外,还要担负训育、事务……还要自己去做饭、洗衣……还要应酬村民;更甚而到休息的星期日,仍要督促学生自习(因为星期日,乡村学生照常到校),批改作业,算是终日孜孜,终年矻矻,不得一时的休息,不得自由出门,好像罪人入了狱似的。再加低能儿童的不易教授,顽劣儿童的不易训育;和一般农民的难于应酬,一字不识,一事不晓,便要因此丢了脸。他们却不知道一个人的精力和时间是有限的,不能兼通百科,他们总以为做教师的应当是一个"万能博士"!再者到了每年过麦后,天气便渐渐地到了几度的酷热,各城镇学校都在这个时候放了假,而乡村小学偏要在这个时候闷在屋里去上课,这令人有如何的难受啊!处在这种情形之下的恐怕谁也不能不发生苦恼呢?①

周庆浩所在的学校是借的民房,房舍较为狭窄。在他的努力下,学校由以前的乙等升为甲等,又升为特等。乡民从此较为信任、敬重他,并纷纷将自己的孩子送到学校读书,而且也有部分人开始送女孩子读书。但因校舍太小,他们又借了学东的一间只有三面墙的、矮矮的牛棚,修理之后作为女生自习室。自习室因为面积小,光线不好,布局不合理,夏天阳光灼热冬天冷风刺骨。他的教员室不到一立方丈(1丈约等于3.33米),自己已经觉得很局促,到了开会或者三五农友来时,便觉得空气稀薄、摩肩接踵。因为学校小,厕所只是盖在教室的墙外面,有时候打扫不干净,顺风的时候他们便能感觉"香气扑鼻"……在这种情形中,他们开展每天的教学生活。李景汉曾经调查

---

① 周庆浩:《乡村教师的生活》,《民众周刊》1934年第36期。

定县的教育状况，其中提到东亭地区 62 所村小学中的教员任课情况。讲授 2—4 个科目的有 9 人，5—7 个科目的有 23 人，8—10 个科目的有 37 人，11—13 个科目的有 9 人，任务繁重。实际调查也证实了这一现象（详见表 3-2）。

表 3-2　　　　定县东亭区 62 所村小学教员任课时数①

| 每周任课小时数 | 教员人数 | 百分比（%） |
| --- | --- | --- |
| 15 小时以下 | 3 | 3.8 |
| 15—19 小时 | 6 | 7.7 |
| 20—24 小时 | 13 | 16.7 |
| 25—29 小时 | 14 | 17.9 |
| 30—34 小时 | 41 | 52.6 |
| 35—39 小时 | 0 | 0 |
| 40—44 小时 | 1 | 1.3 |

上述种种的遭遇也曾发生在黄卓甫的身上。

上课时："丙组（学生）算数，试用漆匠前日仿作之计算器，颇便利。丙组学生，对于算数，兴趣甚浓，心算较乙组为速。惟许大绪、程芝煌两生不在内耳（此项计算器系用宽约五寸之木条，漆作红蓝二色，自一至十，教授幼稚生尚可）。乙组造句，每每能成而不能写，即便极普通之字，亦必来问二三次。最大原因，为北乡方言与国语不能合一；其次原因，即书写太少。虽复式教授，有时自动抄书，但系书于石板，过即拭去。从今日起，命书于簿上，初抄写，后即须默写。"② 黄卓甫决定自第五个教学周起，甲乙组算术不用课本，利用一些简便方法进行教学。为了提升教学效果，每天课余时间还需要学生自动在黑板上演算。（学生）凤琴开始在纸簿上书写，虽然开始写得不像样子，但黄卓甫觉得学生摸索着去写，时间久了总会好的。因为下个学期要编正式的年级，"不得不加紧耳"。这种现象在乡村极为

---

① 李景汉：《定县社会概况调查》，中国人民大学出版社 1986 年版。
② 黄卓甫：《一个徽州乡村小学教员的日记》，《安徽教育》1930 年第 9 期。

常见，一位乡村教师林春农曾如是描述他的教学生活：

> 叮铃叮铃，自己把铃摇了几下，右手提着预先写好的小黑板，左手拿着四本教学法，急急的上了讲台，学生喊一、二、三，行了上班礼。小黑板搁在大黑板上，教三、四年级生抄写着，二年级生默写着。望着一年级生引起动机，说个故事，教了写法；然后按次教那二、三、四年级生。[①]

当时，师资力量薄弱，教师的教学负担较重。为了避免课堂混乱和降低工作强度，很多教师使用复式教学法，安排相应年级的学生学习相应的知识。乡村教师的每周课时较多，尤其是学校只有一位教师的情况下，几乎就是全天上课。

### （二）课内与课外的境遇

在乡村社会，讽刺、挖苦、辱骂教师并不是个案，这种现象较为常见。它与旧制私塾的教育形式有关，也与乡民摇摆不定的知识立场脱不了干系。这又令人想到另一个问题——师生关系。师生关系多受交往主体的脾气秉性影响，没有想象那么融洽却也较为自然。同时，师生关系还受到严师出高徒等思维定式的影响，教师很多时候都要一脸严肃并在学生面前树立相当的威严，学生见了老师几如"耗子遇见猫"，欲逃之而后快。教师张天讨曾总结道：

> 不幸得很，当我到校两星期后，我觉见了几桩认为极不满的事实。不论高低年级学生，一见到教师，就怀着十二分的畏惧心理。有时他们几个人聚在一起谈话，不论谈的是什么事，只要教师从他们身旁经过，他们就得停止一切；他们有什么话要对教师说时，总是红着脸，抖着身体，战战兢兢……他们走路时若是看

---

① 林春农：《乡村教师的生活》，《民众周刊（济南）》1934年第36期。

●● 乡村教师生活的历史考察

见教师当前，就会远远地闪避，遇到无路闪避而不得不相逢时，他们会做出万分不自然的态度，站着向教师行礼。上课时间，课室内是万分静肃，教师有什么问题，想提出同他们讨论时，他们总是瞪着目，不敢致一辞，有的甚至低下头去避教师的视线，以冀教师不致问及自己；有时不得以指名叫某个学生回答时，他也是总站着不动，脑袋垂到胸前，活像个受审判的罪囚。①

一般来说，学生对教师比较敬畏，在当时极为正常。如果老师的性格较为随和，其师生关系也会非常融洽。陶钝回忆了自己幼年时候的私塾先生王师傅接受新教育培训转变为学堂教师，并宣传新式教育。王师傅来到他家劝说其进入新学堂学习，话语间也体现了师生较为和谐的关系。他回忆道：

王师傅为了宣传新民国，办新学校，逢星期日又到我家来，和东家叙旧。进门后把帽子一掀露出了光头，配上他那又高又肥的身躯，简直是一个胖大和尚。王师傅哈哈大笑，笑声从屋里传到街上。他说："当年在这里叫你们五天给我梳一次辫子，一个月一次剃头、刮胡子，头顶上老是发痒，辽篦下虱子来。今天，和尚头上的虱子没处藏啦。剪了吧，小子——"伸手抓过我的辫子来，我挣脱了跑回屋里去藏着。②

刘仲元③也回忆童年时光并提到了他所在小学的教师的一件趣事。他小时候从私塾去了新学堂，又因搬家又换了一个小学堂，该学堂体育老师很年轻，兼教日语，校内没有操场，当雨雪天气时他就在教室内教唱日本歌。在冬季，体育老师喜欢在清晨独到村东头结冰的大水

---

① 张天讨：《乡村小学教员底一年》，《教育论坛》1932年第6期。
② 陶钝：《一个知识分子的自述》，山东人民出版社1998年版，第111—114页。
③ 刘仲元：《苦尽甘来忆童年：1938年至1952年》，北京出版社2009年版，第54—55页。

塘滑冰晨练，他用小木板和粗铁丝做了一个小平板。在一个寒冷的早晨，他蹲坐在小平板车上，两手各持一个下端有铁钉尖的短木棒，在宽阔平滑的大塘冰面上飞快地滑着玩，当他滑到水深冰薄的大塘中央时，突然掉进大塘冰层的冰水里。他虽会游泳，但因身穿棉衣，泡水后太笨重，挣扎了很久爬不上来，幸而被村民发现才得救上岸。他咬紧冻得发紫的嘴唇，全身发抖，刘仲元和同学们看见后，相互逗着吐一吐舌头，缩一缩脖儿都笑着走开了。

该时段的师生关系，本质上与当今时代并无太大差异，这基本由师生双方决定，也受到传统严厉教化思维的影响。相对而言，学生是年幼、懵懂、无知的，教师的行为一定程度上决定了师生关系的好坏。例如，钱穆曾回忆他的学堂教师的生活，他写道："校中诸师皆住镇上，独顾师由县城中来，乃宿校中。每日下午四时课毕，诸师皆散，顾师一人在后轩，一长方桌，酒一瓶，花生熏鱼等数小碟，手书一卷，随酌随阅。诸同学围师座，有所请益。师不拒。"[①] 乡村教师周庆浩每天抱着极大的耐心和热心对待学生：

> 每天除呆板的上五小时正课外；还要在课后订正算草，批改作文和日记；又要评阅大小楷，当我评阅学生这些作业时，一些爱练习书法的一年级生，时常拿着他们在石板上练习的书法，跑到我跟前，恭恭敬敬的鞠上九十度的躬，说道："老师！你看我写的行不？"我虽然被作业忙的够载（超载）了，但因不愿打断孩子的兴头，总要和颜悦色的"这一笔长，这一笔短，这个字少一画……"的指正了，打发他们走。
>
> "老师！×××打我！""老师，×××弄我书上一块墨！"……这样向我告状的是常有的（其实不只我常遇到这样的事，敢断定地说，无论哪个做小学教师的，谁也不能说没有遇着过这样的事），当我每遇到这些告状的时，就不避"越职侵权"

---

[①]《钱宾四先生全集》(51)，联经出版社1998年版，第41页。

● ● 乡村教师生活的历史考察

的嫌疑,做起"法官"来,判断是非!

"哎呀!老师!我的手叫刀子刺破啦!"一个学生呜咽着,伸着一个刚破了一点皮,刚想出血的手指向我说。

"真胡闹!你不小心把手弄破了,给我说有什么办法呢?"我责备着说。

"给我点牙粉按上吧!"

"牙粉又不是药,按手行吗?"

但在我们简陋的乡村小学里,既没有校医的设备,又不愿伤了孩子的心,也就只好因陋就简地给孩子上点牙粉搪塞过去,于是我有因此叨充了一次"医生"。

幼小儿童是时时需要人看护的,腿带开了扎不上,纽扣开了不知道扣……游戏时要领导着他们,作业时要指导着他们……所以在这等情形时,我又不得不兼行起"保姆"职务来,上操呀,旅行呀……因为没有专司体育的人,于是我又要"立正,稍息,开步走……"的兼充起"队长"来。

儿童的个性是不同的,勤惰是不一的,做教师的决不可用同一的方法去管理许多情形复杂的儿童。所以教师平日要调查儿童的个性,督促儿童自修,处在这种情形时,我一定又要兼"访员",兼"督察员"了。①

其实,那个年代并不缺乏真诚而又和谐的师生关系。据《一个小学教员的生活写真》介绍,S君是一个乡村教员,他的教学生活节奏紧张而又有序,精神上非常愉快,没有表现出烦恼、失意、悲痛的情绪。S君(注:原文如此称呼)说:

我的学校是在绿树环绕的村里面。校舍是茅茨不翦的一所房屋,然而是清洁化的。教室三间,礼堂三间,休息室三间。西面

---

① 周庆浩:《乡村教师的生活》,《民众周刊》1934年第36期。

第三章　乡村教师的学校教学

两间，是我内子的住所。我每次出来做教员的时候总是带着她，她洗衣做饭，在课余的时候，教女学生们针线和做饭，所以学生到了学校，也好像在自己家庭一样的快乐。至于我每日起身，大概都在五点二十分，我盥漱了以后，一定要带着许多学生到村庄外面去吸新鲜空气，所以学校全体学生，一天到晚的精神，总是活泼的，从来不打一个哈欠。并且我喜欢运动，我的学校里面，各种游戏器具，都很完备，除了体育正课以外，我和学生都在一起玩耍。①

新式教育在乡村逐步开展，乡村教师也在学校的教学生活中遭遇各种啼笑皆非的事情。在学校中除了备课、教学，教师们与学生的互动更是"精彩"。乡村教师黄卓甫则更为详细地记录了他在学校中的各类境遇。

黄卓甫在课余还教学生们唱歌、游玩，带学生们做小游戏。如黄卓甫教学生唱"进行曲"，给学生讲传奇故事，组织学生进行作文比赛、游唱比赛，并根据比赛结果对学生进行分班。他认为学生天资各异，如果以"课程"配"天资"将会耗费力气，无的放矢，而应以"天资"配"课程"，这体现了教师因材施教的一面。黄卓甫逐渐赢得学生们的爱戴，甚至放假了学生都不愿离开学校，认为家中"实不如在校快活"。黄卓甫还是个较为用心的人，他认为学校初建，用具较为简单，不难记录，等到学校扩大，考察起来就麻烦了。所以，他造了一个记录簿，将学校物品按照"教授用具""厨房用具""陈设用具"三类一一登记，并留出拓展空间，以便后续物品增多，增设更多大类。

黄卓甫还经常对学校的"省语""黑板报"进行维护，并加强对学生的卫生要求。因为，他深知乡村儿童的家庭生活较为随意，不注重清洁和个人卫生，甚至蓬头垢面。除了教学、管理学校等，黄卓甫经常还要应对乡民等"不速之客"。乡民有时候不请自来，嘴里叨着

---

① 徐钧:《一个小学教员的生活写真》,《地方教育》1932年第33期。

纸烟在教室闲逛,并将烟头扔得满地皆是。黄卓甫送走乡民,趁机讲述吸烟的害处……甚至有学生告诉老师:"村里人们都议论老师不抽烟,是'轻骨头'(软骨头,比喻意志薄弱、没有骨气的人或没有阳刚之气的人)。"黄卓甫无可奈何,只得发出几句感慨。

黄卓甫还找人从南京寄来各种儿童画报,并邀请朋友帮忙改造一间阅览室,将多余的桌椅暂时作为书架。县里的领导前来参观,还配发了风琴,学生们极为高兴,都嚷着让黄卓甫弹琴,他借机说明了风琴的保养方法与操作手法。当然,黄卓甫也有失落的时候,曾经的热血青年只能以教书为生,甚至依旧看不到民族复兴、国家富强的希望。黄卓甫只能凭自己的教育意念坚持教学,幸而学生的作文、算术、日记、游唱等都进步明显。黄卓甫在简单循环往复中教化、引导学生,平凡中又不失伟大。

## 三 渐趋理性的教学研究

身为教师,对于教学的理解是不可或缺的。一线教师常年处于繁杂的具体工作之中,既有不断总结、积累经验的需要,更有强化理论自觉的诉求。教学行为与教学经验的重塑并非难事,难的是经验之后的理论自觉。

### (一) 教学问题的初步审思

尽管乡村教师群体的知识水平参差不齐,总体偏低,但这没有阻挡一些教师对乡村教育的关切。值得欣喜的是,部分乡村教师在教学经验与思考体悟中有了独立的判断并提出了自己的教育认识。

黄炎培在江西省匡秀女学就发现"女教员某君,教音清朗。补习科三十余人,授国文。用共和国新国文初小第六册,教员能用心研究修正教科书,殊不多见"[①]。乡村教师黄卓甫也是其中一位,他几乎每

---

[①] 《黄炎培考察教育日记》(第一集),商务印书馆1914年版,第90—91页。

天都在写教学日记，记录每一天的学校生活并不断思考如何解决其中的问题。

黄卓甫时常与当地村民进行交谈，讨论彼此对教育教学的看法。黄卓甫也经常审思自己的教学理念和教学行为。他认为，虽然学校经过一段时间的改造，学生进步较大，但也有学生几乎没有长进。"虽设种种方法诱导，终难收效，奈何！"黄卓甫还极为耐心地劝说村中一位聋哑儿童进学校学习，认为该儿童虽无法说话，但天性不钝，可以慢慢引导。黄卓甫因受到俞子夷《一个乡村小学教员底日记》的启示，开始尝试使用设计教学法，"结果十分圆满，大家兴趣颇为充足"。一日，县教育局局长来校参观，对该小学和黄卓甫极力称赞，但黄卓甫较为冷静。一方面，他认为该学校比一般的乡村学校"观瞻"要好，是因为教育家资助办学的缘故；另一方面，学校的资助者也经常在局长面前夸奖自己的教学。所以，他觉得这些成绩本是应该有的，不是自己努力的结果。

黄卓甫经常观察学生的行为，时常结合学生的实际进行教学，甚至还借助"黄豆""花生"等实物教学生算术，此外，他也一直在思索更好的教学方法。黄卓甫不得不面对"复式教学"，因为在交通不便的乡村小学，他只能"唱独角戏"，没有人商量也没有多余的教学指导书，"只有自己土思土做"。有时，黄卓甫苦心孤诣想出来的方法竟被别人讥笑，因为别人早已有了更好的解决办法。黄卓甫感受更深的是，以前"师范师傅"传授的本领竟然有很多不适用，他在怀疑自己，也许是自己以前学习不够用心所致。黄卓甫时常自我批判，知道自己的精神和学生是有密切关系的，照他说，"得失寸心知"。

黄卓甫曾组织过一次演讲会，学生们比较害羞，效果不太理想，诱导他们说也不顺利。学生们在课下滔滔不绝，站到台上却呆若木鸡，真让黄卓甫头疼，遂决定换用别的方法（让学生在操场围成一圈，一起分享故事）。黄卓甫还思索如何能"加入儿童队伍里去"，认为欲求儿童好，自己先要好起来，但做教师的，并不是圣人，怎么可能没有缺点。他深知，自己与学生们朝夕相处，缺点肯定瞒不住学生。虽然学生没有说,并不代表他们不知道,学生们有可能在背后议论自己的老师。所以,黄卓甫与学生们定下了规程,让学生们监督他的言行,如果发现他的不足就要及时指出来。如此,黄卓甫在自我批判中也虚心接受学生的监督,赢得了学生、村民及学校赞助者的一致肯定。

## (二) 教学研究的随机干预

不单单是黄卓甫善于反思,其他一些教师也是如此,如教师李思秀利用一些常见的事物引导学生学习,她如此回忆道:

> 有一次讲自然课的时候,题目是"大豆",我告诉他们大豆可以榨豆油,做豆饼,是很好吃的。"你们想不想吃?"——"想吃。"一种清脆而又嘹亮的尖声在我的耳边,每个小孩子都像生了翅膀似的在座位上翼翼的动。我又告诉他们,世界上以我国产大豆最多,我国又以东三省产量最富饶,可是我们的东三省?"被日本夺去了!"……我是逐步地问他们,使他们的情绪高涨到沸点,最后他们会不作声,眼泪被逼出来。啊!我国的灵魂在他们中间融溶了。①

英国传教士麦高温说:"中国的课本,也许是学生手中最枯燥、最陈腐、最古怪的东西了。书的作者恐怕从来就没有考虑过学生们的兴趣、爱好。书的内容显得死气沉沉,既缺幽默又少机智,它们最大的功劳似乎就在于从来不会在孩子们那活泼爱笑的脸上增加一点轻松。西方人是从猫、狗之类的词开始他们的学习,这种方法在这个国土上的学者和圣人们看来是极为幼稚的,因而是不可取的。事实上,中国人总为成年人着想,两千年来,从来没有哪位作家为孩子写过什么,没有任何艺术家为了带给孩子快乐而拿起画笔,也没听说有哪位

---

① 李思秀:《做了民族解放的神圣事业》,《妇女生活》1936 年第 10 期。

学者提议编写一套易学、有趣的教科书。"① 很多教师对这种现象极为不满并提出了自己的看法。教师刘金钊曾谈道:"几年前的三民主义课本里,第一册第一课就是'海关',才入学校的学生,对于目前习见的事物,茫昧无知。施以关涉国际教材,他怎会不坠入五里雾中?任凭你设计、比喻、形容,绝无效果。所以教材的关系比教法更为重要。部分课程标准中,规定常识教学应由乡土次及社会、国家、世界,这诚然是教学的秘诀。一二学年的教材多系乡土生活,我们要竭力扩充其自动实行的本能。"② 署名灵子的教师更是愤愤不平,她回忆道:

> 头一节国语课文:"我们中国人;人人都做工,人人都识字,人人都有饭吃。"我一句句地往下谈,一句句地往下讲,孩子们呆呆的听。我讲完了,忽然教室里来了一阵骚动,混乱的声音里还可以辨别一二。他们在嚷着:"南京人也算是中国人吗?我爹闲着没事做,我妈和爹都不认得字。"……我把教鞭在桌上轻轻地敲了起来。教室恢复了宁静。只是在后面的一个矮子麻脸的孩子,忽然哭了起来。问他为什么?据说昨晚就没有吃饭,今天早上他爹腰包里还是空空,他(孩子)饿的忍不下去,就哭出来了,我真不知道怎样处置了。下课铃解决了我的难堪,我把这件事情告诉了同事和校长,校长板着面孔说:"这些孩子都是下层阶级的子弟,小家庭教育,你只有打,他们就不致叫嚷了……"
>
> "孩子肚子饿了你也打吗?"水(同事)反问他。
>
> "不打烦事太多了!而且这些东西都是不识抬举的。像他娘老子一样。"马脸一条线的眼睛,额上的皱纹,黄板牙,带着几分奸意的笑。③

---

① 吴洪成、田谧:《晚清教师史研究》,河北大学出版社 2012 年版,第 22 页。
② 刘金钊:《乡村教员怎样应付时代与环境》,《光华大学》(半月刊) 1937 年第 7 期。
③ 灵子(笔名):《清高生活的一页》,《妇女生活》1937 年第 12 期。

◉◉ 乡村教师生活的历史考察

  教材所反映生活的虚假或者适应性不强竟然连懵懂的孩子都起了疑心甚至抵触，非但找不到更好的办法却又被可恶的校长讽刺、讥笑，乃中国教育之大不幸。这一现象早已有之，也引起了相关人士和出版社的重视。商务印书馆等出版机构则多次对教材内容进行了调整。例如，（新学制）初小第三册三十课将《母鸡孵蛋》拟人化，比较利于儿童识记。其内容是：

  老母鸡找了几只鸭蛋，当它是鸡蛋。老母鸡孵蛋孵出小鸭。老母鸡说："咦！你的嘴怎么是扁的？你的脚趾窝里怎么是生皮的？"老母鸡带了小鸭到河边去玩。小鸭走到水里，老母鸡大喊说："哎呀！不好啦！我的孩子要淹死啦！"

  因为文言文与儿童的话语体系完全相悖，以文言文作为教材不符合学生的认知发展规律，也造成了理解上的障碍。为了摆脱文言文的枯燥以及部分白话文的直白、单调，低年级课文中出现拟人化的文章，令人身临其境。这得益于杜威实用主义的影响，学校所教内容逐渐适应儿童经验，教材编制、教学机制更加科学。

  对于学生学习兴趣不高这一问题，乡村中的教师也有研究。张天讨认为："有两个缘故：一个是教科书的枯燥乏味，一个是教学法的呆板。没法引起学生的兴味。对于第一个问题，我觉得没有什么方法应付；因为该县公立小学教材都是由教育局规定的。试问，适合于此地的教科书，一定就适合于彼处吗？适合于城市的教科书，一定会适合乡村吗？至于第二个缘故，我们也不曾想出什么具体办法，只有各人依照各人理想中的方法去从事改革。"[①] 学生兴趣不高的问题还没有很好地解决，另一些事情又涌现出来，这令教师较为为难。他接着阐述：

---

① 张天讨：《乡村小学教员底一年》，《教育论坛》1932 年第 6 期。

## 第三章　乡村教师的学校教学

上课后的第四星期，我叫高二年级学生每人写一篇短信，但是出乎意料，全级中除了三两个写的略通顺之外，其余简直不知道写信是怎么一回事。我好奇怪，以为怎么读了五六年书，读了每星期六点的国语，还不能写一篇短信？于是我觉得完全在上课时间同学生讲解一两课教科书是靠不住的，我已经决意把教科书暂时搁起来，我一方面鼓动他们读课外书籍，像《少年杂志》《儿童世界》《儿童小说》《小朋友》之类，或自撰点短篇故事，上课时讲给他们听。然后叫他们把自己所听到的用自己的文字记录出来，自然，起初的成绩很可怜，但是两个月后已略有可观。我就用这个方式继续了整个上学期的国语课。下学期我把方式略微改变一下，常选些应用文——像报章短评之类，叫他们自己去看，然后叫他们把大意或感想用自己的文字写出来。自然，这样做教师的会比上课徒讲一两课书忙得多，但是到了学年结束时，他们已有了差强人意的进步，当时心中自然就觉得很快慰。

小学毕业生的游民化（对于学生上了几天学就觉得成了斯文人，穿得越来越讲究，假期不帮家里做活的心态）：这些乡村小学生十之八九是农人子弟，他们一到学校里去就视种田为下贱事业，等到毕业之后，要叫他们再去帮忙父兄种田，那是很不容易的。该区十几个小学两三百名毕业生中，除了极小的成数升入中学，一部分到城市商店做学徒，一部分到南洋谋生之外，至少有一半是无所事事的。不用说，这种只会分利不会生利的无业游民，极容易堕落而为社会进步的障碍物。

有的教师较有觉悟，认为教师应该从生活中学习，反对死读书。一位教师这样说："我认识了生活，同时知道从生活中去学习；对教务，我反对死读书。尤其是教科书和乡村生活离开了。比如拿'天天要刷牙齿'这句话来说吧。牙齿要清洁，对孩子们的健康的确是一桩重要的事，但是，在'吃了午餐没有夜餐'的孩子家庭，这话实在等于'日里语白话，夜里说黑话'。因为在解决这问题之前，还有一个根本的问题在。根据这点,我自己对于教导孩子的事,定了这样的原则:'认识生活,改造生活。'"① 其时,也有很多教师有很深的认识并真心地研究教育。周庆浩在《乡村教师的生活》中就写道:

> 阅书癖更甚于写字,但现在新出版的洋装书,太贵族化了,薄薄的一册,便要花七八角或一元多,在大贫之列的我,如何能买得起?假如尽量买书的话,就是把每月得的十几元薪金孤注一掷,恐怕也不足大偿夙愿吧!无已,此路不通,只好别寻出路——借书了。当嗜书如老饕的我听说亲朋有一种有价值的书,总要日夜思维的生法把它借来,在百忙中把它阅一遍,怕过后遗忘,便又随手做札记,以备参考。在去年以前,本县公立图书馆里稍微重要的书,都不许人阅,据馆内的先生说,他们只是一种保存性□(原文文字模糊)啊!嗜书如老饕的我,眼看着满架琳琅,却不得"染指",心中有如何的难过呢。喂!好了,自去年公立图书馆改为阅览部后,将馆内的一切书籍无限制的出借,自此以后,才能大偿我阅书的夙愿!
>
> 一个人独自进修,无论你怎样的起劲,怎样的坚毅持久,结果大多是"事倍功半"。要想收事半功倍的效果,总不如联合一个小组织,互相勉励、互相观摩来得好,因此我就和同志贾子贤先生根据本省省立民教馆附设的乡村教育通信研究会简章,组织了一个东平县第八区乡村教育研究会,邀请附近各小学教师参加,现下已有会员九人,除向民教馆阅览部商借多部参考书外,并订购杂志十余种,供本会研究院阅览。每三星期开会一次,开会时研究员各将研究心得报告出来,供大会研究施行。这样的团体进修,所得的收获胜于个人进修多多了。②

1933 年,山东省民众教育馆设立了乡村教育通信研究会,该会以

---

① 晓(笔名):《从生活中去学习》,《妇女生活》1937 年第 12 期。
② 周庆浩:《乡村教师的生活》,《民众周刊》1934 年第 36 期。

## 第三章 乡村教师的学校教学

研究乡村教育的现实问题和增进乡村教师的知识、技能为主业;《乡村教育通信研究会简章》规定,凡山东省的乡村教师,赞成本会的主旨,有真实研究兴趣的,都可以加入本会做研究员;研究会成立后,有一些乡村教师积极加入其中,互相交流教学经验;还有部分乡村教师在研究会的引导下自行组织研讨。

如前所述,东平县就有部分教师发起、组织了东平县第八区乡村教育研究会。[1] 另如沂水师范讲习所的课程设置了国语、数学、历史、地理、混合理科、公民、儿童心理学、乡村教育、单级教授法、复式教授法、图画、音乐、手工、体育。[2] 教材以教育部审定的上述教科书为主,兼用教员自编的讲义。在教学上,以普通教学法为主,兼用讨论方式。

为了更好地促进乡村教育发展,有的教师认为应该与地方精英进行合作,加大招生力度,然后"就该不间断的按时教学,不赴宴会,把宽严并施的方法来管教,限制无故请假,并亲自抽询家长,学生请假之原因,或举行乡视会,如此,一则可免学生偷懒的毛病,二则可免补课之麻烦。对于整理成绩方面,应因材辅导,不时比赛,则学生可感兴趣,教材可教完,成绩亦可观了。对于学生之各种之练习簿,当按日细心评改,所谓今日事今日了,不可迟至明日。多阅参考书,更利用闲暇时,实地至良校参观,取其长处"[3]。

乡村教师的教学反思主要是从自身经验、学生反馈、乡民评价和对理论文献的解读等方面进行自我教学的审视。教学反思可以增加教师的理性自主,可以更为理性地控制自己的行为,摆脱外在因素与内在因素的干扰,使学校教学处于更为科学、专业、有序的层面之上。

就如齐格蒙·鲍曼批判现代性时所说,现代性的展开是从"荒野文化"向"园艺文化"转变的过程,科学与理性的规划设计逐渐代

---

[1] 许庆如:《变革与传承:近代山东乡村教育研究(1901—1937)》,华东师范大学,博士学位论文,2012年。
[2] 《沂水县文史资料》(第三辑),1987年,第132—148页。
[3] 杨旭:《怎样做乡村义教教员》,《湖南义教》1937年第71—72期。

替自发、自为的生命形态。新知识精英代表的理性及其构成的国家更像"园丁",在有计划地修剪花木,生命的自然舒展受到限制。推行新式教育意欲走"园艺文化"路线,但传统教育依旧粗放、自在、偏向田野甚至可被称为在走"荒野文化"路线。显而易见,新教师在更加规范、专业的框架内实践教学、传播知识,这对现代国家的发展来说是有利的,但这与乡村社会的"自由散漫""自我放逐"产生了极大的抵牾,该群体不得不面对由之而来的冷遇与拒斥。逐渐专业化的乡村教师也不得不超越规范框架,走向乡村、进入社区,如此一来,他们必然躲不过与乡民或其他知识人产生相应的纠葛。

# 第四章　乡村教师的社会生活

晚清民国，多数乡村士绅、塾师等旧式知识人依然较为活跃并有部分人继续参与中国的教育事业。尽管已经废除科举，士绅、塾师等旧式文人依旧有着巨大的威慑力，多为乡民所佩服，他们基本上被视为一乡的守护者、执法者、审判者、指挥者。如果他们真的满腹经纶、道德高尚，那么他们的话几乎成为号令，他们甚至可以被看作乡村社会的"立法者"。尽管这些群体的合法性开始丧失，文化权力逐渐变弱，但新生的乡村教师群体依然不得不与他们打交道。既然身处乡村，教师就无法越过乡村民众而独自生活，他们之间的互动最为密切、频繁，也是教师生活的重要组成部分。

## 一　社会交往

随着新式教育的兴起，乡村教师以较为专业的姿态出现，与士绅、塾师一起构成了中国乡村教育力量的主体。有学者通过统计分析认为新式教育推广以来，乡村教师的整体素质偏差，真正合格者较少，勉强合格或不合格者居多，甚至有很多滥竽充数之人；该群体不仅匮乏也很少怀有广博的知识，故技能和智能受到质疑，在乡村的生活遭到诸多挑战。同为知识人，曾经同样抱有齐家治国平天下的迷梦，却在多灾多难的时代出现分途，走向不同的路径并产生了一定的纠缠。其中有教师对士绅阶层的依附与反叛，有教师与塾师之间的竞合，有教师对乡民的妥协和改造，亦有新旧转换中知识人的迷茫与游离。

## （一）教师与士绅

如费孝通所说，在一个变动很少的社会中，从实际经验里积累得来的规范时常是社会共同生活有效的指导。规范对于社会生活的功效不但是它存在的理由，也是受到社会威权支持的理由。社会威权的另一面就是人民的悦服。悦服的原因是从此可以获得生活上的满足。社会结构不变动，规范成了传统，以往的成效是规范取信于人的凭借。[①]乡村教师的聘任多由地方上的校董、校长负责，这些人握有一定的决定权。士绅虽然不是每个村庄都有，但他们的影响范围较为广泛，他们不像一般商人那样见到官员就畏缩不前、唯唯诺诺，他们与政府官员保持了一定的沟通，起到了上传下达、教化民众的作用。士绅阶层在旧王朝做出一些善行或开办族学、义学，以显示自己的身份和威望，在民国时期也是如法炮制。乡村新式教育中少不了地方士绅的影子，他们对乡村教员的选择、录用、管理等都有极大权力，所以乡村教师很多时候要依附于该群体。科举废除，士绅阶层的文化权力和相关影响力开始下降，他们中顽固、守旧、落后的部分人给新教师带来了诸多困扰，在让教师产生畏惧、敬畏的同时也产生了抵触、叛逆情绪甚至对抗行为。也有一些士绅较为开明或为了生存而转型，渐次式微的士绅阶层及其权力最终走向终结。

1. 绅权的式微

曾经诗书即权柄。考取功名的知识人被视为帝王门生，自视甚高，甚至"横行乡里"。明代大文学家吕坤曾记录乡村士绅"摇摆于市"的气场。大意是：村中的父老同席聚饮，谈笑风生。过了一会儿，村里的一位老秀才过来了，村民们则敛容息口，看秀才脸色。秀才笑，他们则跟着笑，秀才说，他们则听。即便是有什么不同看法也

---

[①] 费孝通：《乡土中国》，上海人民出版社2007年版，第103页。

只能窃笑，不敢说出来。这位老秀才摇摆于市，经过的时候，巷子里的人无不注视。① 现实是残酷的，考取功名的人极少。与手捧诗书的知识人想象不同，一些贫穷、落魄的读书人不得不做点事以养家糊口，当个塾师或者给人家记账已经算是好的营生。部分读书人免不了下地干点农活，甚至还有一些极端案例——读书人早早地起床，将长辫绕在脖上，背着粪箕，到处捡粪。

当然也有一些冒牌的或者令人不屑的士绅，他们吝啬、麻木、冷酷甚至干一些龌龊的勾当。丁柔克曾在其《柳弧》②中记载，通州人杨某，本来是挑担子的，秉性奸诈，靠坑蒙拐骗致富，居然自命为缙绅先生。兵乱时，州署召集士绅捐钱，杨某也在名册之内。他依旧穿着草鞋、短衣挑着担子而去。到了州署则恭敬地问：小人靠劳力为生，今天被传唤，不知您让我挑什么物件？郡公看了一眼，非常生气，把他斥退了。他干的事情诸如此类，数不胜数。他买了四五个小妾，都很漂亮。一开始，给她们穿着华丽的衣服，还借来别人的童仆伺候。不久，杨某就让自己的几个小妾或者做饭，或者刷碗，或者缝纫，因材而用，节省工役支出。杨某临死时把自己的身后事都操办好，无论巨细都谈妥当，预付金钱。他死后，四个儿子都游手好闲，不久就败光了家产。

更早的时代，反映社会现实的讽刺小说《儒林外史》多以知识分子为主角展开，其中就有些故事讲到知识人的地位。其中有一篇讲几个秀才聚在一起喝茶，发现一个商人也穿着长袍，打扮成知识人的模样，秀才们看见后非常气愤，便合伙将那伪装成知识人的商人痛打一顿。我们熟知的《范进中举》中胡屠户的言语、心态鲜明地传达了世人对知识、权力的认知。一开始屠户说，"我自倒运，把个女儿嫁与你这丢脸的家伙，历年以来，不知累了我多少"。好友约范进去参加乡试。范进因没有盘费，走去同丈人商议，被胡屠户一口啐在脸上，

---

① 王先明、龙永斌：《略论晚清乡村社会教化体系的历史变迁》，《史学月刊》1999年第3期。

② （清）丁柔克：《柳弧》，中华书局2004年版，第143页。

骂了一个狗血喷头,道:"不要失了你的时了!你自己只觉得中了一个相公,就'癞蛤蟆想吃起天鹅肉'来!我听见人说,就是中相公时,也不是你的文章,还是宗师看见你老,不过意,舍与你的。如今痴心就想中起老爷来!这些中老爷的都是天上的'文曲星'!你不看见城里张府上那些老爷,都有万贯家私,一个个方面大耳?像你这尖嘴猴腮,也该撒泡尿自己照照!不三不四,就想天鹅屁吃!趁早收了这心,明年在我们行事里替你寻一个馆,每年寻几两银子,养活你那老不死的老娘和你老婆是正经!你问我借盘缠,我一天杀一个猪还赚不得钱把银子,都把与你去丢在水里,叫我一家老小嗑(喝)西北风!"后来,范进中举,却痰迷心窍,疯癫起来,众人商议要胡屠户将范进打醒。这时候范进已经不是以前的穷书生了,被胡屠户视为文曲星下凡,胡屠户喝了两碗酒壮胆……一个嘴巴打过去……胡屠户站在一边,觉得那只手隐隐疼了起来,自己看时,巴掌是仰着的,再也弯不过来。心里懊恼,果然是天上的文曲星,打不得的,如今菩萨计较起来了。这一想手更疼了,连忙找郎中讨了个膏药贴着。有人问他明天还继续屠宰么,他说有这贤婿,才学又好,品貌又好,后半世就靠他了……范举人先走,屠户和邻居跟在后面。屠户见女婿衣裳后襟滚皱了许多,一路低着头替他扯了几十回。到了家门,屠户高声叫道:"老爷回府了!"

士绅阶层具有较高的社会地位,与其知识体系不无关系,加之他们自身树立的良好的形象、维护传统道德以及适时组织社学、义学、善会等善举。尤其是热心于公共事业,惠及地方、普润民众的士绅多被人尊敬,获得更大的支配权力和文化权力。恰如美国学者彼得·布劳所研究的那样,提供必要的利益而且这些利益是难以或缺的,否则别人就很难行事;这一方式,无疑是获得权力的普遍手段。毫无疑问,乡村中的士绅阶层普遍要比新式教师具有更强的文化权力。乡村士绅阶层为乡民提供宗族延续、聚落发展、生活稳定所必需的利益,如礼仪、知识、规则等,逐渐获得教化族人和乡里的文化权力。

苏州名绅潘曾沂去世时,其宗党亲戚哭之曰:"今而后,缓急将谁告也？"其邻里、父老、子弟哭之曰："今而后，生谁为之养，而死谁为之葬？孤而贫者谁为之择师而教督之也？"其疏且远而未尝赖以为生者，亦闻而叹曰："善人没矣，谁继起而为福于斯人也？"① 众人对潘曾沂的哀悼，是因为敬重他，敬重他的修养和善举，因为他曾经给不同的人提供了相应的保障和利益。无形中，作为士绅的潘曾沂对宗族、乡里的支配权力与文化权力得到承认和巩固。

费孝通曾经援引哈佛大学费正清的话说，现代技术进入民间是中国现代化最亟须完成的事情，但传统社会结构却在极力阻挠这件事的发生。中国知识分子是否还有前途，要看他们能否改变传统社会结构。使自然知识、技术知识等服务于人民，而不是成为一个阶级的独占品。② 英国学者齐格蒙·鲍曼则较为悲观地指出："迄今为止，现代世界产生的种种模式，没有一种能够对源于知识分子实践的那种期望给予响应。换一种方式说，照目前的情况看，迄今所生产的，或今后可能产生的模式中，没有一种模式会朝着有利于传统的知识分子角色的方向发展。"③

地方士绅所具有的特殊知识体系失去合法性，其腐朽的生命力也遭到诸多批判。张伯苓曾说："中国旧观念士农工商四类，士为最高。数千年来就此重士轻工之观念，致养成一般空谈而不做事之腐败阶级，高倡精神文明，而不知社会改良，提高生活程度。20世纪文明之下尚有受饿之民族，精神文明价值何在？今诸君皆为国人之英俊，负重任，有好机会当如何免去空谈之弊病，而务实际之做事以为全国人民之模范耶？"④ 社会现实使士绅阶层调整自身的知识结构或接受新式教育成为新式知识分子或流向不同行业，最终结果是，该群体文化权力的集体式微。

---

① 徐茂明：《江南士绅与江南社会：1368—1911年》，商务印书馆2004年版，第178页。

② 费孝通：《乡土中国》，上海人民出版社2007年版，第109页。

③ ［英］齐格蒙·鲍曼：《立法者与阐释者》，洪涛译，上海人民出版社2000年版，第165页。

④ 《张伯苓教育言论选集》，南开大学出版社1984年版，第168页。

## 2. 教师对士绅的依附与反叛

梁漱溟说:"旧日中国社会的成分,为士、农、工、商之四民,而士居四民之首。士人不事生产,却于社会有其绝大功用,便是他代表理性,主持教化,维持秩序,夫然后,若农,若工,若商始得安其居,乐其业。"① 士绅可以是退任的官僚或是官僚的亲友,甚至可以是受过教育的地主。在任何情况下,他们都没有政治权力,可是有势力,势力就是政治免疫性。统治者越可怕,越像猛虎一样,士绅的保护性的庇佑作用就越大。② 自清末至民初,团练的兴起与发展打破清代长期存在的"官—绅—族"关系格局,绅权不断扩张。绅权已经不仅仅以族权为基础,更多地以团练武装为基础,表现出更广泛的地方社会主宰权力。③ 官府的地方社会控制能力在乡村较为微弱,其权力延伸基本依靠地方士绅。

地方士绅在很大程度上承担了君王所期待的教化民众的任务,乡里或村里设立讲约所,品学兼优的士绅在固定的时间宣讲。在普遍意义上,士绅具有文化毋宁说他们"识字",他们在上传下达、知识解读、通信来往甚至邻里纠纷中掌握最基本的话语权力。乡村因礼法、规矩、关系而纠葛在一起,"知书达理"似乎又验证了"知识即美德"的逻辑,知识尤其是关于如何更好地处理与他者关系的知识则显得尤为重要。虽然无形中抬高了士绅阶层的作用,但他们在千篇一律而又缺乏知识的乡村社会使得经验更好地积累,生活秩序更体系化地存在,将乡村生活牢牢地、规律地系在日出日落这根绳上。

乡村士绅与政府官员相比,拥有更多的是乡村权威而非统治权力,相较于"控制",他们更多的是引导,这也是他们被称为地方精英又区别于官、民的特点。随着社会发展,科举制度取消,士绅的权威从声望为主转向声望、财富、社交网络、社会关系的综合。因为,

---

① 梁漱溟:《乡村建设理论》,上海人民出版社2006年版,第40页。
② 费孝通:《中国士绅》,赵旭东、秦志杰译,生活·读书·新知三联书店2009年版,第31页。
③ 章开沅、马敏、朱英:《辛亥革命前后的官绅商学》,华中师范大学出版社2011年版,第336页。

## 第四章　乡村教师的社会生活

既然士绅阶层没有掌握实际的刑罚力量或者权柄，他们自然不会对乡民的人身自由、生命安全造成实质性的威胁，乡民也并非盲从士绅的摆布，那么，士绅参与乡村治理起于他所获得的社会地位也自然受限于此。士绅权威的养成需要在完善自身修养和解决公共事务中接受乡民的舆论监督和道德评价。如此，所谓土豪劣绅、恶霸土棍在乡村的"权威"则是窃取的、非正义的或者掺杂暴力手段的，不能与传统意义上的士绅混为一谈。

费孝通指出，中国传统文化中没有产生科学，绝对不是因为中国人的心思不灵、手脚不巧，而是中国的匮乏经济和儒家知足教条使人们不重视人与自然的问题；现代技术所具有的破坏社会完整的力量在中国发生效果，未得其利，先蒙其弊，使中国人对传统失去信任，对西洋的新秩序又难于接受，进入歧途。① 以士绅为代表的知识阶层占有知识和拥有相当的话语权，但是他们不占有技术。知识阶层不占有技术，农民也几乎没有占有先进的技术，也就是说中国自古基本上就仅有知识发达而缺乏技术的发展，这也使得农民被牢牢地束缚在土地上，无暇、无力、无钱享受更多的教育，因为那是有闲阶级的特权。

在传统社会结构中，既得利益阶级的兴趣不是提高生产力，而是为巩固既得的特权。他们的主要任务是为建立传统行为的指导而维持已有的规范。中国的知识分子人道地看待世界，由于缺乏技术知识，他们就不会赞赏技术知识，看不出希望改变人与人关系的理由来。② 科举废除与国家转型，使得该群体所具有的"卡里斯玛"日渐微弱。传统文人一时难以割断对旧学问的留恋，甚至发出"绅士去久矣，才人信当年"的喟叹。

晚清以来，绝大多数的新式知识分子再也没有如传统士绅那样回流宗族社会充当精英领导者，而是被城镇现代化事业所吸纳。新式教育的兴起以及新学的冲击，吸引了大批宗族社会低级士绅以及士子士

---

① 费孝通：《乡土重建》，上海观察社1948年版，第10—15页。
② 费孝通：《中国士绅》，赵旭东、秦志杰译，生活·读书·新知三联书店2009年版，第240—241页。

人脱离乡村宗族。在西方文明的影响下，近代知识分子已经无法认同传统宗族文化，造成近代知识分子与宗族的分流以及城乡文化的分离。①新学传播不但在社会文化领域发生作用，促进宗族社会结构的裂变；在某种具体情况下，它还可以促进政治革命力量的形成。伴随着马克思主义的传播，先进知识分子开始以唯物史观批判宗族制度，认为它与专制政治、封建礼教密不可分，认为只有消灭宗族制度才能彻底推翻专制统治与消灭旧礼教，主张进行消灭地主阶级土地私有制与宗族制度的社会革命。大批青年接受马克思主义，主张以革命手段改造传统社会，形成社会革命领导力量。

刘大鹏曾较为敌视这种行为，他记载道：

> 辛亥大变以来，伦常全行破坏，风气亦更奢靡，礼义廉耻望谁讲究，孝悌忠信，何人实行，世变日亟，岌岌乎其可危。
>
> 变乱以来，民气不靖，打架斗殴之案层见叠出，只因刑罚太轻，民不畏法，而杀人命案日见其多。凶犯一经逃脱，日久无人缉获，官亦视为固然。草野人民皆谓上既无君，吾等皆可横行矣。②

现如今，传统"四民社会"顺序貌似全部颠倒，尽管新式教师在一定程度上担起了乡村教育、乡村教化、乡村组织的功能，可是在中国具有重大意义的士绅阶层到了哪里？历史研究者罗志田曾说，旧有的士人谋生越来越困难，新的"士"因科举制的废除已不能再生产，"士"的存在也就成为一个历史范畴，"四民社会"难以为继。"乡绅贤愚优劣，固有不齐，但由于乡绅深受儒家文化浸润，他们大都认为自己理所当然地负有造福家乡的使命，具有完善、维持地方和宗族组织的责任。乡绅是乡村组织的基石，没有乡绅的村庄，很难有任何高

---

① 章开沅、马敏、朱英：《辛亥革命前后的官绅商学》，华中师范大学出版社2011年版，第343—344页。
② 刘大鹏：《退想斋日记》，乔志强注，山西人民出版社1999年版，第177—180页。

度组织性的活动。传统社会乡绅阶层的衰落和消亡,不仅导致了整个乡村社会政权的痞化,恶化了乡村社会关系,激化和加剧了阶级的冲突,而且造成了乡村经济的凋敝,拉大了城乡差距。更为严重的是,加速了乡村文化的衰落,打破了城乡一体的传统文化格局。"① 也就是说,其直接的社会后果就是统治阶层与普罗大众直接对话,少了以往的"缓冲",这种转型尤为剧烈,或许是乡村陷入混乱的原因之一。士绅阶层流失、衰落使得乡村权力出现空隙或在权力转换中出现更大震荡,使得乡村充满了巨大的不确定性。

乡村士绅所具有的文化权力逐渐衰落,但其多年积累的威信、地位等依旧勉强支撑他们的文化权力。乡村中的新式教师很多时候要依附于这一阶层,也不排除一些士绅转化为新式教师的情况。有些地方还出现了新式教师对士绅的反叛、斗争的情形。

黄花岗起义后,两广总督下令全境追捕(革命)党人。恰巧一位学生在路过邻县回家的路上遇到防勇,因该学生剪掉了辫子,防勇拟将其当作革命党人论处。该学生急中生智说,既然要捉拿他,就给该处(紫金县)的学堂汇报一声。此地小学堂教员乃是数理化兼体育教员甘晖如(据说是同盟会会员),他对这个剪辫的"同志"有天然的同情,就把该学生藏在书房,并召集学堂的几位学生去找该学堂的总办——紫金县最有名的乡绅钟荣山。钟荣山听完学堂学生的申诉就要把几个防勇捆起来,防勇见势不妙逃跑,有一个跑得慢,被学生给捆起来了。② 张鸣曾评论说,士绅已然成为重要的、可以左右地方政治的势力,他们还对学习西方充满了莫名的激情和热情,这也使得甘晖如等与士绅观念不相符的教师、叛党渗入教育等事业中去,甚至二者还能产生某种合作或默契。

很多地方士绅一开始极力反对废除科举,有他们的"路径依赖"因素,也有对新教育的恐惧,但是,他们中的很多人在支持旧教育之

---

① 徐继存:《中国传统社会的乡绅阶层及其衰落》,《当代教育与文化》2015年第1期。
② 张鸣:《民国的角落》,红旗出版社2011年版,第13—14页。

后又不知何时转身支持新教育,他们纷纷出钱出力,不是出任学校的校董,就是当校长,甚至还有部分士绅亲自参与新式学堂的教学。在诸多文献中频频出现地方士绅积极开办新学的记载,他们本是旧时代的产物,为何能在科举废除之后又积极投入新的教育中去?因为稍有理性的士绅都较为识时务,即便在习惯上、意识形态上看不惯新式教育,但他们仍然努力迎合国家政策甚至不惜花费自己的金钱、捐献自己的土地,为的是继续保持其精英地位;当然,不排除他们中的很多人真的向往、热爱新教育。传统社会职业分层为士、农、工、商,有研究者认为:"实际上,它更接近于灵活的两个等级的结构:少数受过教育的富有的上流阶层,即统治阶层(约占人口的5%),和主要在土地和城里劳动的大多数(所谓的底层不包括在内)。这两个等级的划分,给上下流动留有余地,也为沟通上流身份和非上流身份的'两可地位'留下空间。非上流的人包括穷教师和其他未充分任职的低级功名的人、富有的农民或小店主。"[1] 乡村中的教师在这里就被划分为非上流人群,他们如欲满足生理上、安全上的需要,还需依附于权力阶层,借助权力阶层的庇护。

黄卓甫所在的初等小学乃是许恪士依照其父遗嘱创办,并命名为"仪耘小学"。学校占地三亩,房屋都是新建成的。除了教室之外,还附设民众阅报社,作为开通民智的社会教育机构。学校建房、购置设备等花销在八九千大洋。自1929年夏天开建,次年春天建成并投入使用。当时有初级小学生二十余人,教师一人。黄卓甫即学校第一任教师。据许恪士计划,仪耘小学逐年增加学生,期望在三五年内办成一所"复式乡村完全小学";他还对发展全村教育做出了一个具体计划,分年实施,期盼对徽州乡村进步做出积极贡献。

有些教师认为,在筹备招生时,假使能够耐心开导乡民,和乡保长及士绅们时常接近,并按照保甲联结册,调查失学儿童,进行招

---

[1] [美]费正清、费维恺编:《剑桥中华民国史》(下),刘敬坤等译,中国社会科学出版社1993年版,第34—35页。

生，肯定不会有招不满额的事情，甚或有人满之患。① 为了树立形象、获得文化权力，很多公共事业中都有地方士绅的影子，地方义学、公学、私塾乃至后来的新学堂、新教育的推动也不例外。学校多设有董事会，成员为当地名望、士绅、村长、资助人等。对学校教师基本实行聘任制，聘期一般为一年，教师合格与否、能否获得岗位以及薪资待遇主要是由校长和董事会决定。在聘期内，教师的权力较大并拥有惩罚学生的权力，基本不允许对其指手画脚，这一点与传统教学方法比较类似。

曾经当过乡村教员的老人赖崇文回忆他们师范毕业后的求职经历，尤其是第二学期之后四处应聘的情形，生动记录了乡村教师对士绅等权力阶层的依附。他回忆道（内江市东兴区教育局张大龙整理）：

> 毕业委任状只管一学期，第二学期开始，就要由校长聘任教师。每逢寒暑假，全县各级各类学校的校长在县城的大西街和叠象街泡茶馆，坐等教师上门。丢了工作便不能养家糊口，众教师为了谋取职位，狼狈奔走于茶楼酒肆，赔小心，请客送礼讲人情，求校长给一纸聘书。至于做校长的，有两种人，一是声望高的士绅，一是金钱铺路者。校长除了向教师收礼外，兼吃教师的空缺。空缺不能独吃，省、县政府的督学来视察，还得分一杯羹。校长的职位竞争更激烈，稍有不慎，失宠于权贵，就会丢饭碗。这种农历六、腊两月发生在校长之间、教师之间的残酷竞争，教育界称作"六腊战争"。第一学期结束后，我担心落聘，冒失地找县民众自卫队副总队长罗耕夫帮我说情，罗不认识我，听我介绍完个人和家庭情况，答应给校长打招呼。我勤奋踏实，擅写文书，愿意扎根大佛乡，总算没有失过业。

李真卿曾口述（沙德廷整理）学校对自己的聘任工作：教职员工

---

① 杨旭：《怎样做乡村义教教员》，《湖南义教》1937年第71—72期。

的聘用时间为一年,以放暑假为界限,即从当年暑假后开学开始,到下一年放暑假结束。聘用方法是,学校准备用谁,就提前(在放暑假师生离校之前)给谁送去聘书,开学时持聘书到校任教。原来在该校任教,能接到聘书的,就说明该校继续任用;接不到聘书的,就说明学校不再任用了。所以,当时聘用的教职员工唯恐自己被学校解雇,对待各自的工作都很积极主动,都愿意并且能够为学校出力流汗,踏踏实实地一心扑在教学上……校董会负责评定薪水。聘用之前,要对聘用对象的情况深入调查了解,然后根据其情况评定出薪水高低,在与聘用对象见面交谈时当场讲清,确定下来。①

署名"晓"的乡村女教员也记述了自己受制于人的情形。大意是,她努力将学生教好并和乡村建设者们共同教育乡民识字等。但是后来,有一个米店友,每天傍晚要到学校来看报、闲聊。

> 这样不久,十多个各色的店友在学校里进进出出,无形中,我成了他们的导师——实在是很惭愧的……为难的事又来了,十多个店友的东家,对校长说我的空话。校长就向我下警告:"店友荒弃职务,一个女子和男子交际,在乡间总不大妥当!"知了在树枝上叫着。我自己手植的种子结了果:放暑假的一天,从校工手里接到校长的一个条子:"……本校经济拮据,下学期拟缩小范围,诚聘教师……请先生另行高就。"②

张明水曾在其毕业论文里提到,民国河南乡村学校教师一般在一两名左右,里面的教师尤其是校长为了取得当地士绅的支持或者为了学校的正常运转,常常需要去拜访这些士绅、名望。那个时候,有些小学校破产。这是因为教育者没有很好地理解环境,教育被封建势力把持。自从教师薪金归地方补助以来,小学教员与教育局完全脱离关系,教款每每被迟延至期终。他认为乡村教师不得不与当地士绅来往

---

① 《菏泽文史资料》(第一辑),山东人民出版社1988年版,第126—133页。
② 晓(笔名):《从生活中去学习》,《妇女生活》1937年第12期。

的主要原因是期望能够索回或部分地索回被拖欠的薪水。研究显示，河南乡村教师的工资能发放多少、何时发放，基本由联保主任或保长说了算。为了索要他们本应拿到的微薄的薪水以养家糊口，乡村教员或校长不得不一次又一次走进联保公所或保公所的大门，小心翼翼地赔礼、客套。他转录了夏邑县乡村教师的遭遇：

> 在夏邑县，小学教员的生活，每期四十元之基金，既被联保主任把持，教员所希望者，只有由庙产项下，拨给少许之奖金而已，况春季奖金等立秋，秋季奖金等终了，又况之多者不满三十元，至少者仅三五元。春季已矣，至秋季开学日期，因薪金不能到手，迟一月，再迟一月，甚至有听说督学出发后，才召集学生，虚应一时，即今有早开学几天者，课未上，即见联保主任索款，主任说："已派出去，候几天吧！"迟一星期再去，主任说："还没有上来，晚一星期再来吧！"再过一星期，又去，主任说："不好要呢？拨给你修（谷物或杂粮）吧！"教员无奈，勉强将修接住去见保长，保长亦如此。然而无势力之保长联保主任才如此，要遇着有势力之保长联保主任，或他本家的什么爷，什么叔，什么哥哥，干点政界的小差事，三次要的，就大发雷霆，张口就说："这不是买芝麻豆的钱？"合口就说："我不能亲把腰包来垫，随便能！传户罢！"设教员不识趣，常常胜稍辩几句，就被他打个不亦乐乎。①

一位教师说："我们已挥别镇海塔，溯江西上，到萧山去了，于是也就开始了我的教员生活。那个我们居留下来的小镇上的学校正因为教员逃散需要人员补充，再加上我托人'请话'，于是就以四块钱一月的条件做成了这笔买卖。"② 有教师反思这种不良的现象说："然

---

① 张明水：《民国时期河南乡村小学教师群体研究》，硕士学位论文，河南师范大学，2013年。

② 一清：《教员生活》，《海宁》1939年第1期（创刊号）。

●● 乡村教师生活的历史考察

而乡村教员生活这样狼狈,为什么还有许多人要托人代为呢?我可以确定地说,那是私塾的余孽,那是不能插足(立足)于社会的游民,才寻这下等生活啊。"①

乡村教师与士绅等权力阶层相处,其乐融融那是最好不过的,但是,很多时候即便是小心翼翼也免不了惹恼他们,这便产生了彼此的不愉快甚至反目成仇。1937年,一位女教师写文章抱怨,封建势力浓厚的河南,尤其是闭塞的乡村中,到处充满着封建的长老头子们,可是因为传统的观念,他们都是些问公事的保甲长们,当然在乡下说风就是风、说雨就是雨,谁也不敢反驳的。她说:

> 我是一个青年学生,一切的动作,当然是和那些颓废的老头子们互相背叛的;可是他们的思想是复古,他们的动作是斯文,他们的信条是忠、孝、仁、爱……然而我们知道,时代的轮子把他们淘过去了,现在是向新的途径践踏的期间。对于一般儿童,为了国家的前途计算,是得用新的方法和新的思想来教育他们;不再用麻醉、说教的教训和读死书的方法来欺骗他们;你们想这种环境是如何的发展吧!所以,常常为了教育方法,得了校董先生的指摘。但是,虽然我的理由充足,不敢向他们辩驳。为了什么原因呢?亲爱的读者,是饭碗啊!②

在她的诉述里,待遇低微、工作辛苦、百病丛生却又没有教育的话语权和自主权,这都是因"饭碗"而受制于地方的"老封建"。

即便有些权力者宅心仁厚,也会遇到一些心思不纯的教师,或者在正常职权范围内得罪了很多教师,这又造成了二者的仇恨。刘百川曾说:"办理学校最困难的便是聘请教员。要来当教员的,未必能称职;能称职的,未必肯来。你请他的时候,很容易,到了因为他不称

---

① 蜀庐:《一个乡村小学教员的自述》,《湖南教育》1929年第3期。
② 李贺汶:《在乡村里》,《妇女生活》1937年第11期。

职而辞退他的时候，便困难了。到了辞退以后，他便永远地怀恨你了。"① 乡绅对地方事务的参与有两面性，一方面可以获得威望；但另一方面也有些地方因权威的压制而令人不悦，更甚者，有的乡绅品行不端，趁社会动乱之际鱼肉乡里、横行霸道，这不单单是矛盾加剧的问题，更涉及是非、正义，乡民、教师与之的冲突、斗争自然难免。例如，1947年上映的电影《八千里路云和月》中有一首歌曲叫《你这个坏东西》，专门挖苦、讽刺地方权贵和地主阶层。歌词是：

你，你，你，你这个坏东西！
市面上日常用品不够用，
你一大批，一大批囤积在家里，
只管你发财肥自己，
国家和民族你是不要的，
你这个坏东西，你这个坏东西！
你，你，你，你这个坏东西！
柴米油盐布匹天天贵，
这都是你，都是你一手造成的，
只管你发财肥自己，
别人的痛苦你是不管的，
你这个坏东西，你这个坏东西！
坏东西，坏东西，
囤积居奇，抬高物价，
扰乱金融，破坏抗战，都是你。
你的罪名和汉奸一样的。
别人在抗战里，出钱又出力。
只有你，整天地在钱上打主意。
想一想你自己，死要钱做什么，

---

① 刘百川：《一个小学校长的日记》，华文出版社2012年版，第7页。

到头来，你一个钱也带不进棺材里。

你这个坏东西！真是该枪毙！

你这个坏东西，喀！真是该枪毙！

在国家权威低下，政治体制基本瓦解，广大内地农村经济衰退，社会普遍陷入高度混乱的状态下，士绅等地方精英在近代乡村教育、乡村建设中，填补权力空白，弥合机制缺口，在重建农村社会方面做出了不少努力，扮演着不可忽视的角色。但是，他们终究没有摆脱自身的命运。他们在社会转型中逐渐失势，权威下滑、权力丧失，逐渐被以乡村教师为代表的新型知识分子取代。尤其是在乡村实验区，地方政府与新式精英合作，并没有完全依赖地方士绅、长老，这些旧式知识人逐渐被边缘化。甚至有很多地方出现教师、学生挑战士绅权力的现象。例如，"共产党人组织师生进行领导乡村的队伍建设，他们首先在农业改进中担当示范，并在禁毒、扫黄、拒赌、仲裁、婚丧、建设、体育会、敬老团、休闲娱乐、抗日宣传等各方面吸引农民，将旧士绅对村庄的控制力削弱甚至夺去，主导乡村权力重组"[①]。更甚者，教师等新知识分子利用新媒介将农村破落、人民困苦与帝国主义剥削、地主阶级压制等问题结合起来宣传，夸大了劣绅的比例和危害，使得人们对地方长老、士绅、地主的印象大跌，使他们完全成为一副地痞、流氓、无赖的形象。同样身为知识人、地方精英，乡村塾师与之有着类似的命运。

## （二）教师与塾师

旧社会，塾师抱怨职业不理想、生活清贫，部分是出于无奈，很多时候也是这些文人的谦辞。因该职业虽算不上收入不菲，却能时时读书、温习功课，更接近于学习状态，自然也是为其应试、入仕提供了便利。旧日塾师，其水平相差悬殊，旨趣也有很大的不同。他们有

---

① 《在土地改革中关于（相关）问题之意见》，山东省档案馆，1947-09-14，档号：0003-01-0022-002。

的是"不屑仕进""耻事权贵"的正直文人；有的是"不与时俯仰"，从而"隐居教授"的孤傲者；有的是当朝士大夫，以"传道授业"为己任的儒者；更多的塾师却是屡试不第，为了养家糊口而不得不"教授乡里"的穷秀才和其他乡村知识分子。[①] 蒋梦麟曾描述自己的私塾老师是命运多舛、屡试不第的落魄秀才。他说："我们家塾里的先生，前前后后换了好几个。其中之一是位心底仁厚而土头土脑的老学究。他的命途多舛，屡次参加府试都没有考上秀才，最后只好死心塌地地教私塾。"[②] 科举废除之后，这群人进退维谷，身份开始变得尴尬起来；与此同时，新兴的教师阶层逐渐发展、壮大，这对塾师阶层构成越来越大的威胁。新式教师是政府的、合法的、新式的、先进的代表，塾师则是乡民的、陈旧的、过时的代表，二者在乡村遭遇，难免产生相应的竞争与冲突。这种现象不是个案而是普遍存在的，所以，政府与相关部门以及士绅阶层也都参与其中，尽量改造、改良塾师或寻找其他方案促进二者的合作，加速新式教育在乡村的推进。

1. 传统私塾的教化

传统塾馆按照办学者和办学地点不同可以分为几个类型。（1）家塾。由官绅或富有之家单独聘请有名望的知识人教授子女；出钱聘请的人叫学东，塾师称学东为"东翁"，学东称塾师为"西席"；有的塾师吃住在私塾里，即"供馔下榻"。（2）学馆。多由具有一定身份、学术造诣的人开办，招收有一定学业基础的学生，不收童蒙。（3）宗塾。顾名思义，即同族人共同出资为本族子弟筹办的私塾。（4）村塾。由较富裕家庭出资聘请塾师，借用祠堂、寺庙等，以启蒙教育为主。教师多为一人一馆，由乡村学究或不第秀才任之。

塾师的束脩不确定，主要是凭生徒年龄大小和家庭贫富自愿奉送。塾师收入虽高于乡民，但生活仍较清寒，他们常操中医或为人书写状纸。义学的师资则通常由秀才、廪生或举人担任，其待遇也不确定，由办学基金和教师水平而定。一般塾师待遇为银洋10—20元，

---

[①] 王日新、蒋笃运：《河南教育通史》（中），大象出版社2004年版，第29页。
[②] 《蒋梦麟自传：西潮·新潮》，华文出版社2013年版，第35页。

学生家长在端午、中秋、春节时都得向先生送礼。① 有些塾师还具备其他技能，能获得额外收入。陶钝回忆他的老师道：

> 他本来会占六爻卦，还会批八字，自从到我家和学馆以后，凭这两手，不仅受到东家的尊重，还得到全村的出头露面人物的迷信。有人家订婚请他合八字，结婚查日子。有人家走失了人口和财物都来请他占卦，王师傅对这些事不收钱，不收重礼。要是送一瓶好酒或者两罐下酒的酱菜，他推让之后，还是会收下的。②

私塾一般设有孔子牌位，有的私塾也有朱子、魁星的牌位。学生初入学时，家长一般会准备葱、糕、灯芯草、爆米花、点心、水果等，送到塾中，象征聪明、高升、心窍开通等意（与世人结婚之时备有大枣、花生、桂圆、瓜子、核桃等象征早生贵子类似，世俗与功利心态比较严重）。③ 仪式的隆重，传达了学生家里对后辈的期望，也表达了对塾师的敬重和认可。"严师出高徒"这种思维定式在学生那里无疑是令人害怕的"咒语"，但这一招在乡民眼里是万能的，塾师对待不肖的学生只需一个字——打。

清代人士丁柔克在其笔记稿本《柳弧》中如是记录了私塾先生对学生的管理与训诫，也显示了塾师的知识储备之大，大意如下：

> 一个小学生最怕读书，一天他忽然将书本扔到马厩里喂马。先生问书哪里去了，学生说扔给马吃了。先生怒火中烧，拿夏楚（荆条）责罚学生。那学生不但不哭还谈笑自若。先生更是生气，而加重处罚力度，学生依然谈笑风生。先生无可奈何，责罚之后又打开书橱取了一本书丢到学生怀里。学生一拿到书就放声大

---

① 容中逵：《百年中国乡村学校教学变迁的历史轨迹——基于颐村学校教育变迁的历史人类学考察》，《华东师范大学学报》（教育科学版）2013年第9期。
② 陶钝：《一个知识分子的自述》，山东人民出版社1998年版，第8页。
③ 蒋纯焦：《一个阶层的消失》，上海书店出版社2007年版，第45—46页。

哭。先生询问，先前严厉体罚都不哭还笑，现在已经不责备你了，怎么放声大哭呢？学生哽咽着说："我以为天下只有一本书，既然喂马了，就是被打死，但不用读书了，我也就认了，所以很高兴。谁知道，先生开橱时，见满橱子都是书。就算是天下的马也吃不完啊，所以我觉得很凄凉、很伤心。"①

旧塾师们对年幼学生的鞭笞无疑是他们幼年的噩梦，蒋梦麟曾经回忆乡下的家塾的生活，他对这种教育生活恨之入骨。他在自传中说：

> 有一天，我乘（趁）先生不注意我的时候，偷偷地爬下椅子，像一只挣脱锁链的小狗，一溜烟逃回家中，躲到母亲的怀里……家塾不好，先生不好，书本不好。先生，我要杀了他！家塾，我要放把火烧了它。②

为了表达对塾师的不满，不知是哪位学生还是村民编造了一些歌谣来讽刺他们。其中有这么一段：

> 先生教我人之初，
> 我教先生鼻涕拖，
> 先生教我天地人，
> 我教先生肚子疼，
> 先生教我大学，
> 我教先生赖学，
> 先生教我中庸，
> 我教先生屁股打子绯红，
> 先生教我公冶长，

---

① （清）丁柔克：《柳弧》，中华书局2004年版，第131页。
② 《蒋梦麟自传：西潮·新潮》，华文出版社2013年版，第31页。

### ●● 乡村教师生活的历史考察

我教先生困在大坟上。①

1926年，澎湃在其《海丰农民运动报告》中提到："二十年前乡中有许多贡爷、秀才、读书、穿鞋的斯文人，现在不但没有人读书，连穿鞋的人都绝迹了……有的只是那些乡村的私塾，请了一个六七十岁的八股先生教一般面青目黄肢瘦肚肿的农村小孩们，读'子程子曰……''关关雎鸠……'，不会念的就罚跪抽藤条打手板夹手指等酷刑，简直只有把这小孩们快点弄死罢了。然而农民们不但不以为怪，并说这个先生明年还要请他再干，又说有这位严厉的先生这般小孩们就不会回来家里哭，嘈闹！唉！这等学校简直是一个禁止一般青年农民呻饥号寒的监狱罢了。"②

胡适曾回忆其年幼时，私塾先生因学生家给两元学金太少而不肯耐心教书，每天只教他们死念书、背死书，不肯为学生讲解。有的孩子因为逃学，先生生了气，打得更厉害。越打得厉害，他们越要逃学。其结果就是很多学生仅仅认识几个字，难以理解其背后意蕴，多数是知其然而不知其所以然。胡适则与他们不同，他母亲第一年就给六块，每年还增加，蒙学最后一年加到十二元。③胡适母亲消解了他对学习与塾师的厌恶，间接呵护了他的学习兴趣，成就了一代大家。

裴竹君在动员一个乡村儿童上学时，提到了"锁乌鱼"的故事：

> 我到他们家去时，这两个贫苦农民连连打招呼道："好裴三先生，我们家的伢子能念什么书？老实疙瘩的，书哪里会同我们这种人家结缘，我们没有那个福、没有那个命啊！"原来他们弟兄两个都有过痛苦的遭遇。他们小时候都进过私塾，塾师是地主陆连科。哥哥一入蒙，塾师指定读《大学》，开头还好，后来读到"释齐家治国"部分："所恶于上，毋以使下；所恶于下，毋

---

① 王骧：《从乡村歌谣谈到乡村教育》，《乡村教育》1936年第2期。
② 澎湃：《海丰农民运动报告》，作家出版社1960年版。
③ 欧阳哲生：《胡适文集》，北京大学出版社1998年版，第49页。

第四章　乡村教师的社会生活

以事上；所恶于前，毋以先后；所恶于后，毋以从前"这一段的时候，直接就疙瘩住了。农家的孩子，对于封建统治阶级"齐家治国"的那套，哪能读进！只按照自己所熟悉的事物去理解，以为这"所恶于"，大概就是指"锁乌鱼"（村里人捉乌鱼的一种方法，叫"锁乌鱼"）。"锁乌鱼、锁乌鱼"，别的全忘了，塾师陆连科就恶狠狠地说："没出息的穷种田的，读贤圣之书，就去扯锁乌鱼的下流事，非打不可！"结果，徐子生（哥哥）读了十多天书，就挨了十多天打，戒尺都给打断了。哥哥给打回去了；老父亲看看大的不行，想再试试小的吧，就又把弟弟送入蒙。塾师又指定读这段《大学》，还是这个老地方，徐子扬又给"所恶于"卡着了。"该死的，又来锁乌鱼了。"塾师边打边骂。[1]

塾师的严厉已经成为一种刻板印象，学生一般不敢招惹自己的老师。刘仲元回忆私塾生活及其教师时提到，课堂由三间厢房改为两间，里间稍小，靠窗台摆放两张旧八仙桌，中间放一用长木板定做的课桌。外间稍大，有出入课堂的西门，进门右侧紧靠隔墙摆着一个用木凳支搭的单人床，是李老师从事教学活动和休息之地。"床板草垫子上铺着一条狗皮褥子，床西头靠墙放一个铺盖卷，床上顺墙边摆放一把鸡毛掸子和一个备用打学生手掌的长木条，还有两本厚厚的辞海书。外间北墙上挂着一张圣人孔子的画像。在课堂上不能随意走动或说笑打闹……老师躺在床上也不问不管。课堂上没有统一课程表，老师没法统一讲课，只给大同学讲课或考问古文词句及背诵课文。我们年纪小的同学遇见不会的字词也不敢问老师，都是请大同学帮助讲解。白天在课堂上除了复习朗读课文之外，就是拿笔描仿大字，所以我不需要老师讲课，老师也从未问过我。在春暖花开的一天中午，李老师带着我们几个小同学到庄东田野去玩。他家离学堂北门只有一个

---

[1] 《老解放区教育工作回忆录》，上海教育出版社1979年版，第197页。

小菜园相隔，老师让我们边玩边拔野菜给他家喂猪吃。"① 虽然塾师给人以严厉的形象，但有时也给人以"温和"的形象。

塾师的知识结构与知识量有限，尤其一些滥竽充数的教师还有其掩盖不住的迂腐。曾有人记载，一村学究教书，读"知止而后有定定，而后能静静"一句，至末少一"得"字，谓东家曰：此书板不好，刻落一"得"字。东家乃村农，以为塾师说得对。一日塾师又教至"少之时血气未定戒之在"一句，遇"在"字即为一句，至末又多一"得"字。塾师乃大惊喜，然后转告其东家说："有了，有了，此'得'字刻在此处矣。"②（该两句的断句应该是"知止而后有定，定而后能静，静而后能安，安而后能虑，虑而后能得"和"少之时，血气未定，戒之在色。壮年时，血气方刚，戒之在斗。老年时，血气既衰，戒之在得"）尽管很多私塾先生怀有所谓的真才实学，但他们的知识结构与知识体系已经落后于时代，塾师的改造与改良已是大势所趋。

恰如《东方杂志》刊载"国民之公毒"一文（署名远生）所陈述的："谓中国政治学术，皆误在笼统二字，其说甚透。郑、孔诚为经学之功臣，程、朱诚为圣道之传人。然即以郑、孔为经学，程、朱为圣道，取后生心灵眼界，而范围之束缚，则大不可。故自唐以来，只有注疏而无经学；明清两朝，只有宋儒而无圣道。中国三千年学术不进，实由于此。吾近来持论宗旨，却在复古。惟欲复者真孔子、真经学也。典章制度，须有依据，若微言大义，则当以吾之心光、眼光、实验自求之，万勿踏人脚跟，拾人牙慧。人所谓醇，则亦醇之；人所谓驳，则亦驳矣。终其身坠入形式言语障中，无复接见古圣贤真精神面目之一日。历史之学，取其有用也。时代愈接近愈有用，利弊愈详尽愈有用。"③ 塾师及其推崇的经典、义理在一定程度上维持了社

---

① 刘仲元：《苦尽甘来忆童年：1938 年至 1952 年》，北京出版社 2009 年版，第 44—46 页。
② （清）丁柔克：《柳弧》，中华书局 2004 年版，第 224 页。
③ 《恽毓鼎澄斋日记》，浙江古籍出版社 2004 年版，第 758 页。

会稳定，却没有办法给出社会发展、科学进步的知识，他们必将面临历史潮流的冲刷。

2. 近代塾师的改造

乡村传统塾师群体面临生存困境和转型压力，接受改造貌似成了这一传统知识阶层留守乡村的折中选择。为此，各级政府逐步加强对私塾的管理，要求私塾和塾师进行登记备案。政府对课程设置、教育管理、塾师训练、辅导奖惩等方面都先后做了规定。

早在1904年，《奏定初等小学堂章程》就有规定："初级师范学堂应设置旁听生，以便乡间老生宿儒，有欲从事教育者来堂观听，即可便宜多开小学，而寒士亦可借资馆地。"① 塾师改良有效地补充了教育师资尤其是乡村教师队伍，但直到1935年，仍有110144所私塾，未改良者竟占65.02%，达71619所；塾师110933人，未改良者占64.69%，达71762人之多。② 《上海私塾改良总会章程（1906）》也曾做过详细说明：

> 立宪预备，基于地方自治，地方自治，基于普及教育，此通义也。学部近日颁行《劝学所章程》，其办法必先访求讲演员，而以广设蒙小学堂半日学堂为目的，斯诚得著手处矣。顾以中国现时力量及人民（文化）程度，而欲大兴教育，广设蒙小学堂，恐无此无量数之经费，亦无此无量数之教员，则莫如先就旧有之数百万私塾而改良之，因势利导，其事较易，其机较顺，此《劝学所章程》所为注重私塾改良也。本会之设，原以变旧习为新法，化私塾为学堂，为今日过渡时代之简易办法，如制衣然，家藏旧衣数十箧，必尽废之，而更购新料以裁衣，非操家之道也。若将不合时宜者，剪裁而改制之，足以御寒足以适体，其质料之

---

① 朱有瓛：《中国近代学制史料》（第二辑·上），华东师范大学出版社1989年版，第223页。

② 《中华民国档案资料汇编》（第一编·教育），江苏古籍出版社1994年版，第682页。

佳者，或且足以匹敌新制之衣而有余。私塾改良会之办法何以异是。查日本庆应义塾，为明治维新时第一改良私塾。福泽谕吉之门弟子，有功名事业者多至三千余人。上海梅溪学堂，为三十年前最先改良之私塾。张经甫先生之教规多暗合东西洋小学校办法，其门下多热心教育、实力办事之人才。可见私塾苟能改良，即大有裨益于时局。

宗旨：各教员照常各自收徒教授，馆室照旧，修金照旧。惟教授悉用新法，重讲解不重背诵。先求讲明蒙学新书，然后授以《四书》《五经》，由浅入深，实事求是，务求到馆一日，即获一日之进益。

（增）照本会所定分年课程单循序渐进，期达改良之目的，学堂办法无稍歧异（或此塾与彼塾相离不远，程度相等，而又意气相投者，不妨联为一塾。以两三塾师共课一塾之学生，用力省而见功速，尤为本会所赞成。一年之后，办理有效，程度合格，可由本会禀请当道立案，作为私立初等或高等小学堂）。

必修科：修身（兼讲经）、国文（包括地理、历史、理科、习字）、算术、体操；随意科：图画（毛笔画）、乐歌。[①]

黄炎培日记中记载，桐庐县蜀取缔私塾方法四条，大意是，凡在学校附近一里半以内者，勒令停闭，其学生改入学校，乡僻处令改为私立学校，其课程教管方法应依学校办理，有不遵者，勒令停闭。当时，"乡间多私塾教师不肯改良，就学校与社会犹隔绝，而此老师宿儒之于学校咸鄙夷不屑近焉。丁君（丁竹怡）到任，以县知事名义召此一班，老师宿儒皆不敢不至。既至，县知事首先发言：余亦旧人，非新学家，但学校方法确亦有可采处，尔等不可不虚心。反复申说，意为之动。旧言：出县知事不期动而自动也。乃设一研究所，朔望开

---

[①] 朱有瓛等编：《中国近代教育史料汇编：教育行政机构和教育团体》，上海教育出版社1993年版，第421—427页。

会，命学校之教员一人为之讲教授管理法大意"①。

民国时期，小学教育普及力度不够，改良的乡村塾师在乡村教化之外，较好地补充了乡村基础教育的重任。为了更好地改造、改良塾师，一些地方利用寒暑假期或相当时期，举行塾师训练班或讲习班。讲习学科，除国语、算术、常识外，并须注重公民训练、科学常识与各科教学法的实际研究，促进私塾教学思想、内容、方法的革新。如上海私塾改良总会章程所提到的，利用新方法，"各教员照常各自收徒教授，馆室照旧，修金照旧。惟教授悉用新法，重讲解不重背诵。先求讲明蒙学新书，然后授以《四书》《五经》，由浅入深，实事求是，务求到馆一日，即获一日之进益。一年之后，办理有效，程度合格，可由本会禀请当道立案，作为私立初等或高等小学堂"②。刘百川回忆他的小学老师顾希文，大意是：希文老师，是我小时候的老师，他的胡子长得长而美，所以人人都称他"胡子"。他好学深思，诲人不倦，给我们的印象和他的胡须一样深刻。1920年，他为了努力进修，特地去南京高师做学生。哪里知道，南京高师新到校的学生看到他胡须那么长，都以为他是教授，遇到他，总行礼，称他老师。③

另如，1920—1921年，富顺县开办暑期塾师短训班，聘请中学教师为他们讲授国文、算术、常识等小学课程的教学方法。1935年，荣县有私塾540所，塾师540人，学生1.7万多人。次年，荣县政府规定，塾师须经国家检定合格方可任教，要讲授国家统一规定的教材，废除"四书""五经"，私塾减少为198所。1938年，富顺县政府开办讲习班，对合格塾师颁发证书，准予设塾。1946年，县府"第三科"举行塾师检定考试，并查勘设塾地址，审核教学科目、课本及设备。1946年，自贡市政府先后颁发训令，对私塾违章教学严加取缔，

---

① 《黄炎培考察教育日记》（第二集），商务印书馆1915年版，第74页。
② 朱有瓛等编：《中国近代教育史料汇编：教育行政机构和教育团体》，上海教育出版社1993年版，第421—427页。
③ 刘百川：《乡村教育实施记》（第二集），透明书局1937年版，第441页。

●● 乡村教师生活的历史考察

规定私塾更新教材，要加授常识、珠算、笔算，塾师必须订阅地方报纸一份，按日向学生讲解国内外大事。此后，教育科对第四区、第三区私塾进行调查。有些塾师不断改进教学方法，采用启发式，分班教授，而有的塾师仍不执行，影响儿童健康成长。1948年，自贡市政府重申塾师管理规定，未参加考试及不遵照规定办学的塾师一律取缔。民国后期，"大山乡、高硐乡、凉高乡等地区有私塾140余所，塾师140多人，学生1300人。1949年，自贡市、荣县、富顺县私塾仍多，富顺县就有200余所。新中国成立后，自贡市、荣县、富顺县人民政府对私塾采取积极稳重、逐步改造的方针，规定私塾取消读经，改用新课本，废除体罚"①。新中国成立以后，仍有大量私塾存在，新政府继续加以改造，60年代才将私塾全部转成民办小学等新式教育形式。

改良后的塾师可以进入普通学校当老师，也可以开办私塾，但是，条件限制较多。例如："私塾名称以前为'某某私塾'，改良后要称为'某某改良私塾'，不得妨碍公私立小学招生，要向主管部门登记等。开设课程须有国语（包括读书、作文、写字）、常识（包括社会、自然、卫生）、算术（包括笔算与珠算）、体育。其补充课程得依地方需要，由塾师自定之。"② 全国各地都进行私塾改造、塾师改良工作，如省立南京民众教育馆于"民国23年12月在西善桥试验区开设塾师训练班，召集区内塾师胡修中等26人到班受训，予以教学训育等方法之训练。毕业回塾后，教材馆训方面，类多锐意改进，一洗旧日恶习，其办理完善者，教育效果几与县立小学无异。总计全区改良私塾为37所，入学儿童600余名"。又如，下蜀自治试验区，对全区私塾登记，对塾师考试及训练，整理之后的私塾十之七八已具有学校功能，且能兼办民众教育，可以开办成人识字班、介绍优良品种、布种牛痘等。

---

① 《自贡市教育志》，四川人民出版社1993年版，第45—46页。
② 《中华民国教育法规选编（1912—1949）》，江苏教育出版社1990年版，第317—320页。

### 3. 新旧知识人的竞合

传统塾师多认可"君子不器",认为身为知识人就要读"圣贤书",而不是学什么"鸡叫狗跳"的形而下的伎俩。在传统乡村社会,一村之中能读私塾者也没有多少,私塾先生乃全村之"圣人",举凡红白喜事、婚丧嫁娶、买卖田契,非私塾先生莫属。塾师因其具有的知识受到乡民的尊敬,在乡村中拥有很高的文化地位。

晚清民国,新式教育培养出来的学生尤其是高学历者的行为举止难以为乡民所接受,恰好给乡绅和塾师一个把柄。诸多负面言论使得乡民满腹狐疑,误认为学习体操就是在练习飞檐走壁,是为以后方便偷牛盗马;学习唱歌,是在练习吹拉弹唱,为以后做优伶和艺妓做准备,甚至前脚将孩子送进学堂后脚就大加贬斥。

传统塾师不乏知识精英,却又不得不直面时代局变。科举制度的废除,几乎全盘否定了该群体所学知识的合法性,使得塾师阶层失去了向上层流动的机会,他们的社会地位渐渐下降。钱穆曾回忆说:"余六七年后,返果育旧校当教师。余七岁时,家中特自荡口聘往七房桥之私塾开荒,老师尚在镇上,每于学校旁一小桥上遇之,余对之行礼,此老师必侧面躲避如不见。其时,私塾先生的地位已远更落后,大不如新学校中当师长者之出色当行。今日则学校教师又见落伍,世态炎凉,亦岂得作文化进退之尺度乎。"[①] 更为严重的是,塾师阶层通过教书获得的赖以生存的束脩越来越少。如果找不到更好的谋生途径,他们拼力抗拒新教育、新教师的行为便无法避免,有些甚至聚集在一起抗议、造谣、诋毁新教育,蛊惑乡民闹学和毁学。民国初年,黄炎培在考察教育后在日记中记录下鄱阳县某小学校长的话:"前年下半年,学生百人左右,去年仅七八十人,今年又减。乡间颇谣传将复科举,故有在家预备应试文者。"[②] 当然,并不是所有的塾师都顽固地抗拒新式教育、新式教师,他们中的很多人也接受改良并欢迎新教师。陶钝回忆说:

---

① 《钱宾四先生全集》(51),联经出版社1998年版,第45页。
② 《黄炎培考察教育日记》(第一集),商务印书馆1914年版,第112页。

●● 乡村教师生活的历史考察

王师傅也不是顽固保守的人。他要我们摘抄御批通鉴来读。王师傅以为世道变了，朝廷不用八股取士，要学议论，学些安邦定国的知识，什么天文、地理、算术都要学，所以我们也就不单纯的念经书了。王师傅不能再教家馆了。他到县城东关新办的"单级师范养成所"受训一年之后，就当了学堂的教员了。①

随着近代教育改革的推进，旧式私塾渐渐被乡村学校所取代，塾师也逐渐被乡村教师代替。尽管已纳入国家管理的乡村教师与民间自聘的塾师已有很大不同，乡民们却依旧对乡村教师有着类似的期待。"在一般乡人眼里看来，一个学校教师，一定是个'明体达用''懂文解字'的明见人。在乡村中各位东家，若有了恳亲、允亲、大签、分单、过继单、丧告等等，都要烦劳教师。就是不认识的人，也要托人见情。"② 甚至有的地方"把老师当作一个'无所不知，无所不能'的人。一个生字，一个帖子来问他，法律问题，政治问题，礼俗问题，乃至鬼神的有无，山川的变化，都说不定什么时候来请教"③。显然，乡民对教师的要求并不低，教师倘若不能应承这些，则会引起乡民的不满，他们很可能会在外面传说："这位先生念的书太胡闹啦！连个甚么贴都写不了！今年咱庄真倒霉呀！"④ 如果发生了这样的情况，就很容易影响到新教育在村落的推展。为了减少此类事情的发生，使师范生提早熟悉乡村中基本事务的应对，一些师范讲习所专门针对乡村的各种习俗编纂了教材。如山东省博山县立师范讲习所编辑了《应用杂组》一套，发给学生每人一份，以应酬社会的需要。该书内容包括婚、丧、嫁、娶、寿诞、乔迁、析产、过嗣、典卖文书、喜庆楹联、祭文讣告等，可说是包罗万象、应有尽有，时人把此书形象地描述为一个陪嫁的"针线筐箩"。

---

① 陶钝：《一个知识分子的自述》，山东人民出版社1998年版，第111—114页。
② 高新民：《在乡村教学要注意的几点》，《民众周刊》1933年第42期。
③ 容若：《为什么组织乡村教育通信研究会》，《民众周刊》1933年第42期。
④ 高新民：《在乡村教学要注意的几点》，《民众周刊》1933年第42期。

对此，也有很多学者给出了相应的建议。在学校方面，要以指导私塾并服务乡村为己任；在私塾方面，要以研究、改进为方针。徐阶平撰文说："学校里的教员要与教区内的塾师互相联络感情，每周至少要往私塾查看一次，相机指示改进的要点；学校施教区内的塾师，每周至少要往学校参观一次，并随时提出问题，互相商讨；学校内如举行各种社会活动时，须联合其施教区内之塾师及学生共同进行。"① 俞子夷在其撰写的《一个乡村小学教员的日记》中多次提到教师与塾师沟通、合作的事情，虽然文中所说之人是虚构而成，但事情确是真实存在。那是俞子夷考察乡村教育多年之后的总结，只不过他是用小说的形式展示现实问题，这样更为生动，更易于教师接受。

《聊城地区教育志》中曾记载新旧教育融合的情形，里面提到："齐姓村有公立高等小学，去年一月开办，学生四十人，乱后锐减，现仅二十人，皆寄宿。日纳米一升，另年纳学费十元。校就青云书院设立，其经费每村年出十元，合二百元。晤其教员彭姓，脑后尚累累垂辫。所命国文题为扬善论、管仲相桓公论、莲花比君子说。亦有铅笔画及豆细工。其一教员曾在某县习师范，当去岁初立，各村意兴甚高。私塾生亦来附习算术、体操，今无之矣。学生虽未尽脱私塾气，然见客则彬彬有礼。"② 当地，高等小学设立之初，使得各村意兴甚高。虽然这种好景象被战争破坏，并没有持续多久，但它为当时激进的乡村教育提供了缓冲，有效利用了新旧知识人的价值。

旧式知识人基本被儒学规范定型化，甚至还期待恢复旧有的社会秩序和生活节奏，是今人眼中较为特殊的阶层。千年绵延的传统教化具有一定的相似性或相同的基因，如果没有近代的巨变，旧知识阶层可以为任何朝代、任何统治者提供智力支持，需要他们做的就是不断复制圣贤教化和前人经验，但现实是残酷的。清末废除科举的做法被一些学者评为激进的、休克式的治疗方法，属于真正的洗心革面。不幸的是，这一自残式的改革留下了巨大的伤疤，原本可以为国效忠的

---

① 徐阶平：《对于改良私塾的几个问题》，《乡村教育》1937年第5期。
② 《黄炎培考察教育日记》（第一集），商务印书馆1914年版，第133—134页。

传统精英尤其是未取得功名的学人由于时间、知识、年龄等因素失去了获取新知识的机会,他们游离于新的知识体系之外,对社会转型的顺利进行构成了巨大的压力。

延续千年的知识体系与人生进路业已断绝,新的体系与路径在逐步构建,新式教育培养的专业教师开始出现。理想状态下,新的教育模式是充满希望的,新旧转变所造成的断层也不像鸿沟那样难以逾越,新旧知识人也会在不断地"竞合"中完成历史转变。如果没有列强的侵袭,或许可以在几十年后完成自然过渡。事与愿违,外来势力汹涌侵来,战火频频燃及家门、殃及国民。人们渴望的通过改革出现的新气象、生命力并没有如约到来,尤其是乡村更显寥落。这种情形也给乡村教师带来了沉重的包袱,因为他们不得不直面乡民,直面乡村生活。

### (三) 教师与乡民

一般而言,新式教育培养的乡村教师在知识、技术层面都应优于旧式文人并可以获得村民的理解与支持。事实并非如此简单,乡村生活依然遵循传统惯习,民众对乡村教师等新式知识分子有类似于传统士绅、塾师的期待。如若不然,他们则不信任或者不敢轻易信任这一新式知识群体。乡村教师在乡土社会,必然遭遇普通民众的知识想象与农村生活现实的挑战。

1. 庙堂与日用的知识想象

事实上,乡民对教育、教师的看法有着惊人的连续性,并不是随着朝代更替而有巨大改变。美国传教士明恩溥(Arthur H. Smith)曾专辟一章研究中国乡村学堂和教师。他认为当时的中国乡村非常喜爱教育,希望每个乡村都有自己的学堂,除非是村子太穷或者太小。[①]许烺光认为,传统教育目的是"以父母、祖父母,甚至远祖的模式来培养他们的后代,人们不让孩子自己发展,拥有各自独特的性格。他

---

① [美] 明恩溥:《中国的乡村生活》,陈午晴等译,时事出版社1998年版,第97页。

们关心的仅只是尽快使孩子成为符合传统规范的成人"[1]。传统社会的乡人对教育的真谛并不是很了解。认为学校教育主要为了"货与帝王家"或成为满腹经纶的"君子",至少要将学生变成尊礼守法的"我们"而非特立独行的"我"。

国人信仰知识的力量,如果不似"书中自有黄金屋"那般庸俗的话,至少他们在内心深处相信"贫人因书而富,富人因书而贵,贵人因书而守成"的逻辑。清人丁柔克在其《柳弧》中讲了一个乡农敬师的故事,大意是,安徽有一个农人,家境一般,为人老实、忠厚。一天,因为一些细节上的事情,被一个秀才打了一顿,还不敢还手。这位农人大惊失色。

>农人哭着问别人说:"他为什么能打我?"
>别人说:"因为那人是秀才。"
>农人问:"秀才为何物?"
>别人回答说:"秀才为科考功名中的第一步。"
>农人又问:"还有何物?"
>别人回答说:"还有举人、进士、翰林甚至状元。"
>农人问:"怎么能获得这个地位?"
>别人回答:"读书就能获得。"

农人无可奈何,没话可说,就回到家。回家就将自己的田地挖成一个大水池,在水池中间盖了两间屋,四周环水,只有一面用一活动的小桥搭着。农人不惜花重金延聘塾师教育自己的孩子,日夜都盼着自己的儿子得一个科名,都快得了心病。塾师的一言一动,一茶一饭,无不是自己谨慎办理。他每夜竖梯子上屋,揭开瓦看他的孩子。孩子要是在诵读经典,农人就高兴得不得了,如果他的儿子睡觉、嬉戏,农人就伤心,有时候竟然会失声痛哭,眼泪渐渐地往下落,有时候竟会落到儿子的头上。

---

[1] 许烺光:《祖荫下:中国乡村的亲属、性格与社会流动(修订版)》,王芃等译,南天书局2000年版,第176页。

一天塾师对学生说："你父亲对我极其礼貌，饮食也非常美味，就是每天的酒与饭肴不太热，为什么呢？"学生没说话。塾师以为路远，饭菜在半路上凉了，故而没有继续追问。三年后，才有人告诉塾师说："每当老师您吃饭时，每做一个菜，农人必供在家里神像、祖宗牌位前行三叩首之礼，然后品尝有无问题后才给送过来。"塾师听到之后非常惊讶。

又一天，伏暑酷热，老师午间忽然想起吃猪肝。赶巧的是，农人在晚饭时候就给准备好了，塾师吃的感觉很美。第二天塾师就起了疑问，此处距离县城那么远，而且天气那么酷热，在哪里弄到那么新鲜的猪肝呢？学生说："昨天老师您说完想吃猪肝后，我爹爹杀了自家一头九十余斤的猪，才取到的肝。"塾师惊讶地问："剩下的肉怎么办的？"学生说："吃了一小部分，剩下的都坏掉了。"塾师非常感动，于是教学上更为用心，竭尽全力。农人的孩子也很聪慧，不到几年就捷报频传，做到了知县职位。而那个殴打农人的秀才，那时候还在，但已经穷困潦倒不堪。①

传统中国，人们相信"朝为田舍郎，暮登天子堂"，这也是他们尊敬知识、尊重老师的一条缘由。乡村社会流传的乡村歌谣中有一些提到教育、教师，乡民多尊师重教。

**1. 送宝宝上学堂**

三斤糕，二斤糖，
送宝宝，上学堂，
学堂上了三年整，
一中中了状元郎，
先拜天，后拜地，
拜拜先生与师娘。

---

① （清）丁柔克：《柳弧》，中华书局2004年版，第42页。

## 2. 打发哥哥上学堂

月奶奶，明亮亮，
开开后门洗衣裳，
洗得白，浆得光，
打发哥哥上学堂，
读四书，念文章，
大旗插在我门上，
看看排场不排场。①

这两首歌谣中提到人们在送孩子上学堂之前还要准备一些礼物给老师，也有一些象征性的物品，如大枣、年糕、花生等，寓意步步高升、早日成才；学子在考中功名之后需要祭拜天地、跪拜师母。早年间，如果学子中了一定的功名，则可以在家中或宗祠门前插功名旗杆，以光耀门楣并为后世学子之范。毫不夸张地说，这种成就在当时几乎是一种奢想，是普通乡民、商人做梦都不敢想的。

也有研究者援引某地县志里的一个故事，说明乡人对旧知识人的敬仰。大意如下：二十年前（清朝末年）乡间弟子得一秀才，学子一到家乡，不但家人欢喜异常，就连他们村甚至邻村的人都很是欢欣鼓舞，出村好几里迎接。从此之后，乡里不论做什么事都要找秀才商议，并唯先生命是从。自从科举停考，没有了后来的功名（"功名"二字暗藏玄机，考取功名即暗示得到皇家赐予部分权力及威力的合法性）之人，乡人更将该秀才视若明珠，以为不可多得，比以前更加敬重他。② 晚于该秀才的新式知识人，自认所受乃新教育并期望可以与旧式文人相提并论，然而乡民对他们的敬重始终不如对老秀才那般。民国初立，多地还出现复科举的谣传，这与乡民对旧式知识人的美好想象不无关系。

---

① 王骧：《从乡村歌谣谈到乡村教育》，《乡村教育》1936 年第 2 期。
② 罗志田：《科举废除在乡村中的社会后果》，《中国社会科学》2006 年第 1 期。

●● 乡村教师生活的历史考察

正如英国传教士麦高温所说，中国人"明的是教条，暗的是规则"①。比如人们笃信教育，因为教育的重要性，所以总体上又尊重教师；但大多都不愿当教师，认为没有太大前途。不论是高官或是平民、富人或穷人，他们对教育的看法都是一致的。在旧日的中国，如果从没上过学，就意味着改善生活的最佳机会已离他而去，尽管经商可以赚钱过上富裕的生活，但这与充满魅力的贵族生活相隔万里。

读书除了可以"货与帝王家"之外，也有乡民将其作为生活日用的工具，并不奢求能取得功名、博得高位。陶钝回忆道："我因为和八大爷家丫弟（注：男孩用的女子称呼）感情好，多年一处玩，愿意他也识几个字，给他爹做小买卖记个账也好，所以我和八大爷说，让丫弟去上学。八大爷说'嘴都顾不上，哪里能拿出学钱来？'可是他又想自己是个睁眼瞎，做了半辈子小买卖，欠人家的，一个铜板也省不下，人家有账可查；人家欠自己的钱，人家若不认账，争不过人家。最后还是同意丫弟上学。"②旧时代家中有钱自然期望男孩子读书，考取功名或继承家业。一般家庭的男孩尚没有进学机会，女孩读书的现象更为少见。为了改变这种思维，早在清末国文教科书中就开始宣传女子读书的好处。其中有一篇文章叫作《女子宜读书》，内容如下：

> 郑氏之二子远处行贾，寓（寄）书其家，母不识字，启封瞠目不能读。急遣人招其戚，路远未遂至，焦灼甚欢，曰：不读书之害乃至是耶，吾身已矣，不可更误女也。遂命诸女入学堂。女夜归，互聚灯下诵习，母在旁听之。逾年稍稍识字，家书至，不烦人读矣。③

---

① [英]麦高温：《中国人生活的明与暗》，朱涛、倪静译，中华书局2006年版，第60—73页。
② 陶钝：《一个知识分子的自述》，山东人民出版社1998年版，第35页。
③ 庄俞编：《最新初等小学国文教科书》，商务印书馆1906年版，第45—46页。

## 第四章 乡村教师的社会生活

时人对读书的理解较为狭隘,但通过读书摆脱文盲状态并可以记事、算账已经算是当时乡村教育的美好愿景。如果能有更多的学子走出知识的匮乏与人生的困顿,那更是教育的最大理想。乡村教师张天讨曾说,1931年由朋友介绍,"我到一所乡村小学校里去教书。未到任前,我曾费点功夫把该校的来历情况调查一下。该校是由五千人的乡村合办的完全小学,有着每年两千元的固定经费,有几百名学生;校长是该乡乡长,校董半为农人半为商人。因为校长、校董都不懂什么是'教育',所以历来校务都是全由所请的教员负责。因为校长、校董以及学生父兄都是农人或小商人,所以他们的办学目的,只有一宗,便是要学生们读识几个字,将来能够回书、写帖、登记小账。所以平时学生只要肯天天到校,他们就认为绝对的满足,这一年所请的教员,便会得到极大的荣誉及信仰。至于他们的子弟虽肯天天到校,究竟有没有读书,读的什么书,那他们是不管也不能管的。学校是一个大乡村的公立学校,学校的经费是该乡各级祖先捐建,所以,凡是祖先捐过钱的,其子弟都可有免费上学的优待"[①]。一般做家长的以为孩子只要肯到校读书,读好或者读不好基本随他们性子,因为有相应的优惠条件,他们是不用缴纳学费的。

乡民的知识观总体上较为落后、迟滞,面对突如其来的变局一时难以变通,这便造成他们对新式教师群体的传统期待。村里的新式教师如果没有向那种期待转移,乡民则怀疑、拒斥或否定这一群体。曾有教师对此愤愤不平道:

> 乡下人的头脑太顽固了,对于新课程——尤其是体育,多有非议。一般小学教师们为势所迫,不得不讨好乡愚,有的于应有课程外,加授四书,千字文之类,或者简捷了当,除有国语一门敷衍教育局外,概授四书。一方面不使教育局问责,教育局发给的课程表仍照样贴出来;四书千字文并不列入课程表内,这样既

---

① 张天讨:《乡村小学教员底一年》,《教育论坛》1932年第6期。

## ●● 乡村教师生活的历史考察

免得教育局的质问,又迎合了乡民的心理。村里人在学校附近走的时候,听着里边高声朗诵;到学校里去的时候,看见个个学生呆若木鸡似的坐着,不言不动,便以为先生规矩严,功夫好。谈到学识能力,只要你能写各种条子和书契、帖束(写得对不对他们很少知道,只要先生大胆敢写就行)就是呱呱呱叫的好先生了!①

童荷生在其工作日记中记录了一位先生的话,大意是:"我们那里有一位老先生,他很幽默。他说:'你们先生到我们这里办学堂真辛苦,教我们这里大的小的,老年人和小孩子,什么人都教,这样一来,我们这地方的人,也开通的多了。你看现在很多的学生,脸上都搽了很厚的粉。嘴上还涂着红红的胭脂,袜子穿到大腿,穿着短短的裤子,短短的裙子,还有的穿着皮鞋。因为穿得这样,他们也不愿意赤脚了,更不愿意到田间去工作了。他们在家只要做着事,看见了先生,就溜去了。所以现在很多的人家,不敢让大一点的女儿到学校里来。'"② 教育家范源廉就道出了传统思维对新事物的拒斥,他深刻地指出新教育面临乡土适应困境的现实问题。他说:

> 后生小子,敬尚自由,倡言平等,于家庭主破坏,于学校起风潮,于社会为逾闲荡检、非道无法之举动,其祸视洪水猛兽为尤烈,是祸害之最大者也……今旷日持久学习普通,劳而寡获;故更有宁令子弟为工商店之学徒,操习一艺而自诩为得计者矣。青年之不入学校者,比比皆是。大抵父兄多怀此疑虑者也。③

香河县曾经流行一首民谣,也生动反映了民众对新学的看法:

---

① 许玉洲、王景志:《做乡村教师的困难》,《教育短波》1935 年第 24 期。
② 童荷生:《工作日记选录》,《乡村教育》1936 年第 2 期。
③ 范源廉:《说新教育之弊》,《中华教育界》1914 年第 5 期。

## 第四章 乡村教师的社会生活

大改良，上学堂，
坐轿车，学外洋，
行洋礼，开洋行，
不种田，怎养娘。

乡民对新知识、新教师的疑虑与拒斥是因其生活实际所困，他们没有及时看到新教育的效果，甚至担心自己的孩子会被带坏。当时，学生们都担负着不同程度的农事和家务劳动，家长希望自己的子弟通过学习更好地从事劳动或者能够找个好的营生。曾经亲自参与新学校创办并身为校董的一位老人都不放心新教育，他对教师说："裴三先生，要注意点啊！万不能把孩子培养成白手人啊！我们庄户人家的孩子，读书归读书，劳动可还得抓紧啊！"[①] 他们的担心是有理由的，当时生产力水平普遍不高，农民收入微薄。这微薄的收入也还是建立在大量劳动力的基础之上的，教育成本与时间成本若是过高必将使其难以承受。乡民对教育的实用性和时效性极为关注，这也迫使很多教师在学制、教学方面做出相应调整。一些读书人学了十多年仍无事可做，甚至有的终日周游茶肆、不务正业，这更令乡民感到紧张。

很多人依然保持着旧习惯，乡村民众的思想改变也较为微弱。传统的乡村教化强调灌输、识记，皓首穷经也可能是不求甚解，导致学习主体与学习文本之间缺乏对话、沟通的空间，压制了好奇、怀疑、求知的心理。平日里，家人、长辈亦是希望晚辈做到"墨守成规"，而非"离经叛道"，晚辈"打破砂锅问（纹）到底"的行为，也被认为是无理取闹，挑战权威，是令人厌恶的。除了文人墨客推崇的经典文本和国粹戏曲，布衣百姓则通过逢年过节、神佛寿辰或士绅豪贵庆祝而来的街头巷尾的表演进行学习、娱乐，甚至借此完成历史与道德训诫的部分任务。与之恰恰相反，新式教育的很多主张就是要解放思想、挑战权威、打破传统，教师若是如此教育必遭乡民反对。

---

① 《老解放区教育工作回忆录》，上海教育出版社1979年版，第197—198页。

乡村教师生活的历史考察

传统社会，宗族奖励其子弟从事以儒学为中心的读书仕进，不单单是培养子弟仕进做官以庇护、光大宗族，而且是为了巩固宗族制度；但在近代，宗族奖励其子弟学习以近代西方文化为中心的新学，培养的则是与传统家族文化格格不入的近代知识分子。这种新旧之间的差异或张力，决定了乡村教师在乡土适应方面必然面临重重困境。

2. 教师的乡土适应

进入共和时代，国家对乡村教师寄予厚望，期待他们能肩负乡村教育的使命。民国政府相继颁布《教育部整理教育方案草案》《师范教育令》《师范学校法》《小学教员薪水制度之原则》《教员服务奖励规则》等政令，对教师进行支持。教育界也开始重视乡村教育和乡村教师并对此进行了大量的研究与思考。

受乡村困境所逼迫，社会需要"全知全能"且能吃苦耐劳的乡村教师。陶行知曾经回信给欲离开清华大学而投靠乡村师范的操震球，表达"不禁喜出望外"之情。但也透露了乡村生活的极端困难，他在信中说：

> 您在清华学校好比是天上的天使，皇宫里的王爷，现在要发宏愿，放弃养尊处优，回到人间，过我们茅草屋的生活，这种"佛不入地狱，谁入地狱"的精神，简直要叫我们五体投地的钦佩。倘使全国少年的念头都转到各人应当走的路上去，地狱都可化成天堂，还怕中国不能兴盛！您既有这种宏愿，我就应当把各种的甘苦，明明白白地告诉了您，还希望您慎重考虑一番。再行决定。田家生活是要蛮干的，您愿意吗？您能赤脚在烂污泥里奔走吗？您不怕把雪白的脸晒得漆黑吗？您不怕软手上起硬皮吗？您不怕在风霜雨雪中做工吗？您不怕挑粪吗？您愿意和牛马鸡狗猪做朋友吗？[1]

---

[1] 《陶行知全集（第五卷）》，湖南教育出版社1985年版，第151页。

## 第四章 乡村教师的社会生活

这些问题是极为现实的，它并非青年的一腔热情所能解决，需要非常审慎地对待。黄卓甫也曾遇见类似的问题。他曾记载道，1930年4月24日，大堤旁边的农夫终于开口和他说话了。因为黄卓甫每天都去他家田里，观察茶叶树的生长情况。黄卓甫早就想和村民谈谈，但怕他们无礼且不接受这个"洋先生"，那样岂非自讨无趣。所以，他虽然几次要说，"终于咽住了"。那一次黄卓甫和他们谈了一个多小时，谈论天气条件与耕作的关系，谈论仪耘学校原来地主的情况。尤为让黄老师高兴的是，村人以前疑心他只会教洋书，交流后才发现，原来洋先生也是很和蔼而且深知农业知识和乡村事务。在交谈中，村民还追问学生都学一些什么，能不能写信、打算盘等问题，对新教师表现出了极大的好奇心。

仪耘小学开学一个半月，黄卓甫进行了一次全体测验。每个学生半根粉笔，在黑板上写下自己认识的字。总体来说，学生进步较快。他的好友说，近来社会上对黄卓甫的批评开始趋向好的方面了，但仍有很大一部分人说其"矫俗干名"（矫揉造作，故意违背世俗去获取名声之意）。黄卓甫也是大发感慨——"粗俗的人类，永远是残酷的呵！"或许这就是乡村教师不得不面临的现实困境，它有外部因素也有心理因素。教师许玉洲等形象地道出了其中的困难：

> 在乡村学校里，教师的名望和位置，是随着交际术和交际费而转移的；只要你手腕灵活，对于村中办学务的人，或有权威的人，在他们身上，多破费几元，他们不但能使你地位稳固，并且可于你应得的薪金之外，再加几元。至于教法和学问，倒是微末问题，或是根本不成问题。反之，即使你学问渊博教法优良而对这般人应付不好，不但对你的薪金故意长期拖欠，并且节外生枝的加以非难。
>
> 年来因为小学教师过剩，一般做教师的唯恐自己失业，不管教育局法定的薪金额数，不管对于同人有什么影响，自甘落价；有的竟落到全年三四十元的。虽是我们地方教育局规定：甲等年

薪百三十元；乙等百一十元；丙等九十元。但是他们可以先给校长写七十或八十元的空收据，再由校长呈报教育局一百三十元或一百一十元。结果一般的薪金低落了，不会逢迎的教师们仍是失业。

乡下人不明白为什么要办教育，而经济权却操之于他们的手里。就是遇到有点毅力的教师，要想认真办理，不但得不到同情，反而会得到薪金长期拖欠或办事掣肘结果。这种"费力不讨好的工作"，谁还愿意去干呢？①

乡村教师经常要面临各种挑战，他们的教育生活并不如设想得那般顺利，这也是期望与现实之间巨大张力的必然结果。新式学校是学习西方列强的产物，在相当一段时间内不被理解，时常遭到乡民的异样眼神。新教师无论是在知识传授、乡村生活还是薪资待遇上都不尽理想，又加剧了乡民的排斥。如何能取得教育上的效果并获得乡民的认可，不但是乡村教师自身知识水平的问题还是其处事艺术的结果。

传统乡民社会看似结构简单，相互关系却又极为复杂。乡村中大概可以分为六大对应等级：长辈与晚辈之间；男性与女性之间；老年人与年轻人之间；富人与穷人之间；大官与小官之间；官家学者与普通百姓文盲之间。当然，任何一个个体通常都同时拥有多重身份。例如，一个人可以是男性、辈分高、年长、富有，而另一个人可能是男性、辈分低、年长、贫穷。这些都需要教师熟知，并能轻松应对。有人在《河北霸县乡村小学教师生活写照》中分析了乡村教师的乡土适应问题。里面提到，在农村社会，封建思想残余严重，当一个乡村教师很难。如果不会装腔作势，不够一个"两面人"的资格，他们在对人对事上总会应酬不周到。

1930年4月6日，黄卓甫的老丈人许龙老翁过来参观学校。许老翁走进教室，看见墙壁四周挂满了名言、警句，非常称赞。老翁看见

---

① 许玉洲、王景志：《做乡村教师的困难》，《教育短波》1935年第24期。

其婿黄卓甫挂的示范字及其笔顺讲解，于是详细问了相关的教学方法，并大为赞许。说是听所未听、闻所未闻，非常新鲜，二人交谈大约一小时。许老翁随即离开学校，黄卓甫恭敬地送出。此时的社会相对平静，乡村中的这个季节亦是较为清闲，所以许老翁能有时间来校参观。老翁对女婿分组教学、因材施教的理念极为好奇也非常尊重。尤其是女婿写得一手好字，让其无比欣慰和自豪。在老翁看来，一个人的学问，或许就如写字一般，方方正正、规规矩矩而又有自己的想法。

1930年4月30日，黄卓甫又遇到新的问题。下午上课前，一位看上去七八十岁的老妇人大摇大摆地走进了教室并自我介绍一番。说她家就住在学校后面，彼此还算是邻居。老妇人来这里没有别的事情，因为村子附近没有会写"家信"的人，所以，村民就派她当代表（想必该老妇人在村里也是较有影响、口才极佳、能言善辩，或者还兼职当个媒婆之类），带了两个问题，问黄老师：（1）洋先生会不会写家信？（2）帮不帮别人写？黄卓甫左右为难。要是不写，又很难与乡村社会接近；要是写，假使他们随时有事过来，学校岂不是成了集市，乱糟糟。还有，一些年轻的妇女跑进跑出，难免招人非议，确实也不像样子。黄卓甫没有更好的办法，只好与老妇约好：（1）要在午饭后，上课前过来；（2）年轻妇女过来不给写，最好是老妇人替她们拿信到学校。老妇人听了这番话倒也满意。接着，这位老妇人又咕哝了几句。大意是，学校第二作业室的后面就是她家，房子后面不能开窗等。老妇人唠叨不完，黄卓甫只好吹笛上课，"才把这位特派员遣回"。

刚刚把老妇人送走，麻烦的事情又来了。上课排班的时候，有一位小学生举手。黄卓甫以为他要喝水或去厕所，便挥挥手让他去。但他却问：为什么年轻的妇女拿信来，不给写？这个问题难住了黄卓甫。他平时是鼓励学生们发问的，又不能不回答。黄卓甫只好应付了一句——"不便当"。学生又接着问为何不便当？黄卓甫实在找不到更合适的借口，正在发愁。恰在此时，值日生喊口号"一二三，进教室"。黄卓甫趁机转移话题,算是逃过这个问题。这一天,很多事情超乎黄卓甫想象,令其应接不暇。他需要思考如何应对乡民,如何完成新思想与旧观念之间的平衡,如何更好地完成对学生的启蒙。位列新教师的他依然有些保守、腼腆,仍然不知如何教育学生对待两性关系。黄卓甫不会处理这一问题,只得简单搪塞、回避。

为了解决学生的追问,黄卓甫写信给学校的赞助者(许恪士)求助。不久他就接到回信,信中如是答道:"年轻的女人,事情多,拿信来写,恐怕就耽误了她的工夫;老太太在家里横竖没事,由她拿来,岂不很好。"黄卓甫觉得这是极好的回答,认为以后类似的问题就应该从另一方面回答,不能死钻牛角尖。这种打太极似的回答,很得黄卓甫欢迎。可想而知,新的时代驱使他们解放思想、打破禁锢,但男女授受不亲等传统思维依旧根深蒂固,让他莫衷一是,不知如何抉择。这是那个时代的特殊性所致,也是新式教师的尴尬之处。

为了使得乡村教师等知识分子更加适应乡土生活、乡村教育,晏阳初认为知识分子应该生活在人民中间。为了真正知道农民,了解他们的"长处"和"短处",知识分子"不能像游客一样,走马观花,必须进入他们的生活圈子里,成为他们的邻居。从其所知的开始——绝大多数计划是从我们所知的开始,因为这样容易。要明白农民知道什么,不知什么,并从他们所知的开始"[1]。20世纪30年代,山东省教育厅厅长何思源认为乡村师范学校应该以培养乡村教师为首任,以"乡村化"和"生活化"为特点。[2] 他认为山东旧日师范毕业生多群集都市,不愿进村,毕业生虽然逐年增多,但乡村教师依旧匮乏,为此应在师范学校设置与乡村契合的科目,或在近于乡村的县、镇设简易师范学校,确保师范学校学生服务乡村社会并获得乡民的认可。

1934年,宋震寰在《新农村》杂志上刊发山西省乡村教育概况的调查结果,他们的调查显示,在37名乡民中,18人认为教师合格,19人认为不合格。不合格的看法,多因教师"能力薄弱"或者"程

---

[1] 《晏阳初全集(第二卷)》,湖南教育出版社1989年版,第471页。
[2] 《山东省政府教育厅视察教育报告(第二集)》,成章印务公司1931年版,弁言。

度平常";合格的看法多说教师吃苦耐劳,恪尽职守。① 这也可以看出,当时的教师有其历史局限性。或许村民较少在乎其知识水平,而可能更在乎这群教师是否用心教学,能否与村民融洽地相处。

曾有教师回忆,在教学方面,什么设计教学法、道尔顿制,虽然普通人不懂,但如果不做一点研究,肯定会被维新派批评。批评教员不按照启发式开展教学,完全用灌输式的教学法使得学生被动接受,以致机械记忆、呆若木鸡。教员如果完全实行新的教学法,守旧派又会骂这洋先生根底太浅,不会"四书""五经",净念臭白话。如果学校多添了几点钟的音乐、体育,老士绅准会骂教师,领着孩子,又唱了,又玩了,除去唱玩还能学到什么。表面上不是什么大事,但作为教员又不能不顾及。否则,无中生有的人会议论纷纷、谣言四起,连这没大油水的饭碗也要摔了……乡村的小学教员只会教功课,是难以行得通的。不然,他们连一个"土秀才"都比不上。教员除了应教的科目之外,对于应酬方面的"小玩意儿"也应当具备,这才能讨得别人的欢喜。教员至少应该会写"龙凤帖""嫁娶帖""田契"等。乡老认为这是居家处事之大事,人生应用的真才实学。如果教员对之没有相应的研究与造诣或者字写得不漂亮,肯定会被贬得体无完肤、一无是处。有时候,教员的自由活动也受到限制,需要处处谨慎。如果言语间透露狎僻或到校外散步,一定会得到"浮浪鬼"的讥谤,被认为没有资格做先生。

曾有人反问:"昔日的学校塾师,他的教学内容虽远逊于现在,而一个学塾实系一乡村的信仰中心。今日情形,又是如何?你们要如何保存你们教员的贵重人格?"② 虽然原因很多,但这与当时教员得过且过、甘居人下的心理不无关系。当教员的没有优良成绩与别人看,半新半旧,一面应酬公事,一面又要顺应旧俗。这种模棱主义,是永远不能恢复教员的信仰的。乡民很多时候也以较高的期待接受乡村里

---

① 宋震寰:《山西乡村教育状况之调查》,《新农村》1934 年第 13—14 期。
② 刘金钊:《乡村教员怎样应付时代与环境》,《光华大学》(半月刊) 1937 年第 7 期。

●● 乡村教师生活的历史考察

出现的新式教师,但教师们有时连个基本的毛笔字、帖子都写不好,深层的礼仪知识更是匮乏,这难免让民众失望。甚至有时候连学生都不信任自己的教师,一位教师曾说:

> 那个聪明的保弟,他只有七岁,他向我无意识的说了一句,"要到江湾去读书"的话,我听了有点难过,这虽是一句毫无意义的话,我临时(顿时)感觉很惭愧!后来我仔细一想,暗暗地使我发笑了!小小的孩子,三天认了七个字,便不情愿在我这里读书,这真是个井底蛙的见识啊!①

此外,教材浪费、版本乱、质量差等问题也引起了乡民的反感。民国初年,山西五台县一个乡民道出了对教材"乱换"的苦恼与不满。大意是:民国的书房,真是令人讨厌!娃们念的书,今年这个样子,明年那个样子,换教材倒是很热闹,就是没见几个念成功的;看看人家"前清"时候,哥哥念的书,弟弟还能念,就是爸爸念了儿子还能念,爷爷念了孙子还能念。这种现象不能说明乡民的看法是对的,但他们的心情是可以理解的,因为教材编制者没有顾及乡民贫困的生活现实。旧时物资匮乏,人们较为爱惜笔墨纸砚。爱惜字纸的乡民发现孩子没用完的作业被教师收走了也不发还,甚至作业本出现在烧饼铺,都被卖给铺子包烧饼用了,自然很是气愤,对新教育也就难有好感。

很多知识精英认为,乡村教师最接近农民,或许通过他们可以通往民族的内心深处,寻找乡村的出路,或者现代化的道路。他们认为首先要从教育好儿童入手,如此才能博得乡民的信赖,继而影响、教育乡民。辛祚义在给刘百川的另一封信中展现了对教师的积极看法,他认为:"教师的职业是要教儿童,儿童有天真的心,儿童有圆圆带笑的脸,儿童有活泼的身手,儿童有敏锐的头脑,儿童有纯洁的情

---

① 爱群:《乡村教育的实施:一位拿十元一月的教员的日记》,《明灯(上1921)》1933 年第 199—200 期。

感。我们终天和他在一起,唱歌、游戏,儿童快乐,我们当然也快乐。何以见得教师重要呢?因为儿童是社会上未来的主人翁,欲改良社会,自然要从教育儿童入手,怎能说教师不重要呢?"① 有教师在其《一个乡村小学教员的自述》中说:

> 我初在某乡村当教员的时候,被一般愚夫蔑视,路旁也常留着"洋书先生"的大名;所以不知不觉地生出一种扭捏的状态,其实我也不知他们是褒我的还是贬我的,过了数星期以后,外面伟大的言词,渐渐地传到我耳中来了。"什么洋书先生,只晓得快快跑马来了一类的话,对于三字经、百家姓、天地古今……的正书,反置之不读,真是很奇怪的啊。"我得了这消息以后,心想或者因教授法不良,才呈出这种现象来,以后还是循循善诱的猛进罢!但是虽经我十二分的自咎,而他们未尝给我一点原谅,贬我的声浪,反一天高似一天,后来请了许多的父老,并且稍清白与世事的,再经我十二分的解释,我这耳朵里才慢慢地忘丢了那贬我的声音;但是我可以想他们还是说的,不过相戒不入我的耳中罢了。而最使我感觉的地方,就是相信总理"行易知难"的学说了。②

另有教师倾诉,自己的生活清苦、待遇低微不算,还时常遭遇家长的误解。他说:

> 小学教员是清而且苦的职业,报章和杂志上常常有发表着教师们的满肚子的牢骚,"待遇的低微啊!""工作的劳苦啊!"这更是时常可以听得的,我也是小学教员,我也来说几乎关于我们的话:我有一次责罚了一个越轨举动的学生,他的家长竟偕了三四个会说话的人,向我大兴问罪之师,有理也不容申辩;他们那

---

① 刘百川:《一个小学校长的日记》,华文出版社2012年版,第42—43页。
② 蜀庐:《一个乡村小学教员的自述》,《湖南教育》1929年第3期。

●● 乡村教师生活的历史考察

种汹汹之势，几乎把我吓坏了。

有些不明白的家长，只以为子弟的留级，是一件羞耻的事情；他们不问子弟的程度如何，也不鼓励子弟用功，挽着这个来说情，那个来打招呼，校长因了地位和环境的关系，终于做好好先生，不料教员们便受苦了，程度高下不齐，难教的很。

有些家长，因为不是知识阶级，所以一开口不是骂人，就是打架，一天到晚地来告状，把教员们常常弄得头晕脑胀。①

普通的乡民显然不如放眼世界的新人物一般开化，村民对乡村教师的印象并不甚好，将他们称作洋教师、洋教员或者将其与塾师一样看待。教师徐钧"在上课时间，用做教学的方法，但于各科目，都要提出问题来讨论，使学生得到实际智识。而 A 村居民，最先都看不起他，号称洋先生，曾受村里民众几番轻视和侮辱"②。随着学生的进步，他们都渐渐地佩服了教师徐钧，路上遇见他，都表示十分恭敬。村民还常拿些鹅卵和鲜鱼馈送给徐钧，他每次推辞不过，都只好收下。从此以后，徐钧又慢慢办了一个民众学校，把不识字的人民都集拢起来。没用几个月，他们都认识些字，并且能够应用。

可以看出，与乡民之间形成融洽的关系并不困难，只要教师真心地关心学生、热爱教育，终会得到乡民认可。署名"爱群"的教师曾说：

今天到的比较迟些，但是，学生却一个也没有来，我将课室的桌凳收拾妥当，他们才陆续地来到，我便照着原来的方法去授课，后来他们要做游戏，我便教他们捉迷藏，济济跄跄的学生家长，都是兴致勃勃地在这里呆望，有的肩着田间的工作器具，有的背上扛着笨重的物件，看得几乎不肯走开了。

---

① 蓓蕾：《小学教员的自述》，《特写》1936 年第 2 期。
② 徐钧：《一个小学教员的生活写真》，《地方教育》1932 年第 33 期。

## 第四章　乡村教师的社会生活

写在黑板上的字，他们认识了，马上指到树上的文字又不认识了。我和他们非常的客气，学生看着我走开一步，马上就跟上来。天气很热的时候，他们的衣服要脱掉，放学的时候，又要一个个地替他们穿上，他们的家长，看了我的勤恳度，大家很感激地说：先生很会做保姆哩。

我把这一群孩子放过以后，看了一点教材，吃饭的时间已经到了！但是我还不觉得饿，于是跑到本村的前后转了一转，正预备出去吃饭，汤嫂子拿了一碗热腾腾的馄饨放在我的柜子上，我再三推辞不过。我看她这般的肫挚，便有些却之不恭了。

今天一早我到达江湾的时候，太阳刚出来，农人的生活当然和我一样的早起，这时他们已经在田里车水了！我看了满天的朝霞和他们工作慰快的情形！真使我美满极了！他们看我很早走近他们的跟前，一个个地向我欣笑着亲热得什么似地说：你比我们还早啊！虹口到这里十几里哩！你的心真热啊！

这所因陋就简的学校，它的房屋和组织虽不完备，我相信它有一种特别的精神——和农人做朋友的精神。现在农友们对我渐渐地起了信仰，吃午饭的时候，他们叫我即刻搬下乡来，免得天天跑许多路，委实他们看我走路有些跛的样子……乡下人以为我不能过惯他们的生活，麦米饭恐我吃不来，我买点米，并在他们锅里一同烧，起初，他们把我的大米烧在锅子里一角，吃饭的时候，我跟他们说：如果以后再把我的米放在一边，以后我也不要来吃了，我因为想吃麦米饭，所以才放到你们锅里烧。麦米饭并不难吃，我吃了觉得清香，无论如何，它总要比饭馆里半生半熟的大米饭好吃得多，既是好吃，当然我要多吃了。

我刚要去休息（午休）的当儿，谢先生来了！我就和他到田里去看看，他同我讲预备买一头牛交给农户喂养，将来如果不幸地死了！就算我们自己倒霉；假使它长大了能卖钱的话，那么，我们和农户平分；我想这是一件极公平的事情，他们不过代我管理罢了……

●● 乡村教师生活的历史考察

  我的脚有点痛,我疑惑是路走多了的现象,并不把它当着一回事;后来把鞋子脱下看究竟,在脚底上发现了一个红肿的大泡。但我虽是吃苦,总不觉得,因为我的精神饱满,所以仍是照常地工作……

  我第一夜睡在这里(农村),没有蚊帐,上半夜因为有蚊虫响,还不觉得吃苦,在清晨的三点钟以后,蚊子特别的多,我当然只能听它们嗡嗡的声音,这东西可恼!我想它和日本人一样的坏,它不但来侵袭我们,这要用破喉的声音喊着大陆政策实现,使我们的东方睡狮几乎要大吼了!蚊子又何尝不是如此,它们不但吸取我们人类的血,这要大声鸣金开道地使你不安,因为你慢慢地吸收我们的血,或许我们人类本着人道,只管自己熟睡地任其所为。渺小的蚊虫呵!你也想戴着天皇的冠冕吗?你也要挂起帝国主义法西斯的头衔吗?……

  许多有作为的自强者,他们忍苦耐劳地洗衣烧饭,我看过这样的好榜样,万分的惶愧!我从今天起,也要自己烧饭吃,别人做给我吃,心里很难过,所以我清晨起来到江湾去买米,回来再收拾学校。天要黑的晨光,我到江湾去买点小菜吃夜饭,临到我刚要举箸的当儿,保弟的母亲担了两碗面来,使我应接不暇,我说,我剩下的饭不吃,明天定会坏。她提去了,放在锅里炒一下子,因为炒过的饭可以隔夜……①

  如此看,乡民并非无理由地敌视教师,这与教师的后天行为不无关系。同样,乡村教师周庆浩对乡民的种种要求亦较为理解,因为这首先可以促进自身能力的提升,也是教学进步、学术提升的一个动力。他同时认为,20世纪是充满竞争的,一个优胜劣汰的时代,是属于进化论的。假如教师们依然昧于世界大势不知进取,难免成为落伍者。尤其是乡村教师为人师表,更需要时时学习,适应社会发展,适

---

① 爱群:《乡村教育的实施:一位拿十元一月的教员的日记》,《明灯(上1921)》1933年第199—200期。

## 第四章　乡村教师的社会生活

应儿童需要。周庆浩如是说：

> 好在天性驽钝的我，虽然没有什么特长，没有什么成就；却能在幼年就养成一种刻苦而永久的进修傻气；一直到现在仍是时时在求知，颇有手不释卷的精神。无论教务怎样的匆劳，天气怎样的严寒，怎样的酷暑，每天总要抽空阅点书，再练习三五十分钟的书法。
>
> 我好练习书法，固然由于爱美癖的冲动，又因做乡村教师是常要应酬社会的，什么对联呀，屏幛呀……这些东西是常要有乡民求写的吧，并且一般乡民是最爱讲究字的好坏，假如你写的字很糟，便要因此失了信仰，影响你教学的效率，这未免太可惜了！所以我因为爱美，得乡民的信仰的冲动，对书法曾下过一番真切的研究，对于小篆、汉碑、魏碑，都会很真切地摹过。虽然在盛夏酷暑逼人汗珠儿在身上直流的当儿，也要写上一百四十个拳头般大的字，五年来从没有间断过。虽然天资驽钝，没有能写得很出色，却已能博得一般乡民热烈的欢迎，因此教学得了很大的顺利。
>
> 我每遇到他们问到些事时，总是很高兴地、很详细地向他们解释一番，使他们得到一个明了；不过从没有涉及过"谑浪笑傲""言不及义"的不正当话。有时听到他们说："啊，学校是清静地方，无事不可随便来！"我便随即答道："喂！不要紧的，你们只管来，我是很欢迎的！"遂又把"学校即社会"的意思给他们解释一番。有时他们拿着一封信（也许是对联或婚丧幛子），和颜怡色面带恳求地说："嗳，老师！我又要麻烦你啦！求你给我念念信，再给我写封吧！"我也就毫不迟疑地给他念一遍，恐怕他听不懂，便再向他解释一次，当把信给他写完时，他又要很不过意地说些道谢的话；我总要这样地答道："不要紧的，那不值什么，没有人给您写，您不求我求谁？"有时我在课后因往外送学生，也许信步到庄前去散步，在田里工作的农友们见了我，

## ●● 乡村教师生活的历史考察

  总要很恭敬而和悦地和我谈几句话。于是我就乘机给他们谈些换种、选种、分别肥料……的好处。
  当我初到程家海小学时,附近几个村的人常要发出反对学校,恭维私塾的话,后来经我渐渐开导的结果;现下已都变作信仰学校,痛恶私塾;很踊跃地把他们的孩子送到学校里来,并能把女孩也送来上学。因此本校学生至拥挤得容不下,假如在前二年,你和他们的女孩上学,无疑地,他们一定是不许的,或竟把你议论或诟誉个不成样子啊![1]

  周庆浩回忆他作为乡村教师的生活时也在感慨,因为他初任程家海小学教师时遭到乡民的误解,甚至批评、讽刺。幸好,他拥有扎实的功底并在教育学生和服务乡民中得到认可,否则其生活将如他所说"不成样子"。

  传统中国的乡民视野相对封闭,行为较为保守,尽管身处民国时代,但很多旧习俗、坏毛病依旧。如王拱璧先生年轻时被迫与一名叫屈堤的乡村农家女子结婚,他对她缠足又无文化极为不满,结婚时还反对封建礼教和旧规陋俗。结婚三天,王拱璧就让夫人放足、读书,乡人都说他"疯了""吃洋药了"。没想到,他婚后在家住半年,开设"书报阅览室",宣传革命思想;他夫人组织"天足会",进行革命宣传活动,逐渐得到乡民认可。

  时代与战争毫无疑问地剧烈刺激着乡民的神经,改变了民众的生活,也打破了很多惯例,但很多人传统观念依然根深蒂固,甚至有人想方设法回到过去。这也使得乡村推行的新式教育并非完全西化,整体而言是中西杂糅的。即便如此,它与传统乡村社会仍存在着一定的隔膜。教师很难把握乡民的复杂心态,更奢谈理想与现实的"同一性"。其实,不论何种知识人以何种姿态参与乡村教育事业,必不轻松,只不过乡村教师作为新兴群体遭遇了时代巨变、国家自强、乡村

---

[1] 周庆浩:《乡村教师的生活》,《民众周刊》1934 年第 36 期。

惯习的多重考验。也就是说，只有当教师的作为取得一定效果或在传统生活中不亚于旧知识人，他们才能取得乡民认可甚至可能在某些方面主导乡村生活。

## 二　社会活动

乡村学校、乡村教师的特殊称谓也暗示他们的生活方式与乡土生活保持极大的牵连。绝大多数的乡村教师家里本就有农牧渔林之活，他们也在假期、课余、闲暇从事生产劳动。乡村教师作为乡村的知识分子、文化人，在"耕了自家地"的同时还被寄予厚望，农人期待他们能在乡村生活中做出贡献。作为新式知识阶层，上层权力阶层还期望他们在乡村改造、乡村建设中发挥作用。

### （一）传播实用知识

在乡村，教师具有一定的文化基础，知识水平高于乡民，其被寄予的希望也是极大的。曾有人结合国家、乡村实际撰写《理想中之乡村学校教员》一文，表达了他们对乡村教师的期冀。文中说：

>　　农界占人民之主要分子，而乡村学校之良否，全视教授法为转移，故不辞固陋，而有所献议。师范学校之设农业课程，原为造就乡村学校教员。计以常理论之，曾攻农学之师范生，毕业后宜可胜任，抑不然旧师范学校之农业课程，其为简略，简略则心得有限。一旦寄以协助改良农业之责任，鲜有不临时困难者。
>　　农村教员之职务，除担任课务外，如学生之庭园，当地之事业，亦当四处巡视，以资联络。此虽有试验场主管，而宣传之机关，以乡村小学为第一重要。况局部问题，常与农业有关，就得解决。无不有待于乡村小学教员之协助。此乡村小学教员，所以不能限于教授，当从农学历练，以赴其鹄的也。夫学理与经验不

### ●● 乡村教师生活的历史考察

容偏颇，校内虽曾有实习，然时间短促，经验有限，毕业后能否在乡村小学胜任，余不能无疑。

乡校与农学有密切之关系，而农学重实验，其他地方无优于试验场。场中品物既多，方法亦备。苟能躬亲其间，较诸得自教科书及教坛黑板中者，其利益更大。故余主张，欲改良农业之师范生，当在试验场服务一年以上。应注意调查，如：搜罗栽培方法；考察土质状况；研究农家性情；物色优良种子；熟识农村组织；视察地理及交通状况；考察农业及其他项实业。①

乡村教师久住乡下甚或本就生长于乡土社会，可以直接接触到乡民，也懂得乡民思维，了解民间疾苦，在传播知识时可以更加务实且有的放矢。很多乡村教师理解这一现实，也做得较为出色。周庆浩就将学生工作与家长沟通结合起来，彼此较为融洽，使得学生工作与乡村融合相得益彰。他说：

> 除民众夜班外，我每年是要定期开一次恳亲会和成绩展览会的，这在训育学生上固然能收获很大的效果；在接触村民上也是很好的机会，可以趁此向一般村民作有系统的谈话，使他们明了学校与家庭的关系；使他们渐知亲近学校，再则平日遇着学生有特殊情形的，就把他的家长请到学校里来，做个个别谈话，一方面可以趁此解决发生的问题；一方面又可以多些接触村民的机会，随便给他们谈谈。
>
> 在一般农民喝了汤时（此地人吃晚饭叫做喝汤），常有三五人衔着烟袋到学里来和我攀谈，常信口问我：×××那个学生念书怎样？学里作某种事是什么意思？现下时局怎样啦？×××要人怎样啦？②

---

① 原颂周：《理想中之乡村学校教员》，《教育与职业》1924年第38期。
② 周庆浩：《乡村教师的生活》，《民众周刊》1934年第36期。

## 第四章 乡村教师的社会生活

中国的教育受欧美实用主义影响,并逐渐在乡村教育中有所体现。也有部分知识人进入乡村传播新文化、新知识。署名"爱群"的教师说:

> 我甘愿到乡村中去工作,这原是受了良心的驱使,由工作的一方面去求实际的经验。现在我们因陋就简地开始工作,暂时觅一椽房子,试办一所乡村小学,作普及平民教育的初步。换句话说:要改造乡村,先决的条件就是普及平民教育。房子有了着落,我立刻要替学校定一个名称……叫"农民生活教育社"来代替学校。由本社附设成年补习,幼稚等班。我并且写了许多标语,预备张贴在本村附近的墙壁上,我们的标语是:
>
> 农友们!请你们到"农民生活教育社"里来,我们诚恳的教你们读书做人。
>
> 农友们!"农民生活教育社"能使你们的生活改进,也能使你们的精神慰快!
>
> 农友们!田园是你们劳作的地方,"农民生活教育社"是你们安息和娱乐的地方。
>
> 农友们!你们觉不得不识字的痛苦吗?请到"农民生活教育社"里来!
>
> 农友们!你们在操劳过度的时候,感觉得烦闷吗?请到"农民生活教育社"里来,这里是你们的安乐之窝,快些加入吧!
>
> "农民生活教育社"是专为农友办的不收费的学校。
>
> 不识字的农友们!请到"农民生活教育社"里来,有唱歌,有游戏,也有种种的娱乐![①]

该教师在邻居赠了几张桌椅之后就开始了自己的教学,时人较为好奇,经常在路过学校时扛着锄头等农具围观。随着时间的推移,学

---

① 爱群:《乡村教育的实施:一位拿十元一月的教员的日记》,《明灯(上1921)》1933年第199—200期。

生慢慢有了进步,农民逐渐对教师尊敬起来并接受新的农业知识,甚至让其去自家吃饭。另如,坐落于南京燕子矶山下的一所乡村小学,有校长兼教员一名,乡校主任一名,乡专科教员两名,助教员一名。他们在上课之余还传播农业知识、组织村民大会、进行教育实验等。在他们的教学计划中还穿插许多社会活动,主要包括:开办民众夜校;举办民众同乐会;建立中心茶园;开展通俗演讲;发行壁报;建设燕子矶社会改造委员会;进行农业改良协助;代办推行各大学(培育的)良好种子;唤醒其他乡民对农事副业之重视等。① 具体事宜及安排见表4-1。

表4-1仅仅列举了该校的部分校历。由是可知,他们的生活比较开放,形式多样。事实也是如此,该校是在清末慈仁小学基础上改造而成,师生们又将学校旁边的关帝庙第三进正屋三间,厢房三间,以及第四进三间和厢房,先后改为学生教室。砌墙、粉刷、木工等活,全是师生自己动手。当时,学校的器具十分简陋而且不全,校长基本上将自己家中能派上用场的东西都拿到了学校。校长和他的夫人每天早晨起来扫地、擦桌,并带领学生开辟林场,使原本光秃秃的燕子矶绿树成荫。他们在乡村事务和农业种植方面的作用也较为突出,逐渐获得村民的认可与称赞。

乡村教师除了学校里的本职工作外,还可能参与乡农学校、民众夜校、农暇识字班等,教授村民实用知识。林静轩回忆了乡农学校的点滴以及教师在里面的工作情形:当时"课堂教育是比较少的,每周两次,每次一小时。朝会、晚会多是校长、教育主任、军事主任、班长训话。训话内容谈国难、国耻、社会前途、纪律检查和工作布置等。课堂教育由教育主任任志杰承担,三间南屋作教室,内有课桌、课凳。有一本较薄的课本,已记不清名称。任志杰是一位艰苦朴素而又有真才实学的人,我常看到他自己洗缝衣服,记得他讲过三民主义(民主、民权、民生);还讲过民生中的'平均地权,节制资本'。除

---

① 李云杭:《教育调查:南京燕子矶实验小学》,《湖南教育》1930年第17期。

表 4－1　　　　　　　　　南京燕子矶实验小学生活历（部分）

| 2月19日 | 星期二 | 学期运行大纲 | 7日 | 星期日 | 消防演习 |
|---|---|---|---|---|---|
| 20日 | 星期三 | 新生点名 | 8日 | 星期一 | 好学生常务会 |
| 21日 | 星期四 | 审定购买何种书籍 | 10日 | 星期三 | 清洁运动 |
| 22日 | 星期五 | 修理校舍添置校具 | 13日 | 星期六 | 预备恳亲会 |
| 23日 | 星期六 | 制表、统计簿 | 14日 | 星期日 | 举行恳亲会 |
| 24日 | 星期日 | 整理寝室 | 15日 | 星期一 | 大扫除 |
| 25日 | 星期一 | 预备开学手续 | 17日 | 星期三 | 作文比赛 |
| 26日 | 星期二 | 考试新生 | 18日 | 星期四 | 党童子军野外露宿 |
| 27日 | 星期三 | 开学 | 20日 | 星期六 | 大龄学生粉饰墙壁 |
| 28日 | 星期四 | 分配同人事务 | 21日 | 星期日 | 各级装潢教室 |
| 3月1日 | 星期五 | 定日课表 | 22日 | 星期一 | 教务会议 |
| 2日 | 星期六 | 编制新生学级 | 25日 | 星期四 | 演讲比赛 |
| 3日 | 星期日 | 不休，训练新生 | 26日 | 星期五 | 扫街运动 |
| 4日 | 星期一 | 正式上课 | 5月3日 | 星期五 | 演讲济南惨案 |
| 5日 | 星期二 | 勤务分组 | 6日 | 星期一 | 研究会 |
| 6日 | 星期三 | 选举新村学员 | 8日 | 星期三 | 国耻纪念化装演讲 |
| 7日 | 星期四 | 教务会议 | 9日 | 星期四 | 乡村国耻运动游行 |
| 8日 | 星期五 | 筹备村民大会 | 15日 | 星期三 | 国语竞赛会 |
| 9日 | 星期六 | 村民大会 | 17日 | 星期五 | 减蚊驱蝇运动 |
| 10日 | 星期日 | 小商店股东会 | 29日 | 星期三 | 取消不平等条约运动 |
| 11日 | 星期一 | 第二批新生入学 | 30日 | 星期四 | 五卅惨案纪念 |
| 12日 | 星期二 | 小商店进货及营养 | 6月1日 | 星期六 | 奖励不缺席学生 |
| 13日 | 星期三 | 购买树苗 | 5日 | 星期三 | 低年级故事演讲 |
| 14日 | 星期四 | 筹备同乐会 | 6日 | 星期四 | 高年级故事演讲 |
| 15日 | 星期五 | 举行同乐会 | 11日 | 星期二 | 竞渡比赛 |
| 16日 | 星期六 | 移植幼苗布置校园 | 14日 | 星期五 | 插班生考试 |
| 20日 | 星期三 | 小农场作业 | 19日 | 星期三 | 关帝圣诞游艺会 |
| 23日 | 星期六 | 研究会 | 24日 | 星期一 | 各科成绩展览 |
| 24日 | 星期日 | 校外卫生运动 | 7月8日 | 星期一 | 各级各科测验 |
| 25日 | 星期一 | 村政会议 | 10日 | 星期三 | 好学生各科比赛 |
| 27日 | 星期三 | 写字比赛 | 18日 | 星期四 | 继续各科未了工作 |
| 29日 | 星期五 | 远足旅行 | 20日 | 星期六 | 级任评定儿童操行 |
| 30日 | 星期六 | 月终统计 | 22日 | 星期一 | 结束统计各科成绩 |
| 4月1日 | 星期一 | 布置植树节会场 | 25日 | 星期四 | 举行学期休业仪式 |
| 2日 | 星期二 | 春假同乐会 | 27日 | 星期六 | 举行师生同乐会 |
| 4日 | 星期四 | 植树比赛 | 30日 | 星期二 | 组织暑期读书会 |
| 5日 | 星期五 | 举行植树节典礼 | 31日 | 星期三 | 不停课，儿童补习 |

●● 乡村教师生活的历史考察

给我们讲这些外，还教我们文化。教过珠算，他的珠算打得非常好，打法是'大把抓'，每个指头都用劲。开方很快，不像我们边打边想"①。

在滕县文史资料中记载有羊庄区乡农学校学员上课受训的大致情形：上午一节"学"课，然后两节"术"课……《农民识字课本》内容为邻里和睦、尊老爱幼、团结合作、打击坏人、保护民众、破除迷信、讲究卫生、早婚有害、禁止赌博、禁止吸毒贩毒等。《明耻教战教材》的主要内容是宣传人人皆兵、村村为营、救亡图存、反对侵略、保家卫国等。② 对于这类事情，有教师如此记述道：

> 我们学校所在地，正是"蚕县改良区"，政府为了奖励养蚕，改良蚕县派了"指导员"到乡间来，指导农家养蚕。我们的学校照例有二三个指导员来寄住。这样，指导员的介绍，我更认识农村生活，接近了农民。后来，蚕期过了，指导员借学校的教室，办农民夜校。这时，我便毛遂自荐义务去担任常识科教师。在指导育蚕常识之外，我便讲社会常识，我大半是讲时事，国际形势，记得有一次，一个农人问："茧子价钱为什么一年一年低落？"由这个问题，我讲到中国是次殖民地（半殖民地）。次殖民地的经济完全操在帝国主义手里。次殖民地的工、农、商业完全被帝国主义压迫着。再讲到帝国主义为什么要向外侵略和×××（指日本）侵略东三省，这样一直谈到十一点钟多，我讲得太兴奋了，忘了白天所积下来的疲倦；他们也听得太兴奋了，忘了第二天清早要工作，应当早点去睡。临走时他们要求我此后多讲这些事。有的说："千里之外的外国佬，同我们在乡下角落里的老百姓，还有这样的大道理。真是想不到的！"那晚上，我睡得特别好，因为我做了一件满意的事。③

---

① 《汶上文史资料》（第三辑），山东出版总社济宁分社1988年版，第76—81页。
② 《滕县文史资料》（第三辑），滕州政协文史资料委员会，1987年，第140页。
③ 晓（笔名）：《从生活中去学习》，《妇女生活》1937年第12期。

辛苦的教学之外，有些教师要身兼多职，如开办民众夜校、识字班、村务会等。他们宣传新知识、新品种，对当地村民的生活产生了一定影响。

### （二）参与乡村建设

20世纪30年代初，多地政府表示支持乡村建设运动。山东省则较为积极并建立了很多试验区，并建议师范生接受乡建训练以服务乡村。薛海云曾在《在济宁"乡村服务人员训练处"的回忆》中提到，当时，他已是设在滋阳（今兖州）的山东省立第四乡村师范学校四年级的学生，不出意外的话，毕业之后就要去当乡村教师。一天，校长赵德柔将他们两班即将毕业的学生集合在操场上，宣布了上级要求师范应届毕业生去接受"乡建训练"的指示，并讲了与此有关的事情。听完讲话后大家都很高兴，因为不用经过会考就可以毕业了，受训后薪水还要优厚。

之后的日子里，他们滋阳四乡师的八十名应届毕业生，打包行李，按时赴济宁潘家大楼"乡村服务人员训练处"签到报名。当时"训练处"的名称是"山东省八校师范生乡村服务人员训练处"。他们到那里之后有一个月，才将之改名为"山东省乡村服务人员训练处"。不久，临沂、惠民、济南、平原、聊城等八校师范的受训人员就齐聚济宁，共有六百余人，全是男生。当时，"训练处"将受训学生打破校籍，混合编为六个大队，每个大队下设三个分队，然后，分别安置在济宁潘家花园、潘家大楼东院、玉露庵、长清观内，食宿、膳食费全部由公家供给。他说：

> 那时，训练处处长由"山东省第一区行政督察专员公署"的专员梁仲华兼任，教育长陈亚山，主任讲师梁漱溟，军事主任周效颐（此人是孙桐萱所辖第二十师的团长）。分队长、大队长皆由孙桐萱二十师派来的班排长担任。同时，每个大队还安排了一名"班主任"，负责管理学员的日常生活与思想教育。集训期间

的课程安排是：上午三个小时集体听课，下午三个小时军事训练，后期还经常搞夜间紧急集合。

每星期一上午是"总理纪念周"，学员受训内容与上述有所不同。大致情况是：全体受训人员齐集潘家大楼席棚内，肃静地站在孙中山总理遗像前，由教育长陈亚山带领大家行三鞠躬礼，接着领读《总理遗嘱》。然后，陈亚山先生向我们做"明耻教战"方面的讲演。陈亚山系山东郓城人，北大毕业生，当时山东教育界的知名人士。那时他四十多岁，讲话口齿清楚流利。他讲演的内容大意是：东三省已经沦陷，华北处于险境，整个中华民族面临危机；我们要从乡村建设入手，人人皆兵，村村皆营，"国家兴亡，匹夫有责"，打败日本侵略者，建立一个国富民强的国家。

此外，负责我们那个队的"班主任"老师，也常给我们作一些有关国内外形势的时事讲话教育。

每天早饭后全体受训人员齐集潘家大楼院内。当时那儿有用苇席搭的一个起脊大棚，里面宽敞明亮，放有三百多条长木凳。因此，不论晴天、阴天、刮风下雨，六百多受训人员都可照常在席棚里上课听讲。上课内容主要是听取梁漱溟老师的"乡建"理论。当时，他讲授的题目是"中国民族自救运动之最后觉悟"，其重点大意是：中国是一个"伦理本位，职业分途"的社会，虽有大贫小贫之分，但可上下流转相通。俗话说："朝为田舍郎，暮登天子堂""有三家富亲戚不算穷，有三家穷亲戚不算富"。因此，中国社会没有隔绝的两个阶级，不存在阶级分野，没有革命的对象，无须搞什么阶级斗争。因此，中国走西洋的道路走不通，走苏俄的道路也走不通，只有走乡村建设的道路才能挽大厦之将倾，才能使之富强起来。

那时梁漱溟先生四十多岁，中等身材，穿戴朴素，神采奕奕，戴一副近视镜，颇有大学教授风度。讲课不看讲稿，侃侃而谈，声音洪亮，而且是一口标准的北京话。三个多小时的课程，

第四章 乡村教师的社会生活

中间只有十五分钟的休息。其才华实令我辈钦佩。当时课堂秩序很好，大家都能用心听讲，遵守纪律。梁先生在课堂上从没有给我们布置过作业，没举行过书面考试，课下也不组织讨论。在我们去实习前夕，训练处给每人发了一本梁漱溟署名的《中国民族自救运动之最后觉悟》的铅版书。

嗣后，由乡长按地亩多少，在本乡选拔了四十名十八至二十五岁的青年，到设在薛家海村的"黄家乡村学校"受训。学生的课程安排是：上午听课，下午军训。每天上午由我或刘汉杰向学生讲授"乡村建设理论"，"训练处"编发的《时事讲话教材》和《识字课本》上的内容。其基本内容是：互助合作，患难相恤，破除迷信，讲究卫生，勤劳俭朴，尊老爱幼，邻里和睦，反对婚姻陋习，禁止妇女缠足，禁止赌博吸毒，要改良农业，要建设好农村，抗日救亡，保家卫国等。有时也向受训人员教授国语拼音等文化知识。

当年农历十一月底，我们实习期满。回到济宁后，全体受训人员在潘家大楼院内席棚里举行结业典礼。此后，我们六百余名受训学生都分派到各乡农学校任职去了。我被分派到滕县羊庄区乡农学校（四个月之后升为）当校长。①

他在另一篇文章里继续回忆到滕县的生活状况，他说：

1936年农历十二月我在"山东省乡村服务人员训练处"受训期满后被分配到滕县乡农学校任职。拿到委任状（委任状上写着：兹奉委任薛海云到羊庄区乡农学校任教育主任）后，我花钱雇了一头小毛驴驮着书籍、衣服等赶赴羊庄。到达学校后，该校校长曾置办丰盛的筵席，召集所辖各乡乡长及乡农学校教职人员共十五六名，为我接风洗尘，以示欢迎……校长月薪35元；教

---

① 《兖州文史资料（第三辑）》，兖州政协文史资料委员会1987年版。

育主任负责协助校长视导全区的教育、军训工作，月薪 30 元；指导员负责向受训学员讲授《农民识字课本》《明耻教战教材》上的内容，月薪 25 元；事务员负责教职员工的工资、伙食等庶务，月薪 25 元；军事教练负责受训学员的军训工作，月薪 20 元；军事班长月薪 12 元，炊事员，月薪 9 元。起初在该校任教育主任，四个月后升任校长。①

抗日战争爆发前的十年，文教事业发展迅速。据统计，与之相关的团体达 600 多个，创建试验区 1000 多个。抗战爆发，相关试验区被迫停止，部分地区的乡村建设又于抗战后期开始复苏。② 其中很多知识人深入乡村，一定程度上影响了乡村教育。黄炎培曾回忆这期间的乡村改进工作，他曾两次去江苏昆山徐公桥，并装作不认识此地，问村里老妇人，新年为什么演戏？对方答道："乡村改进会不许大家新年赌钱，所以请大家看戏……他们不赌钱，他们是做好事，劝大家做好人。"③

罗卓如、别廷芳在《内乡县建设工作报告》里提到乡村教育是乡村建设的重点，它要教育人产生建设乡村的力量而不是装潢门面，并创办"宛西乡师"。乡村小学内设"民众学校"，壮丁都要进去学习一段时间（总计六个月），民校教师兼队长，校长兼联队副队长，使之产生师生关系。先期要培训教师、校长如何耕种，农忙时由教师、校长指导农民耕种。乡村小学的教师有自治事业指导之责、农业森林指导之责、假期或课余负一切词查之责、办平民夜校之责，学校附苗圃、农场、手工料，以厉行政教合一之主张等。第三次乡村建设会议中提到"小学教师应具有此种共同的信念：不但要教育好儿童并兼及儿童之父母亲属，更应谋社会之改进，各种重要教育事业之实验"。

---

① 《滕县文史资料》（第三辑），滕州政协文史资料委员会 1987 年版，第 138—139 页。

② 《关于培养训练与教育小学教员的指示》，山东省档案馆，1942 - 03 - 27，档号：G004 - 01 - 0014 - 018。

③ 黄炎培：《八十年来》，文史资料出版社 1982 年版，第 81 页。

## 第四章　乡村教师的社会生活

还有:"以一教师改进一村为准,但人非万能,应设立农村中心小学校补救,设教师数人,以辅导农村学校。此项不必订有硬性奖惩章程,应任其自由发展,如定硬性章程,一则不易公平,再则必引入错误之境。小学教师从事推广工作应注意一切事业自己完全处于领导地位,把民众组织起来。"[①] 该报告对乡村教师极为认可,也对其寄予厚望。

陈大白等在洛阳实验报告中指出:"乡村学校是乡村建设之中心,乡村教师是乡村学校里的灵魂,有了好教师即有好学校与好学生,有了好学校方能建设好的乡村……民众基础教育的有效与否,全赖乡村教师之品性与知能……原有塾师大都头脑冬烘,常识缺乏,实难克尽厥职(职守),若悉予取缔,则际此农村破产师资缺乏之时,事实上固不可能。根据社会实际情形,不得不就原有师资加以训练,充实其基本知识,改良其教育方法……凡推广区之教师,均强迫受训……训练课程注重基本知识之充实与乡村建设能力之培养;科目为教育概论、社会常识、自然常识与算数等……考试及格者准予毕业并由洛阳县政府发给毕业证书准予永远执教。"[②] 在这方面,共产党人领导下的敌后政权做得较为出色,很好地发挥了乡村教师的优势。有人回忆道:

> 群众在庄户学中交流生产经验,教师也在授课时作生产知识的介绍。不少教师原来对于农业生产是完全外行的,这时也随着农民一起荷锄下田、携斧上山了,有的教师还学会了改良鸡窝、防治猪瘟的本事。石门洞村的一位年轻女教师过去是五谷不分、草苗莫辨,后来不仅学会了几样庄户活,还对子种棉技术作了一番比较认真的钻研。回到校里,她专门讲了两课种棉方法,群众

---

[①] 章元善、许仕廉编:《民国业书(第四编,乡村建设实验第三集)》,生活书店1936年版,第40—41页。
[②] 章元善、许仕廉编:《民国业书(第四编,乡村建设实验第三集)》,生活书店1936年版,第404—405页。

反映说:"前两年这位老师给我们上课,总是用那些小孩子念的书,什么'大狗叫,小猫跳'听起来叫人烦死了。现在她也能讲讲'种地瓜,植棉花',这才算对了咱们庄户人家的胃口。"还有一次,区里开教师会议,教师们背着粪筐从各村一路拾粪而来,开会的时候,会议室外摆满了粪筐粪叉。过路的农民见了,感叹地说:"在早这些老师见了粪堆就捏着鼻子,绕着路走,哪会像现在这样粪筐不离身的?见到这外面的粪筐,就知道他们在里面谈的一定是离不开咱们庄稼活的事。"通过生产劳动,教师与群众的关系更为密切,相互间也更为了解和信任了。群众开始亲昵地称呼教师为"我们的庄户老师"。①

对于乡建者来说,怀有热情是好事而且是必要的,"但只有热情,只不过是狂慕,并无实际的意义。除非学者和科学家对乡村建设认真而艰苦地进行研究,和有系统地对行政和技术人员进行培训,那么,现在席卷全国的乡建运动,必将和过去许多次运动一样,注定要化为乌有"②。时任邹平实验县县长徐树人也回忆了相关细节。他回忆道:

> 我参加梁漱溟所倡导的乡村建设运动,是一九三三年至一九三八年。我在山东乡村建设研究院担任试验区主任兼邹平实验县县长,先后六年,中间曾一度请病假在研究院任秘书,病愈又回任邹平实验县县长,到日寇侵入山东,邹平沦陷为止。
> 　　记得我曾向梁漱溟提出过这样的问题:"乡村运动为什么一定要在山东搞?为什么同一些意趣并不一致的人一起搞呢?我对乡村建设前途有怀疑!"梁漱溟答复我说:"除了山东之外还有什么地方允许我们这样搞呢?原来意趣不一致的,到事实面前可能渐渐一致,原来意趣一致的,遇到事实又可能不一致,天下事只可能因形式造形势,一处打钟多处应,虽然我们在此地搞,我们

---

① 《老解放区教育工作回忆录》,上海教育出版社1979年版,第80页。
② 《晏阳初全集》(第一卷),湖南教育出版社1989年版,第284页。

的目光却不限于一时一地,事实上经济问题、政治问题、农民问题,又哪能在一时一地得到解决的呢?"我听了这些话,觉得也只好这样搞下去。①

乡村问题的紧迫性与现实性也催促上层知识精英反思自身的行为。晏阳初曾说:"我们不愿安居太师椅上,空作误民的计划,才到农民生活里去找问题,去解决问题,抛下东洋眼镜、西洋眼镜、都市眼镜,换上一副农夫眼镜。换句话说,我们欲'化农民',我们须先'农民化'。可是'农民化'至不容易。必须先明了农民生活的一切。我们正努力在农村作学徒。"②他还说,一种人虽有知有识,但处在社会的上层,远离劳苦大众,不了解广大人民的疾苦,更看不到人民身上的潜在力量,这种人也是"瞎子",是"民盲"。③为此很多知识精英下乡,与当地政府、学校、教师联合进行乡村建设实验。徐宝谦在《全国乡村建设运动之现状与问题》一文中也谈道:

> 我国举办学校教育,已数十年。知识分子,虽多数来自田间,然学成后肯回乡服务者实居极少数,此我国教育制度之大病也。今年以来,知识分子,始稍稍转移其视线于乡村运动,所谓"到民间去"实极有希望之社会运动。然因我国历来传统教育制度,对于农村需要,向少注意,故学校毕业生,往往不能吃苦耐劳,且缺乏农村建设之专门技术与行政能力。结果,知识分子之肯下乡工作及下乡能继续持久者,仍居少数,以后各地从事乡村工作人员,咸感人才缺乏,故此后训练人才之工作,实据首要地位。④

---

① 《山东文史资料》(第二辑),山东人民出版社1982年版,第50—52页。
② 《晏阳初全集》(第一卷),湖南教育出版社1989年版,第221页。
③ 《晏阳初全集》(第二卷),湖南教育出版社1989年版,第558页。
④ 章元善、许仕廉编:《民国业书》(第四编,乡村建设实验第二集),中华书局1935年版,第429页。

晏阳初曾经清醒地认识到新式知识分子对乡村认识的匮乏。他指出，作为有文化的人，他们对乡村民众知之甚少，而且有轻视村民的倾向。通过识字工作和村民接触，让这群知识人学会了认识生活的现实，也发现了村民的巨大潜力，使得他们确信帮助农民充分发展其各种能力是极有价值的。这要求知识分子深入民众的生活，找到他们的长处、强项，把这种优势一直延续下去。还要找到其中的短板，帮农民在短期内解决，或逐渐摆脱困境，让他们焕然一新。

乡村建设任重道远，一时一地的辛苦无法换来乡建的胜利。这又如晏阳初坚持的，乡村建设不是救济而是开发，它会在潜移默化中影响民众。"因而有些事情一定要依靠人民去办。但是，如果我们让这个钟摆，摆得过了头，事事都要人民去办，办法要人民出，头儿要人民去带，那么就没有什么事情需要我们做了，我们到乡下来也就毫无意义了……'中庸'既不完全替代，也不完全依靠，而是一道去做……我们强调了不仅要向人民学习，而且要同人民一起设计，这就是一道的意思。"[①] 乡村建设运动随着抗日战争的爆发而偃旗息鼓，陷入低潮。这一历史事实让我们充分地认识到，唯有民主政治的实施和强大的经济保障才可能为国民提供更为优质的教育条件。此外，我们需要学习先进的教育思想，同时也应该尽力避免过度的教化欲望及其建构的图景带来的负面影响。

### （三）投身社会革命

社会动乱不堪，地方势力割据、外国势力霸占等使得教师的社会活动被寄予厚望。甘豫源认为乡村教师要改良生产，领导地方事业，要说得出做得出，"能说能做、虚心探讨、大度包容。乡村教师的使命，一是教育儿童，二是改进社会；乡村教师的修养，一是充实的知识，二要有精熟的教学技能，三要有高尚的人格，四要有勤劳的身手，五要有领导社会的本领"[②]。这为实践或彰显乡村教师的知识素养

---

① 《晏阳初全集》（第二卷），湖南教育出版社1989年版，第417页。
② 甘豫源：《乡村教育》，中华书局1936年版，第30—47页。

## 第四章　乡村教师的社会生活

做了更高、更细的要求。乡村教师无法超脱时代的磨难，很多教师的生活被战乱、外侮与革命牵连进去，他们在学校教学、日常生活中接受思想训练、政治教育甚至参与革命事业。

薛海云回忆他们在接受乡村建设训练之余还必须参加相应的军事训练。

每天中午饭后的军事训练是以大队为单位，各自在驻地附近找场地进行。当时，我所在的大队住济宁城北长清观，离潘家大楼约三华里。我们就经常在其附近树林里（因时值盛夏）雅致场园地里开展军训。当时，训练处给我们每人发了一支汉阳造步枪，没有子弹。枪的来源大概是"专员公署保安司令部"拨发的。军事训练的科目要求是以步兵操典为标准，首先进行步伐、队列训练，以分队、大队为单位，有时也进行单兵训练，内容是立正、稍息、各种步法、转法和队形变换，要求准确、整齐。然后是持枪的基本训练，刺杀的基本训练，要求掌握规定的各种刺杀术，动作要准确、迅速、有力。再者，规定受训人员学会全套"小红拳"，要求路数熟练、架势正确、动作利落有力。同时，还进行敌火力下匍匐前进的训练。

后期，还多次举行夜间紧急集合，以训练大家在特别情况下的应急能力。当时这项训练要求很严格，一声哨响，大家迅速起床，要穿戴整齐，系好风纪扣，打好绑腿，肩背步枪，在指定的时间内赶到指定地点集合。队伍集合后，各分队长要向大队长汇报人数。大队长对各分队检查后，发布简短有力的口令，并亲自带领全队人员进行夜行军训练。那时，在这项训练活动中，常有人因思想紧张手忙脚乱，出现差错，而受到训斥。每天下午的军训课由张永祥负责。受训学生没有枪，因此就采取徒手训练。主要内容是：步法、转法、队形变换及小红拳等。[①]

---

① 《兖州文史资料》（第三辑），兖州政协文史资料委员会1987年版。

这种训练使得教师更为积极、自信地投身于社会活动之中,尤其是为乡村教师在抗日战争年代的英勇表现打下了基础。当时,"沦陷区"的教师时常遭受日伪政权奴化教育,在教学内容上受到严格控制,但仍有一些教师敢于反抗,宣传革命思想,进行抗争。

以山东为例,1937年12月23日,日军第10师团和118旅团兵分两路强渡黄河并于四日后占领济南继而攻占泰安,韩复榘10万大军退避鲁南。不足三月,山东已基本沦陷。日军除了用军事武力进行摧残之外,还借用日伪军、伪政权进行奴化统治和奴性教育。除了少数迁往内地的机关、学校,大部分的机构无法转移,相应的文化事业遭受重创。日伪及其特务几乎无孔不入,有些教员或是因为吟诵了几首诗或是唱歌就被人诬告有反日倾向,被捕入狱,备受折磨。在青岛,日军(海军控制)成立伪政权——青岛特别公署。其教育局内专设调查股和指导官,对学校、教师进行严密监控。甚至有宪兵队无故闯入教师家中搜查书信等事件发生,很多教师遭受酷刑和折磨。

日军占领山东后,建立所谓的山东省公署,其各级行政机构也随之建立。伪山东省教育厅厅长认为教育是一切建设的基础,教育是推进政治的工具,政治又是事实教育的力量。这一理论依附于日军的统治思路,并与对沦陷区的人民大众实施奴化、归附教育相一致。日伪政权各机构行政长官等正职由我们所说的"汉奸"担任,日本人担任副职,但显而易见,大权掌握在日本人手中,任何会议、命令皆需要经过日本人的同意。尤其是一些重要行政机构中,都安插了日本人进行监督。如督学室在当时是控制教员较为重要的一个科室,里面重要职位由日本人掌握。该科室主要负责学校职员指导及监督、教材审查及改进、教职员成绩考查、学生成绩考查、日语奖励及普及等事项。一些留守的教师不得不正面这一现实,部分教师开始响应共产党的号召秘密组织"救国会"[①] 等,或明或暗地与敌伪政权斗争。

日军侵华方针之一就是"欲先征服中国,必先征服中华民族的心

---

① 《山东省各县小学教员救国会组织章程》,山东省档案馆,1942年,档号:G004 - 01 - 0014 - 005。

理"，消除排日情绪，使沦陷区的民众成为"顺民"。日伪政权自成立起就在教育领域确定了"亲日""反共"等教育方针。如袁静波曾回忆日伪道尹王绍武入职情形。张贴出大红就职告示后，全体欢迎人员齐集后院楼前听新道尹训话。训词的大意是：

> 本人接篆兖济道尹之职，仍秉承特务机关林部长之指示，遵循"友邦"中日亲善之主旨，在剿共灭党、勤俭建国的原则下，共同努力，建设"大东亚共存共荣"的新秩序。内政方面，一本华北政务委员会王委员长、山东省唐省长多年来勤政爱民之初衷，追随程前道尹，巩固既定之业迹，萧规曹随，一如既往，谋求全道区民众的共同幸福。署内一切人事基本不变，希望大家各安岗位，尽忠职守为盼。①

伪华北政权建立后，在政治上成立防共亲日政权，经济上以建立"日""满""华"不可分离的关系为目标，通过宣传教育以及结合封建伦理灌输亲日思想，淡化民族意识，打压抗日行为。伪临时政府教育部在1938年4月15日训令所辖各省市教育厅、教育局。训令中提到对党化、排日之教育应严加取缔，重新对各学校的教职员进行思想训练等。山东伪政权自然不遗余力推行奴化教育政策，对教师进行训练。如伪山东省公署公布的"山东省教育主旨"为："山东为孔孟桑梓之邦，文化发祥之地，圣经贤传，历代所宗。凡我同胞应恪遵力行，敬祖先，孝父母，尊师长，友兄弟，信朋友，和乡里，尚勤俭，重道义，刻苦耐劳，锻炼体魄，博学深思，促进科学技术，勇于负责，严守纪律，知行合一，自强不息，爱国家，爱东亚，精诚团结，共进大同。"上述条目貌似美满，实则用封建旧礼束缚、误导大众，培养"顺民"。

根据伪公署的教育主旨，部分县市所谓的新民会也制定了相应的

---

① 《兖州文史资料》（第三辑），兖州政协文史资料委员会1987年版。

纲领，如伪泰安市制定的纲领就有弘扬东亚文化，建立兴亚基础；恢复固有道德，养成健全国民；提倡团结互助，扩大兴亚力量；实行亲仁善邻，共奠东亚和平；注重普及日语，沟通中日文化；消灭共产主义，铲除兴亚障碍；宣扬孔孟思想，大兴王道主义等内容。① 日伪政权较为注意小学教员的思想倾向，重视对中小学教师的控制和训练，防止教师进行抗日宣传。他们增加教育局职员薪资并收买一些上层知识分子，对教师进行各种奴化训练和引诱，强迫、威胁、利诱校长监督、约束小学教员。其间，设立了很多教员讲习所，对教师进行规训，甚至实行连坐法，以此控制教师的思想和行为。考试的必备课程是"新民主义"，达到要求的教员必须拥护"兴亚灭共"的宗旨，凡违背者不得录用，录用后有违反者或不执行者，一律辞退。"精神训练"和思想灌输是日伪政权对教师训练的重要手段，目的是让教师成为其奴化教育的忠实执行者。

为了抵抗日军侵略，国民政府与共产党领导的敌后抗日政权也在教育、培养、发动乡村教师，使其参与敌后教育，宣传、领导革命。当时乡村学校师资匮乏，乡村教师文化程度参差不齐，很多教师仅仅是粗通文字，认识几个字而已，教学效果参差不齐。为此，国民政府和共产党人分别举办了相应的小学教师培训班，研究小学复式教学法、启发式教学法等，引导教师阅读报纸、杂志，并进行相应党义教育。"他们在日伪统治地区发展地方士绅、教师、校长作为地下党员或者动员党员任教。"② 共产党人还适时进行革命宣传并在日伪统治力量薄弱的地方积极设立抗日小学等。

除了抗击日本侵略之外，一些乡村教师还参与反对封建迷信的运动，后期还领导土地革命等。在学界，已有很多学者注意到这一现象，乡村教师作为革命的播火者并不少见。中共早期青年运动领导人

---

① 宋锡超：《日伪占领泰安市推行奴化教育的概况》，泰山区文史资料第四辑1992年版，第102页。

② 《关于优待参加抗战工作之士绅名宿及特殊技术人才的通知》，山东省档案馆，1941-03-24，档号：G004-01-0013-021。

恽代英对如何做教师进行了阐述。他在《中国青年》上撰文认为，新时代的教师必须同时是一个革命活动家。教师要吃饭就得靠学术，但要明白学术和教育并不是救国的学术。教师要解决自己和别人的吃饭问题，就"非加入救国运动不可"。每个教师先要在思想上懂得救国道理，要懂得国情和如何救国。如果有了改造社会的决心，再抽时间"多读有关社会改造的书报"，其效益是远胜"洋八股"教育的。教师还要把改造社会付诸行动，这是更重要的。要多注意社会事业和成人教育，这比"儿童教育十倍重要"，可以组织阅报社、讲演团、农人团体、农村生活调查、平民补习学校等。通过这些教育形式，"告诉这些人，现在国家的政治经济状况，本地生活变迁的原因，改良本地生活的方法。使我们能在革命的场合中，统率那一个地方的人口教师最好能参加'革命的党'，并介绍别人加入"[1]，使教师成为一个全国的大军队的侦察队。

在苏区或抗日根据地，共产党人选择教师的标准较为统一。刘得志在《晋州市教育志》中说："抗日战争、解放战争时期，大量吸收农村知识分子参加教育工作。抗日根据地小学和解放战争时期的小学教师来源为：原任教师志愿接受共产党的领导、愿为抗日和解放全中国培养下一代者继续就职，以在乡的高中、初中、高小毕业生和晋县师范培训班毕业生补充缺员。1939年冬，实行普及初小义务教育，教师统一调配（日伪统治区教师由伪政权管理）。"[2] 抗日根据地的教师亦称教员，实行民主推选和聘任制。一是聘任曾在战前教过书的教员；二是选拔旧学堂、塾馆毕业的"在乡"知识分子。1942年公布之《晋冀鲁豫边区小学教员服务暂行条例》规定："凡年满十八岁之公民，不分党派，只要赞成抗日，赞成民主，经检验合格并具下列资格之一者，均得为小学教员。"[3]

---

[1] 恽代英：《怎样做小学教师》，《中国青年》1924年第20期。
[2] 刘得志：《晋州市教育志》，河北人民出版社2001年版，第193页。
[3] 刘九龙、韩平：《聊城地区教育志》，聊城地区教育局，内部印行，1989年，第41—42页。

在老解放区，共产党人组织文教研究会等对教师进行思想教育，并取得了很好效果。曾有人专门撰文回忆这一事件。当时文教研究会的学习内容主要有两个：一个是时事政治学习；另一个是业务学习。而时事政治学习要占全部学习时间的3/4，因为当时主要是要求提高教师对政治形势的认识，从而提高思想水平，在这一基础上检查工作、交流经验。旧中国半封建半殖民地的教育给予知识分子的影响很深，经过斗争环境的锻炼和党的政治影响，教师们的思想起了一定的变化。孙达伍在《盐城教育工作的片段回忆》中说道：

> 由于（盐城县）当时行政机构不健全，群众还没有充分地发动起来，我们对于各地的教育情况还来不及了解，因此，中小学的教学内容和教学方法仍和国民党时代一样，抗日民主教育并没有实施。很多教师对于新民主主义教育还抱着不正确的态度：有的清高自傲，不肯出山；有的心怀成见，跑到顽区；有的贪图大米（当时教师工资是以大米计算的），只为自己打算；有的自办学社，不受领导；有的以办补习团为名，进行破坏根据地的宣传活动；也有的办私人学塾，只收亲友和自己的子弟入学。许多私立中学的校董会，则以两面派的手法对付我们，一面在教师中推选一个比较进步的人做校长，跟我们虚与委蛇；一面仍派旧校长向国民党韩德勤的教育厅联系。
>
> 针对这种情况，我们的对策是争取教师，团结教师和地方知识青年，并组织教师训练班，派工作组深入到各个中学的学生中去，动员教育界进步人士参加抗日民主政权工作。首先，在1940年底，利用寒假在张庄举办了一个教师训练班，通过这个训练班，启发教师对新民主主义教育的认识，使之了解和靠近我们。这个训练班的组织领导分大队、中队、分队、小组，课程设置有新民主主义论、抗日民主政权、人生观等，教学方法采取报告、讨论、单元小结等方法，讲师由抗大、鲁艺和盐城县的负责同志担任。学习时间一个月，参加学习的中小学教师有七百多人。在

短短的一个月中,许多教师的思想水平确实有了不少的提高。这个训练班举办的时间虽短,却是在当时的历史条件下,奠定了盐城专区开展新民主主义教育的初基,壮大了新民主主义教育工作者的阵容,很多在训练班学习过的老同志,迄今印象很深,称道不已。继训练班胜利结束以后,广大教师学生异常活跃,都建立了自己的组织。如中学教师建立了中学教师救国会,小学教师建立了小学教师救国会,中小学学生建立了学生救国会、儿童团。抗日救亡的烈火燃烧起来了。从此,盐城抗日民主教育转向活跃,开始形成了一个生气勃勃的新局面。①

也有人记录了共产党人思想改造不成功的案例,有人回忆说:"对知识分子的团结、教育、改造工作,我们虽然尽心力而为之,但也并非全能。在当时特定的历史条件下,曾有个别教师死心塌地地坚持原来的反党反人民的立场,一直顽固不化。怎样也团结不了,教育改造无效。某某竟敢在课堂上明目张胆地歌颂蒋介石统治区,攻击丑化我们的解放区和土改政策。经查实,为慎重计,如实报告上级党组织,根据上级指示,严肃进行了批判,上级党组织并派人参加,后果仍不理想,后由省调离一师,到干校去学习。"② 总体上,共产党人的努力是有成效的,他们在敌后实施新民主主义教育,发扬民众抗战精神,粉碎日伪的奴化教育,也为后来的解放战争打下了坚实基础。身处激荡的变革年代,乡村教师群体经历复杂、遭遇磨难,亦有突出贡献。

## 三 社 会 形 象

新旧更替中,乡村教师面临文化转型与自身职业形塑,这一过程

---

① 《老解放区教育工作回忆录》,上海教育出版社1979年版,第26—27页。
② 《菏泽文史资料》(第三辑),山东人民出版社1991年版,第61页。

必然遭遇诸多误解与困惑,对其影响深刻。乡村教师的角色定位与自我认同出现混乱,社会地位有所下滑,乡民对该群体的认知亦是有褒有贬,如以"文化人""知识人""洋书先生""教书匠""孩子王""叫咕咕"等称谓冠之。甚至会有人用极端的口吻调侃教师。如果一个人很长时间没有露面,不知去向,那么会有人说:"他不是死了,就是去教书了。"当然,也有值得欣慰之处,乡村教师肩负着国家富强与民族复兴的梦想,最终为乡村教育的延续、发展以及新式教育的渗透做出了重要贡献。尤其是在艰苦条件下该群体所体现的家国情怀、心系桑梓和忠于职守令人敬佩,这群小人物铸就了属于他们的时代印象,也成就了他们的人生情怀。

### (一)家国情怀

教师面临乡村现实的挑战,也遭遇知识论、方法论困窘的制约,虽出现了一定的转变,却仍然无法改变自身社会地位下滑的事实。乡村教师这一群体的组成是复杂的,但他们也给人一定的刻板印象或者集体形象,从简单的形象描述过渡到文化层面的探索,这暗示该群体的形象开始定型、固化。也有一部分教师在普通、乏味甚至卑微的生活中还完成了超越,超越了个人、时代的局限性。

理解教师不能脱离其历史属性而存在。在人们的印象中,古代教师或者知识分子的形象是高大的,他们"先天下之忧而忧",甚至敢为天下之师表。从古代启蒙者的形象到当代专业人的现状几经过渡,其中最剧烈的变化要属近代以来的转变。清末民国废科举兴学堂,使教师开始向专业化方向发展,这也意味着知识人"道统"和"学统"的逐渐分离,他们曾经上通下达、启蒙学生、教化民众的全能力量开始下降,尤其是其社会功能的下滑拉动其社会地位不断滑坡。钱穆曾经回忆早年间乡人对他老师的尊敬:

> 荡口虽系远离县城四十里外一小镇,其时居民之生活水准知识程度亦不低。然其对果育诸师长皆备加敬礼。不仅有子弟在学

## 第四章 乡村教师的社会生活

校之家庭为然,即全镇人莫不然。因其时科举初废,学校初兴,旧俗对私塾老师皆知敬礼,今谓新学校尤高过旧私塾,故对诸师敬礼特有加。倩朔师在最后一年,亦赴苏州城一中学兼课,每周往返。当其归舟在镇南端新桥进口,到黄石衖停泊,几驶过全镇。是日下午四五时,镇人沿岸观视,俨如神仙之自天而降。其相重视有如此。国人率谓工商社会必胜过农业社会,然今日农村及僻远小市镇之小学教师姑不论,即在商业都市中,小学教师能遭此异遇者有几。宜乎位为小学教师者皆自菲薄,不安于位,求去如弗及也。[1]

但这也不是绝对的,因为社会还流传"家有三斗粮,不当孩子王""穷不习武,富不教书"的说法。也就是说,读书有可能获得权力和地位,乡民尊重、羡慕这种可能性,如果读书人没有获得相应地位,而不得不去教书。

现代意义上乡村的教师开始代替塾师、士绅的知识传播功能,逐步成为乡村知识者的代表。多数乡村学校的日常教学与管理工作是由乡村教师来维持,甚至很多学校靠仅有的一名教师维系。乡村教师肩负的责任重大,却在为人师表、教书育人等方面遭遇种种困难。1921年5月出版的《益都县师范讲习所校友会齿录》序言中有这么一段:"诸君学师而来,毕所学而去,师之道思过半矣。顾所贵乎师者,先职责而后技术。人以子弟属我,国以民托我,成败贤愚、功过伊谁?大匠诲人不能以规矩,是谓乏术;仅能以规矩,是谓塞责。乏术者滥、塞责者过。此为师之所难也。"[2] 较为恰当地反映了教师群体专业能力与道德修养的低下。

民国政府一系列的律法中也体现了国家对教师的尊重,如《教育部整理教育方案草案》里面提到小学教师的重要性:"盖国民教育,

---

[1] 《钱宾四先生全集》(51),联经出版社1998年版,第44—45页。
[2] 许庆如:《变革与传承:近代山东乡村教育研究(1901—1937)》,博士学位论文,华东师范大学,2012年。

●● 乡村教师生活的历史考察

小学教员尸（执掌）之，实无异一国命脉操于小学教员之手；论者谓将士牺牲生命以捍卫国家，教员牺牲精神以教育国民，语其功效无可轩轾。"① 尽管律法中体现了国家对教师的尊重，但这不能等同于教师对传统精英地位的继承，尊师重教的风气日渐衰败。1927年后，国民党推行"党化教育"，强迫教员入党，不许集会结社，不允言论自由，驱使教员监视学生。军阀割据时期，战乱不已，教师经济待遇、社会地位每况愈下。曾有人作打油诗，如是自嘲：

### 穷教员

（一）

穷教员，号先生，
入课堂，执教鞭，
上完课，拉胡弦。
唱唱歌，吟诗篇，
逢假日，乐无边，
或游水，或玩山，
兴所至，叉几圈。
中发白，大三元，
东风东，又几番，
到结局，钱输完，
回家睡，睡如仙。

（二）

穷教员，号先生，
名称好，生活难，
一月薪，百几元。
除伙食，扣月捐，
月底算，几十元，

---

① 《中华民国教育法规选编（1912—1949）》，江苏教育出版社1990年版，第12页。

## 第四章 乡村教师的社会生活

拿回家,苦难言。
养妻子,靠此钱,
老妻说,难难难。
穷教员,不值钱,
嘱儿孙,嘱后代,
再教书,王八蛋。①

四川内江市东兴区教育局记录了一位乡村教师的口述,口述人1947年在简易师范毕业之后被安排到了一所小学,该地文教科以黄米加现金来替代工资。现金从法币到金圆券,由于货币贬值,现金几乎没有意义。文教科有田产,租给农民种,让他们这些教师去收租抵薪水。他说:

> 有一次,我跑了几趟路,磨破嘴皮,好不容易收到一学期的黄谷,我们一家老小肩挑背扛往家里搬,路人见我差不多收了两担,羡慕地说:"当教师不错嘛,这么多的谷子。"他哪里知道,最近这半年,我都是一天吃一顿饭,饿肚子唱着空城计教书的。②

他们的任期只有半年,之后能否续任,能不能教书养活自己和家人的权力就掌握在校长手里了。每逢寒暑假,各校校长就在县里茶馆坐等教师上门(面试),景象好似在天桥、路边招工。还提到,所谓的校长多为当地乡绅或者用金钱买路而来,尽管待遇低,竞争依然残酷,甚至还需要花钱送礼。

乡村教师社会地位下降原因是多方面的。一方面体现在废除科举之后不再讲出身的绝对身份下降;另一方面则是社会民主进程下追求人人平等之下的相对下降。本质上还是教师知识、技能无法满足当时

---

① 开元:《穷教员》,《南光报》1946年第31期。
② 赖崇文(口述):《民国乡村教育亲历记》,张大龙整理(内江市东兴区教育局)。转引自http://club.kdnet.net/dispbbs.asp.id=9502643&boardid=1(2014年11月19日)。

的乡村生活需要或者无法起到引领乡村生活的作用所致，从以前的乡村引导者沦为乡村生活的边缘人。抛开新旧知识人之间的是非恩怨不说，"知识"仍然是他们获取社会地位的法宝，这也就好比孔乙己努力显摆"茴"字有四种写法，新派人物努力念几句洋文那样。乡村教师知识水平、知识结构的困顿是新教育的最弱一环。

民国乡村教育图景比清末好不到哪里。正如作家李六如曾描述的那样：

> 这洋学堂与经馆的功课并没有很大的区别，除了每天几点钟算数图画等，还不都是经、史、国、文那一套，有什么"洋"？一些教习，除开一位算术图画又兼地与（地理）的王先生以外，还不都是本地的土货，更不见得有什么"洋"。再到我们问地理教师，世界有几大洲时，该教师答的和报纸上说得不一样，很窘迫。[1]

除了知识所限，教师被认为是斯文的，所以行为举止较为谨慎，一般不与乡民玩乐、说笑。他们所熟悉的多是去庙里烧香的人，如会头等。他们也偶尔帮人做做对联、写写帖子、调解纠纷等。

乡村教师的角色游离、心态游离、生活游离也导致了他们的地位下降，这包括摇摆于固守与改良之间的塾师，还包括无更好职业去向、意欲暂时栖于教育行业的学堂教师。这些人因一度徘徊于正常教育生活之外，是边缘化的存在，社会地位下滑不可避免。

科举制度废除之前，具有士绅身份的塾师多将自己视为帝王门生，在乡村享有一定程度的统治权力，尚无功名在身的塾师也因几年一次的考试而满怀期待。科举制度废除意味着该群体作为乡村政治领袖的合法性丧失，这一群体中的大多数难以准确定位自己，角色处于游离不定的状态。该类人群既缺乏从事传统教育的勇气，也不想进行

---

[1] 李六如：《六十年的变迁》（第一部），人民文学出版社2007年版，第71—73页。

新式教育的改造，左右摇摆。弄不清楚自己与乡民之间的关系，致使该阶层的角色变得尴尬。

一些传统知识分子即便选择了接受新式教育改造，但以入仕为读书之目的的心态难以改变，做乡村学堂的教师多为无奈之举。改造后，他们的薪水甚至不如做塾师的时候高，多数改良塾师都叫苦不迭，更使得有一定地位的塾师心态难以平衡。

当时认为，当乡村教师无异于坐冷板凳。一般是读了点书，有点文化，又无其他特长，只能做个教师。他们对教师职业的忠诚度较低，对先进的教育观念充耳不闻，即使想着去改变，多也无果而终。20世纪30年代，一位教师在其信里说："当时，个人虽已经做了个小学教员，但是什么叫启发式、设计式、自学辅导、辅导教学、道尔顿制、蒙台梭利制是怎样的，概不知道。只知道做教员的态度要庄严，人人不可侵犯，教学儿童要精细的讲述课本罢了。这样子过了多年，受其教育的儿童，照其方法很是乏味，生气毫无。即便找些参考书或者左右请教，总没有多大的效果。"① 乡村教师这种心态上的游离，在当时不算少数。乡村游离知识阶层群体复杂，难以细分，但可以明确的是，"游离"即该群体面临的困境，也是该群体的路径选择所致，可以说是他们遭此窘境的主要原因。

乡村教师是新型的、专业化的知识人，但又无法否认其精英身份的没落。因为经济发展、科学普及、教育推广等使得人们逐渐醒悟，使得乡村教师群体的知识水平在绝对层面与相对层面上降低，逐渐丢失话语权继而失去自信。平等化之下，教师文化权力丧失，也不再具备乡村生活指导者的合法性。所传授的不过是专业的、实践的知识，乃是低于"道"的"器物之说"，与古人所鄙夷的贩夫走卒无异，必然会影响教师们关注公共事务的合理性，继而影响他们理想的伸展。但是，作为知识人，即使文化权力的丧失也不能作为精英自弃的借口，即便不将自己看作社会精英，也不该放弃济世的情怀与教育的理

---

① 慎月梅：《近代变革中的乡村学校和教师：以嘉兴地区为例》，硕士学位论文，华东师范大学，2012年。

想，这是教师的基本立场也是对新时代教师的鞭策。

  乡村教师不但在民族危亡之际从事乡村教育，还有部分放弃个人利益从事革命活动。尤其是前面提及的，抗日战争时期乡村教师坚持敌后教育甚至宣传革命思想等。例如，《博兴文史资料》记载，抗日战争爆发之后，"博兴县耀南中学分校活动中心在纯化镇，该镇距王集据点仅十余里，离县城也不过四十里，所以学校活动还是基本保持游击生活的规律。白天集中上课，也不完全在学校，邻村的某一地点也常是规定的集散地。到晚上就化整为零，由教员分头带领各小组分散到附近各村。上课时集中，课后即以组为单位，组织复习、讨论、读报、文娱活动以及生活检讨等活动。教师则分工巡回辅导"①。聊城地区进步、爱国的中小学教师绝大多数参加了抗日救亡工作，他们在中国共产党领导下动员群众，宣传抗日，为了使自己的抗日工作能够有一个统一的目标和行动，在共产党员教师的倡导和带领下，开始酝酿成立自己的组织。"1938年春，冠县小学教员在中共冠县党委的领导下，首先创建了冠县小学教师抗日救国联合会，并于1938年5月间，通过与国民党'后援会'的斗争，选举共产党员马廷骧为联合会的主席，还由共产党员吴彤执笔草拟了联合会的章程，明确了该联合会的性质、任务、组织原则，开展抗日救亡活动，恢复和创办抗战教育。"②另如，鲁西文化界救亡协会于1940年7月19日成立，始称鲁西区文化界救亡协会，又简称文化协会或文救会，鲁西区与冀鲁豫区合并后，成冀鲁豫区文化救亡协会。③该协会是在鲁西区党委的领导下，文化教育界抗日救国的群众团体。它吸收文艺工作者、戏剧工作者、记者、宣传工作者和小学教员为会员，组织发动文化教育工作者参加各项抗日救亡活动。

  乡村教师的家国情怀在宣传革命思想这一过程中体现得尤为突出，

---

① 《博兴文史资料》（第二辑），滨州地区新闻出版局，1984年，第99页。
② 刘九龙、韩平：《聊城地区教育志》，聊城地区教育局，内部印行，1989年，第2页。
③ 刘九龙、韩平：《聊城地区教育志》，聊城地区教育局，内部印行，1989年，第2页。

他们加速了共产党星星之火的燎原之势,影响了中国革命的进程。刘昶在《革命的普罗米修斯:民国时期的乡村教师》一文中指出,在很多地方是乡村教师建立了当地第一个党组织,最早在农民中宣传了革命的思想,并在乡村开展了最早的革命活动。据估计,中共早期乡村党组织有70%—80%是由乡村教师创建的。[①] 当时的乡村教师群体不满现状,有强烈的政治情绪,弃笔从戎或者弃教从政的现象较为常见。尽管不排除教师为了个人利益而罢教或参与革命,但他们中的一些人不怕流血牺牲,尤其是抗日战争期间所表现出的家国情怀令人敬佩。抗日战争时期,教师待遇低,但他们中的很多人誓死抗战。

民国教师张允玉回忆他们在"反清乡"斗争中的艰苦与收获。1944年,苏中四分区的"反清乡"斗争,正在轰轰烈烈地展开。当时,张允玉担任海门县海东区建中乡某学校的教学工作。她认为根据当时形势,要保持正规的集中教学是不可能的。所以,他们按照学生的分布情况,把学校分成五个分部,分别教学。张老师被分到东北分部,这个分部西南离竖河镇敌人据点约有四里路,东南距中央镇伪军据点仅三里多路。这两个据点的敌人,经常下乡,推行其惨无人道的"三光"政策,企图摧毁共产党的基层组织,建立伪政权,实行伪化统治和奴化教育。比较远些的吕四也是敌人据点,那里的敌人有时也配合出动,使敌后教学受到极大的威胁。在与敌人的周旋中,他们想出了多种对策,学校不但没有被摧毁,教学效果也有较大保障。她记录了如下几个事件:

### 一边放哨,一边上课

当分部开始坚持的时候,我带了三十多个学生,挑选在一个比较中心而又隐蔽的群众宅上,作为我们坚持教学的场所。那儿没有黑板,也没有课桌,群众就把家里的铺板、饭桌和大小凳子支援我们。房子小,我们就采取二部制形式上课,课后学生分

---

[①] 黄宗智:《中国乡村研究(第六辑)》,福建教育出版社2008年版,第42—71页。

●● 乡村教师生活的历史考察

散到群众的灶间和磨间去自学。为了及时掌握敌人情况，每天由学生轮流站岗放哨，发现敌情，立即指导学生向安全地区转移疏散；"情况"解除了，再动员学生回来，继续上课。这样过了一个时期，虽然遇到过多次"情况"，可是我们没有发生任何大的事故，相反有些学生在跑"情况"的斗争中，锻炼得坚强起来了，有时在路上碰上敌人，也能沉着而机警地避开，绕道而过。

后来有一次，敌人集中兵力，突然袭击，一进村就四面打枪。我连忙把学生们从宅里拉出去。敌人已下了埭（注：dai，堵水的土坝），蜡黄的衣裳也看得见了。大的学生一冲就突出了包围圈，可是小的学生，发现敌人向我们射击，子弹呼啸而过，有的急得哭了，有的书包也丢了，鞋子也跑掉了，弄得我无法指挥。家长看见敌人来了，也提心吊胆地盼望着子女回去，有的甚至冒险追到分部来找寻孩子。事后我访问学生，动员他们回校，家长说："局势太紧张了，太平点再说吧哩。"再也不放子女来上学了。

### 挑草、钓鱼小组

另外，我们还把校外失学儿童组织成两个小组进行学习。这些失学儿童都是要帮助家庭搞点副业生产的，自从学生分散到宅上以后，这些校外儿童有的拎着挑羊草篮子，有的擎着钓鱼竹竿，时常站在门口看小组上课。我们觉得，这些校外儿童应该受教育，识一些字。于是根据他们的生产特点编成两个小组，一个叫挑草小组，一个叫钓鱼小组，每天约定地点和时间教他们识字、唱歌，还给他们讲故事。有时我忙了，就派学生轮流做"小先生"去教他们。他们识了字，懂得了道理，生产情绪高了，生产量也增多了，家长也都允许他们来学习。这些校外儿童还经常给我们送情报，因为他们一天到晚在野外挑草、钓鱼，敌人的行动他们最容易知道，对我们帮助不小。[①]

---

[①]《老解放区教育工作回忆录》，上海教育出版社1979年版，第41—48页。

正如张老师所说，在沦陷区人们并没有放弃反抗，共产党人也更加积极地渗透其中，动员适龄学生继续学习。很多时候，他们面对的不是艰苦所能概括的，他们还时常遭遇日伪，面临生死的考验。一些家长担心孩子安全，拒绝他们再上学，教师们则进行变通，到学生家里教学。这一方法看上去很好，却大大增加了教师的工作量，也影响了教育进度。为此教师们想出了很多方法，引入了分组教学形式，并逐渐成熟起来，教学效果得到明显改善，也得到了当地乡民的极大认可。虽然张允玉老师等人的力量微弱，能影响的个体有限，但这代表了那个时代一些地方的教育现实，他们并没有因为条件的艰苦、处境的险恶而放弃工作，甚至更加努力，这种精神、情怀是当代教师所少有的。

在传统生活中，国人向往稳定、安逸的生活，至少应该有事可做，为的是免于饥寒或避免为非作歹。正所谓："贫贱而有业，而不至于饥寒。富贵而有业，则不至于为非。"至于什么是职业理想，什么是家国情怀，什么是时代格局，都显得不那么重要了。同时，我们又不能忽视先贤一再宣扬的"国家兴亡，匹夫有责"，而埋头于自己的几分田地。乡村教师自然不能免俗，这个群体中怀着崇高理想而献身教育事业、革命事业的人绝对不占多数，他们中的大多数是平凡的、普通的、乏善可陈的，但是，也应该肯定他们的心灵深处已经打上了利他、奉献、爱国的烙印。至于高尚与否，多是源自他们如何选择，走什么样的路。恰恰是这些普通的人，选择了留守乡村，选择了当一名乡村教师，在那个动荡的年代做出了应有的贡献，铸就了属于他们自己的时代印象；也恰恰是这些"小"人物的选择和共同努力成就了一个"大"格局。所以，我们应该从他们这份平凡的坚守中汲取那份坚强、自信、达观，更好地充实、发展、回馈自己，更好地推动教育进步。

**（二）桑梓情深**

传统社会更加关切塾师的德行，认为教读为一方师表，宜衣冠不离于身；不可奴颜婢膝；不可夸夸其谈，有损斯文；不可阴受财贿，唆写讼词；不可因乡党私忿，编排造谣等。乡村中的教育者从传统塾师转向新式教师是历史潮流，有着明显的专业化倾向。谈及乡村教师，这特殊称谓中的"乡土"情结不能忽视，作为乡村的一部分，他们负有改善乡村生活的责任。

旧社会有知识、有文化、有地位的人多以长袍着身，农工等普通人多以短袍打扮，这也是区分这两者较直观的办法。鲁迅曾在小说《孔乙己》中说了一句话："孔乙己是站着喝酒而穿长衫的唯一的人。"这生动地刻画了落魄的旧知识人的形象，又深刻揭示了落魄文人丧失高尚地位而只能"站着"的尴尬境地，也刺中了他尽管"站着"也不愿脱掉长衫与短衫为伍的心理。明代大文学家吕坤曾记录村内老秀才"摇摆于市"，这一形象也是跃然纸上。那么，民国之后的乡村教师，是个什么形象呢？他们多数也穿着长袍，年轻一点的女士可能穿裙子或在脖子上挂个围巾，也有人开始穿中山装、西装、皮鞋，拿公文包、戴眼镜等。与旧学人嘲笑"孔乙己欠酒钱十九文；孟老二卖油条两三根"不同，新派人物则强调"孔乙己欠酒钱十九文，少念点之乎者也；孟老二卖油条两三根，多读点ABCD"。尽管是以戏谑的口吻开始，但它以一种新的思维和眼界来期待新式知识人。

汪翰章在《上海教员的生活》一文中谈及教员服务的动机，他认为大概可以将教员分为七派："1. 纯粹教育派：这一派人，是为教育而读书，为教育而办教育，所以愿与教育共存亡。很像从小出家，诚心念佛的和尚，除了打钟、击鼓、读经、静坐、参禅而外，别事一概不管。2. 傲世派：这一派人，是对于政治或其他现状不满，尤其是痛恨军阀官僚，所以自己不愿做官，而隐身于教育界。教员生活，虽说清苦，但比起官员生活来，总觉强得多。3. 机会派：这一派人，是因为实业界和政界难于插足；所以暂时投到教育界，等等机会。如果机会到来，就马上与教育界绝缘。这种情形，就好像上海工厂里没有结婚的女工，等到有了好的丈夫，就立刻脱离工厂生活。4. 失意派：这一派人，是在宦海中失败下来的，失败之后，既无官可做，又不甘寂寞，惟有入教书党，作讲堂官。5. 作用派：这一派人，是有政治作用的，他们投身教育界的主要目的，在宣传某种主义，所以，有时在讲堂或教员休息室中，公开宣传，有时吸收学生或教员加入某党、某派。6. 生活派：这一派人，认定教育事业与其他各种非公益事业并无不同，所以，以取得生活费为唯一的动机。7. 消遣派：这一派人，是不靠教书生活的，也不是有特别作用而来教书的。他们唯一的动机，就是在消遣岁月，觉得终比饮酒看花好一点。"①

陶知行（陶行知）曾将做小学教师比作学骑脚踏车，一开始枯燥，久而久之，兴趣自然会来。陶先生之所以举这个学车的比喻，是因为骑自行车在当时代表了比较新式、洋务的生活。民国乡村教师也并非与世隔绝，其中很多人也在追赶时代潮流。就如当代人学习汽车驾驶一样，民国时候学习骑洋车是很时髦的生活方式。曾有乡村教师回忆学习骑脚踏车的经历，对这种生活方式充满了兴趣。总之，平日里教师们各有各的生活，地区之间稍有差异，整体上是普通的。但普通生活之外，也有社会对为人师者的各种期冀和隐喻。

乡村教师的集体写照需要与旧时代塾师进行比较、区分，这可从二者的知识观来分。相较来说，新式教师更倾向于指引学习者对事物"本质"的探索，旧教师更倾向于对礼仪、德行、制度等"关系"的探索。旧教师没有强烈的"本质"追求欲望，对"文饰"倚重，或许可以用"质胜文则野，文胜质则史，文质彬彬，然后君子"这一古语来形容乡村教师。然而，处在新旧力量之间，做一名"文质彬彬"的乡村教师并不是一件容易的事。上面是新政策、新规范的压制，下面是老传统、旧习俗的抵抗，夹在中间的则是摇摆、压抑的教师。他们做不到文质彬彬，最多是徘徊在"文""质"之间，"半新半旧"或"半中半洋"而已。

曾经有人仿照"八股文"的形式批评、讽刺乡村教员，大意

---

① 汪翰章：《上海教员的生活》，《现代学生》1930年第2期。

## ●● 乡村教师生活的历史考察

如下：

> 为教员于乡校者，良可慨也。夫校而曰乡，其异乎城也可知矣。彼为教员者，不亦大可慨乎。今夫教育为建设国家之基，学校为造就人才之地，有国立学校焉，有省立学校焉，有县立学校焉，有市立学校焉。乃有人于此，不为国立学校之教员，不为省立学校之教员，不为县立学校之教员，不为市立学校之教员，而独为一区区之乡校教员。呜呼！先生虑此，其将何以为情耶。原夫教员之资格，亦至不一矣。想其在师范之毕业也，或为本科，或为预科，取来一纸文凭，直视为吃饭之家伙。观其受官厅之检定也，何其正教，何者副教，经过几场考试，即作为合格之师资。然而有滑头之教员焉，别字连篇，胸中墨黑，官话乱说，格外蓝青，高谈解放改良，自诩当今之新人物。抑且有蹩脚之教员焉，火力乱相，竟执教鞭。村馆出身，忽而板凳，满口诗云子曰，无非不通之老童生。虽然，教员以学校为生活者也，而今则非都会之可比也。使学校而在城市之内，则道路往来，交通便利，学生出入，程度文明。而今之学校，亦非城市之相同也。斯校也，何校也，非所谓乡校乎。就其开学而论，矮屋数椽，权当教室，长凳几双，仅列蒙童，人数之少者，不过三四尊而已。戴于首者大都毡帽，穿于足者尽是蒲鞋。陋矣哉，乡校也！即其授课而言，灵儿特少，肚若草包，笨伯偏多，心如毛塞。薪俸之优者，至多十余元而已。登其堂则宛若破窑，入其室俨如牢狱。苦煞哉，乡校也。且夫习俗久不开通耳，以体操为伤身之事，以唱歌为无益之端，以手工为不急之务。甚至阿母走来，直呼师尊之名字，村翁踱进，自夸校董之头衔。举动之野蛮，可称极点矣。三字经则未可废除，百家姓则亦须诵读，千字文则更欲披吟，甚至花脸常开，各种之奇形可笑。豆声大嚼，连番之臭屁难闻，形式之腐败，无论内容矣，我能不于乡校而指摘随之？嗟嗟，童子何知？看风气之如斯，尽多笑话，先生休矣。论教之普及，徒托

## 第四章 乡村教师的社会生活

空言。吾于是为乡校惜,吾于是为教员悲。①

教师群体中还蔓延着一些不良的生活习惯,吸烟、饮酒、打麻将较为普遍,甚至有吸鸦片、赌博等劣迹。舒新城在参观安丘县柏梓镇小学时曾记录到:"教职员一共十人,除校长兼课较少外,其余每人每日均须教课四时至五时。我到校时,适校长外出,由一英文教师,一位算学教师招待。他们除自己各持一根水烟袋于谈论中从容不迫地吸着外,并以纸烟飨客。"② 辛祚义给刘百川的信中勉励自己的好友要当个好校长,他说:"我觉得现在一般小学的教师,职业的兴趣太差。平常对于上课,处理成绩,都是敷衍了事。到了课完的时候,便各走各的路,有谁去指导儿童活动?更有谁人努力去研究教育?至于教师闲着做什么事呢?茶馆吃茶,酒店吃酒,到同事的家里去叉麻雀(指打麻将),这都是常有的事呀。甚至于叉了一夜的麻雀,明天请假睡觉,这是如何叹息的事呀。"③ 江南麻将之风盛行,赌钱行为自然难免,这种风气在教师群体中也很常见。

一位教师无意中陷入赌博环境中,长时间难以逃脱,很令他苦恼。他说:"在这里我挣扎了四个月,和什么挣扎呢?说出来不太体面,是和赌博之风挣扎呵。在这里差不多是费了全部时间来取缔学生赌博,说服校长放弃赌博,然而,自己还是被校长拖去打了一晚麻将。离开学校时,我把二个月薪本和一块钱赌账存在那位校长荷包里。因为如果再四地向他索取,是太不体谅人了。其实,我是怕他说'再赌一下吧,输了不向你回(要回)钱'。"④ 这种不健康的生活方式随处可见,即便是为人师者也在所难逃,他们一面宣传严禁"黄赌毒",一面又破坏规矩。

黄炎培发现,小学校教员往往分两派,修身、国文、史地等为一

---

① 金南屏:《乡校教员》,《消闲月刊》1921 年第 1 期。
② 舒新城:《蜀游新影》,上海开明书店 1929 年版,第 109—110 页。
③ 刘百川:《一个小学校长的日记》,华文出版社 2012 年版,第 17 页。
④ 一清:《教员生活》,《海宁》1939 年第 1 期(创刊号)。

派，算学、理科及技能各科为一派。属于前派者，往往缺乏新思想；属于后派者，往往缺乏国学根底，故皆不易得受教育者完全之信仰，而此二派之精神亦终鲜克融洽。① 事实上亦是如此，在乡民眼中，摇头晃脑地背诵经典文章，会"子曰""八股"，再懂点乡村事务那简直是不得了的人物，新教师尽管很无奈，但很多时候需要向旧俗妥协。

经过改造的乡村小学课程逐渐在乡村推广开来，尽管与城市教育相比并不尽如人意，但其成绩仍值得肯定。阎锡山曾于1923年对各县知事说："就地位而言，小学教员和大学教员一样，同是为人师长的。至于他启发无知的儿童，培养成专门人才的根底，在教育界上的功效尤大，所以我盼望你们大家对小学教员，务要实心尊重，加意优待。"② 体现了他对乡村教师所肩负的传播新知识、开拓新气象的认可与尊重。随着认识的进步，社会不再满足于教师的教书识字，而更倾向于教书育人。这隐含着对教育者形象、功能的更深认知。民国学人卢冠六做了几点总结，将教师分为"好教师"与"坏教师"。他认为"好教师"负担了复兴国家、复兴民族的重任，所以，好教师应该具备以下几个条件：用爱来办教育；应该学不厌、教不倦；要有牺牲的精神；要有强健的身体；等等。至于"坏教师"，他们有几个缺点需要克服：他们好比是懒惰的农夫，荒于正务；好比是无知的园丁，方法不对；更好比是怨恨的工人，怨声载道、消极怠工。

总之，乡村教师所面临的多是一种被定义的生活。仅有极少数的乡村教师可以向外界表述自己的生活，他们尽管以知识为操作对象，但依旧是一个失语的群体。如果误认为这是乡村教师群体的悲哀，那将失之偏颇，这恰恰是民众整体素养提升的必然结果，也是专业化时代教师重新定位的最佳契机。

乡村教师多为土生土长的农民，生于斯、长于斯，其生活中已经蕴含了浓厚的乡土情怀。杨懋春研究山东台头村之后说："除基督教

---

① 《黄炎培考察教育日记》（第一集），商务印书馆1914年版，第206页。
② 《山西村政汇编·修正人民须知》，山西村政处，1928年，第20页。

第四章 乡村教师的社会生活

堂的传教士和基督学校的教师外,该村没有一个手艺人是完全靠手艺谋生的。所有泥瓦匠、木匠、织布匠、小铸造厂工人、村学校教师、庄稼看守人和几个村官员,在播种和收获季节或者偶尔不从事专业工作时,都与他们的家人一起在田间劳动。"① 也有教师会在天亮之时就已经离开家,出去看看村里、田里的情形,甚至查询是否有盗贼出没。

黄炎培早在民国初年,就注意到乡村教师兼容并蓄,惠及地方的作用。他在日记中提到:"新安六邑崇山峻岭,不易与他属通往来,故其民风庶几近古。校长胡君,教务主任方君振民,对于地方意输入民国必须之新思想、新学术,而不欲破坏其旧时淳朴懿粹之美德,故于师范教育兢兢,此皆冀将来为小学校教师有文明之启导,无习惯之扞格,而于乡土历史、地理、农工、矿物各种名产。本其平素详细调查研究之功夫,转以传播后生,助之改进于社会生活、地方经济与以甚大之效益。"② 米迪刚认为:"吾国社会人心已二千余年,妇人、孺子、贩夫、走卒无不被其习染,非旦夕所能改正,其受教育而有新思想者,又群居于通都大邑以求生活,于是各地方之村落多为土豪地棍所把持,而弗改良,长此以往不图补救,望地方自治之进步,难乎其难矣。"③ 也反映了乡村教师在除旧布新、教化民众等方面的贡献。

有教师写道:"'家有二升粮,不当猢狲王',这是从前做教书生涯的常说的一句话,他们以为教书是一种最苦,最无聊,最无价值的一种职业,除非不得已是不甘于做这种职业的。但这句在过去或许有存在的可能,今后无论如何是不能存在了!做乡村教师的岂但是只按钟点教几个儿童便算完事?无疑的,在课外还要负教化村民,改进社会的责任,并且潮流也在督促着乡村教师负担教育的基础,民众的导

---

① 杨懋春:《一个中国村庄:山东台头》,张雄等译,江苏人民出版社2001年版,第30页。
② 《黄炎培考察教育日记》(第一集),商务印书馆1914年版,第147页。
③ 米迪刚、尹仲材:《翟城村》,中华报社1925年版,第196页。

师的两大责任。你看这种意义有多么深长,地位有多么重要啊!还能再去鄙薄他吗?"① 虽然生活相对艰苦,乡村教师所肩负的教育责任与社会责任却是义不容辞的。

为乡里、村里创办学校,教育农民子弟或许是乡村教师对乡村的最大贡献。例如,有人回忆,某村曾经也有过一所初级小学,校董是地主。那学校是专为地主、富农家的子弟开办的。学校有很多规定,要穿三个口袋的学生装,类似中山装,而很多学生着(穿)的是水鞋湘袜,"泥腿子"形象,无法达到学校苛刻的要求,当时的普通农民家庭很难负担得起。有人说,若要送孩子进这所学校,别说是学费出不起,单交个制服费和各类杂费,就非得把一家老小的嘴绞起来,饿上三两个月不可。那所学校到抗日战争爆发时便停办了。乡民都认为,它办也好,不办也好,横竖与自己没有什么关系。后来开办的学校却是另一回事了,学校的大门向所有农家的学龄儿童开放,得到了很多农民的称赞。甚至夸张地说,地主们过去喝了点黑墨水欺侮我们穷人,眼下我们贫苦人也该喝黑墨水了。当然,"也有的贫苦农民说:'嗳呀,大爹呀,伢子进学堂好是好,可是我家的伢子穿一片挂一片、赤脚打掌的,怎能去念书呢?'陆大爹嘿嘿地笑道:'进学堂,又不是送男花女花给人家相女婿、瞧媳妇的,穿一片挂一片怕什么,赤脚打掌怕什么。'"② 可以看出,教师与地方合作开办的学校对乡村教育的重要性,也可以看到他们在公共服务或回馈乡村中体现出来的浓厚乡土情怀。

曾有人用漫画展现乡村教师的劳苦,在辛苦劳累却有条不紊地教学之后,乡村教师还要为村民的争吵进行评判、说和,为村中文盲代写书信,代写村中公事、呈文,有时还要陪村民闲谈至深夜等(见图4-1)。尽管不如乡村士绅、塾师那么熟知乡村事务、通晓社会礼仪,但乡村教师多数为本土培养,其知识亦可为乡村服务,更何况他们的科学知识乃传统知识人所不具备,在改造乡村生活中的力量不可小

---

① 周庆浩:《乡村教师的生活》,《民众周刊》1934年第36期。
② 《老解放区教育工作回忆录》,上海教育出版社1979年版,第196页。

觑。还有教师认为教育固然是要适应社会，但是同时也要改造社会。"现在这种不长进的病态社会，是绝对不能适应的。这可以说是在逢迎，是献媚，不是在办教育。我们应该设法把现在社会的不长进和缺点加以改造，把好的地方加以培植。那才是办教育，才是教育的真谛！"①

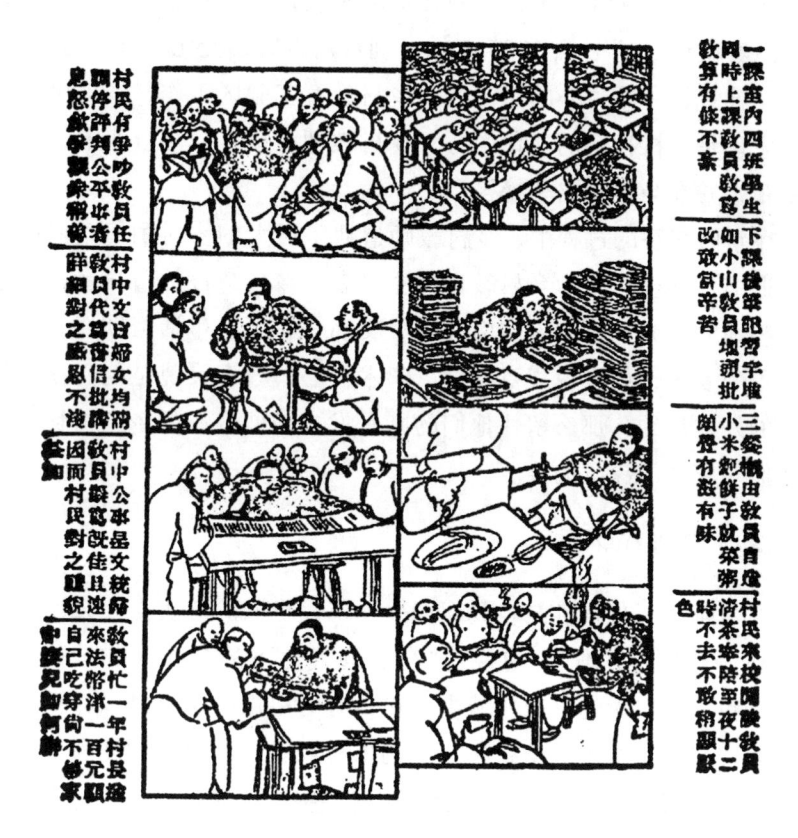

图 4-1　劳苦功高的乡村小学教员（漫画）

资料来源：穆义清《劳苦功高的乡村小学教员》，《实报半月刊》1937 年第 14 期。

刘百川在当小学教师的时候，江苏省教育厅副厅长江恒源去视

---

① 许玉洲、王景志：《做乡村教师的困难》，《教育短波》1935 年第 24 期。

察。刘百川的同事们都怂恿他去找江恒源谈话，一是为大家说好话，二是为求将来提拔。还没等刘百川开口，江恒源就说："你们同人的心理都有一些畏惧吧，请他们不要畏惧，好的教师，都应当在平时努力，这是毋庸畏惧了……你近来觉得怎么样？可想做校长吗？如果自问有做校长的能力，当然可以做校长，不过做校长、做教员同是为教育服务，并没有两样。不过，做教员的时候，最好安心做教员，不要天天想着做校长。"① 自 1935 年始，刘百川自愿接受比科员低的待遇，来到江苏省教育厅主办的镇江大港乡村教育实验区工作，他提出乡村学校应该是乡村社会的文化中心、乡村教师应该是社会事业的领导者的主张，并在当地做出了榜样。

在新旧交替的过程中，乡村教师遭遇了巨大的乡村困境，但他们没有退缩，逐步成长为乡村教育的主导者、乡村建设的引导者，甚至在某些地方成为乡村的价值引导者、文明守护者、生活帮助者。在困难重重的乡村，如果说规章制度、学术良心、教育灵魂是他们在乡村坚守的外在规约，那么留住他们的则是发自他们内心的乡土情怀，源于他们对家乡的深沉的爱。

### （三）职业操守

吉登斯在《现代性与自我认同——现代晚期的自我与社会》一书中谈到"自我的磨难"，他说："高度现代性下的自我并非是一个小小的自我，在广大的安全领域中，它是有时以微妙，有时以赤裸裸的激荡方式与泛化的焦虑交织在一起的那种经验。躁动、预期和失望的情感可能会与对一定形式的社会和技术架构的可靠性信任一起混在个体的经验中。"② 这也可以解释乡村教师在自我认同方面的遭遇，他们有对生活的预期也有失落，巨大的张力使其焦躁、失望甚至会产生偏激行为。这是教师现代性的磨难，它可以被适当地表述甚至抱怨，但

---

① 刘百川：《一个小学校长的日记》，华文出版社 2012 年版，第 160—161 页。
② ［英］吉登斯：《现代性与自我认同——现代晚期的自我与社会》，赵旭东等译，生活·读书·新知三联书店 1998 年版，第 213 页。

第四章 乡村教师的社会生活

不应该作为教师自暴自弃的借口。涤荡内心愤懑,坚守岗位、不忘初衷是为人师者的职业操守,也是为人师者为世人敬重的最大理由。

教师所处时代环境较为恶劣,其生活难以得到充分保证。面对困境,如黄卓甫等乡村教师努力克服,找到了相应的解决办法;也有些教师原地徘徊、敷衍了事甚至有滥竽充数之嫌。刘金钊撰文认为这些现象有多方面原因。他说:"教育部曾成立中小学校课程标准起草委员会。该会所定标准,经过起草、整理、研究、订正、施行、休整几个时期的改善。教授方面大概都可以按照遵行,但是胶柱不能鼓瑟。做官吏的,不明白民间疾苦,一定不能把政治办好;办教育的,不明了其所处的环境,自然也是一样的。向来研究教育的书籍,大多数是适应城市学校的。乡村学校符合的,几若星辰之寥落。作者是乡村教员之一,倒也看过几本教育刊物,终觉药不对症。"[1] 教育的研究虽是时时刻刻的进步,而乡村教师反而后退。其实不是退步,而是这个群体没有进步。

在1920年《中华教育界》第2期上,李廷翰记录了他所在的乡有一小学,开设一年,上课不足两月。开始校长甲某,社会信用较好,比较在乎视听,有人说了不满的话,他生气走了;继任者乙某,授课刚几日,读"晒"字为"西"字音,学生家属不满意,乙又走了;继而丙又去,还没开始上课,别的学校招他,俸金较优,又走了。当乡老说起这件事时,他(李廷翰)"窃窃思,学校待遇教师,如此其枯薄,安能得良好之人才。其招之即来者,非不健全即读别字或他处不能得事之人耳,此亦小学教育危机之显证也"[2]。教育经费奇缺,使得教员质量参差不齐,也诱发了一些教员的偏激行为。有人做过统计,1922年见诸报端的小学教师要求加薪的事件共16起,如广州、莆田、松江、武汉、苏州、镇江、江宁、长沙、厦门等地教员联

---

[1] 刘金钊:《乡村教员怎样应付时代与环境》,《光华大学》(半月刊)1937年第7期。

[2] 李桂林、戚名琇、钱曼倩编:《中国近代教育史料汇编——普通教育》,上海教育出版社1995年版,第778—779页。

合或者小学教员联合会要求加薪，否则就罢教。以上仅是见诸报端的，虽然不代表整个乡村教师群体的生活状况，但也透露了诸多信息。

20世纪30年代，江苏省教育厅义务教育委员秦凤翔忧心忡忡地说："其所得之俸给，既不能满足其生活上最低需要，于是懦弱者心存敷衍，抛荒职务；狡悍者则勾结土劣，鱼肉乡民；愤恨者则流为过流通澈，扰乱秩序；堕落者则行同流氓，师道尽丧。"① 例如，1934年，江浙等地发生旱灾，教师生活苦不堪言。《教育杂志》第25卷第7期转录了《东南日报》②的两则消息。其中一则是某校某教师向记者透露，因为当局不发款，一家老小维持不下去，竟将他14岁的妹子以80元的价格，卖给渔船老大做小媳妇。

一位湖南小学教师曾说："我县教育经济之困难，已经高提至十二分；恐怕除了我县外，再没有别的县可以比上了，在城市的教员，每月或者可得十数元的现薪，也还可以弥缝家庭的小漏，至于乡村教员辛苦半学期；所谓国语、算术种种皆一人以承之，而所得除小学生不愿出的几角学钱外，就要算十余石教育局津贴的谷子；每半期开学数周后，领了这谷二分之一。卖去呢，食粮界必起恐慌，不卖呢，在零用应酬方面必感困难，真是进退两难。"③ 乡村教师谈到自己家庭负担重，常忧虑失业后无法维持生计。

一位乡村教师在日记中提到，1936年只拿到120元薪金，要供其老母、妻子，虽然节省了再节省，仍然不大够。他希望另谋他就，找个薪水高点的行当。"免得失业之日，妻啼儿号之苦。无奈乏人说项（没有人推荐），只得付诸一叹而已！若长此因循过去，将来如果开销浩大及儿子读书费用，或自己抱病起来，则将如之奈何呢？"另一位教师也说："在破产（被冲击得很厉害）的乡村，工商业是不允许发

---

① 田正平、肖郎编：《世纪之理想——中国近代义务教育研究》，浙江教育出版社2000年版，第691—692页。

② 田正平、肖朗编：《世纪之理想——中国近代义务教育研究》，浙江教育出版社2000年版，第461页。

③ 蜀庐：《一个乡村小学教员的自述》，《湖南教育》1929年第3期。

展的;所以我们一般青年学生,差不多都是求学的时候,为了家庭生活的袭承,都从校内拉了回来。这个时候,生活的压迫,不得不向教师道路上征踏。所以,薪金如何的低微,也是硬着头皮要干的。失了业不还是一文钱也没有人给吗?不是要饿着肚子吗?反正比失业强的远吧!"① 他们的叙述生动展现了部分乡村教师内心的纠结。

抗战前,教师经济上已经捉襟见肘,抗战后期以及解放战争时期,教师生活水平受社会、经济危机影响而直线下降。他们纷纷联名上书表达不满之情。《自贡市教育志》曾记载了他们的抗议,大概内容如下:

> 唯我小学教员责任尤觉繁重,而所受待遇与政界、财界公务员则判若霄壤,宁得谓乎?现多数教员负债累累,陷于不能自拔之境地。现以每月收入既不能维持个人生活,又何言仰事俯畜?每日只是忍饥授课。1949年,全市教师成立"自贡市全体国民教师请愿团",向自贡市政府呈递请愿书,写道:"窃同人等三月份食米贷金薪金零星发给,不足购买斗米,实难维持最低生活,何况上有白发老母,下有三岁孩童,朝日饥饿惨不忍睹。同人等忍苦度日……"②

曾有人调查教师的职业期待和取向,其中想改业的占41.43%(见表4-2),想升学的占29.64%,剩余不到29%的希望继续教书。③

有的教师"看破多种职业,最好山野养性进修,被经济所迫未便离此生活""不想,因为我别的路不能走了""无力能改,不想改"。也有很多教师喜欢这个行业。有教师这么说:"我并不想改业,我只想充实我的知识""我以为教育是种很有趣的职业""教师生活我很

---

① 李贺汶:《在乡村里》,《妇女生活》1937年第11期。
② 《自贡市教育志》,四川人民出版社1993年版,第262—263页。
③ 李文海主编:《民国时期社会调查丛编(文教事业卷)》,福建教育出版社2004年版,第178—182页。

乐意""每每想到改业，又为环境所不许，每见中学大学教员，所过的黄金生活，心实羡之"。有教师这么说："想当邮差，为天下有情人奔走，假如师范学校可以白吃饭白读书的话，我很想去升学""宁愿他去，不愿久留"。

表4-2　　　　　　教师欲选择职业和人数统计　　　　（单位：人）

| 选择 | 商店店员 | 工匠 | 无线电技术 | 政界官吏 | 军官 | 飞机驾驶员 | 务农、园艺 |
|---|---|---|---|---|---|---|---|
| 人数 | 57 | 18 | 3 | 35 | 17 | 2 | 33 |
| 选择 | 医护人员 | 校工车夫 | 工厂职员 | 交通部门 | 银行职员 | 邮政职员 | |
| 人数 | 15 | 2 | 80 | 5 | 75 | 4 | |

语言作为特殊符号所具有的表意功能，在一定程度上表达了言说者的内心或真实想法。困境之下，教师地位低微，抱怨不断，不可避免。抱怨作为一种情绪，具有相应的传染性，感染周围人群或引发相应负面情绪，将会影响相应的工作效率和质量。教师的抱怨多由对他人、处境的不满引起，因无力解决而发出。这种情绪的积累，时间长了将会真的变成无能力改变，然后变得无助，最后造成人生的、职业的无奈，会使人变得麻木、愚钝。这里并不否认抱怨的合理性，因为社会是不完美的，需要不断进化，人们因有更高的追求而抱怨，但不能被这种情绪所左右。

研究发现，乡村教师多是没有更好职业选择而委身教育事业，他们免不了"吃一行，怨一行""吃着碗里望着锅里"，但是，留给他们的选择空间是狭小的。署名蓓蕾的教师在《小学教员的自述》中谈到了问题的本质。他说："我在没有做教员之前，就厌倦的；当我在读书的时候，何曾想到竟会做小学教员的。毕业后我要找别的事情，真是比登天还难，因为我没有大人物的带助和有势力的靠山，终于屈服在环境之下，过了二年的教员生活，真使我心灰意懒。"① 这种

---

① 蓓蕾：《小学教员的自述》，《特写》1936年第2期。

## 第四章 乡村教师的社会生活

"屈服在环境之下"的思维较为顽固,对教师本身和乡村教育都是伤害。即便是被人羡慕的负责管理教师的官员也有自己的苦衷,难以忠于职守。一个乡村小学教员在其自述中说:"一天省城派了一个视学委员来了,因与他谈我们乡的教育,这委员也是叹气地答道:我负巡学的责任,不过也是敷衍罢了。我很奇异,以为他是负一种伟大的职责,何能视为一样敷衍的事呢?最后经我终夜的三思,才觉悟这句话的意思,原来也是与我同抱一样苦衷的同志哩!"① 得陇望蜀,羡慕他人的职业或生活是我们很多人的心态,但当我们真正进入某个职业之后,则会发现它并没有想象得那般简单、美好,每个职业都有相应的束缚。

曾有人在自述中说:"农村破产,都市不景气,失业的群众,一天天的膨胀着;要解决吃饭问题,真不是容易的事。倾轧呢,在清高的教育界也免不了的。像时代落伍的我,在精神方面真痛苦极了。"② 可以毫不夸张地说,每个人都期望过锦衣玉食、悠然自得的生活,但这仅仅是极少数幸运群体的生活状态,或者是个人前期奋斗的结果。现实是残酷的,绝大部分人的这种奢求无法得到满足。身为教师,"由于工作的复杂,劳累是恢复不过的,所以由于近年来,精神衰弱,萎靡不振,以致弄成百病丛生,体魄不健、头目眩晕、四肢乏力,这种病症,成了一种经常的现象了;可是自己会明了,这种病症对于前途是会影响的。可是,可是,可是为了生活,也是没有法子"③。这是多数教师需要面对的现实,他们选择空间狭小,个人生活困苦。事实上,这职业对人来说是难以解脱的枷锁,是因为在入职之后必将面临相应的磨砺,而且是与职业相伴相随的,是嵌入职业人身心的。

抗日战争爆发前,政府或地方的薪水发放并不及时,承诺多无法兑现,抗日战争爆发后,教师薪资更难以保证。尽管国民政府出台了包括"规定最低薪给、薪俸晋级、奖励优良教员、奖励连续服务时间

---

① 蜀庐:《一个乡村小学教员的自述》,《湖南教育》1929年第3期。
② 蓓蕾:《小学教员的自述》,《特写》1936年第2期。
③ 李贺汶:《在乡村里》,《妇女生活》1937年第11期。

长的教员、供给食宿和津贴米谷、发代课薪、免除子女学费、小学教师储金、养老金及抚恤金、缓役或免役"等措施,① 但是教师薪资待遇还是不断恶化,乡村教师所能得到的报酬更是少得可怜。时人普遍把教师当作知识分子,认为他们因为读书多,想法也多,加上需要交际应酬,自然会对待遇有所期冀。如果满足不了他们的预期,其心理与行为将会有所反应。简单说,这种行为有激烈、缓和之分。激烈行为无非跳槽、抗议、罢教、弃教,这在民国后期较为普遍;缓和行为无非消极应对或者默默忍受;当然,任劳任怨并坚守岗位的教师依然占大多数。

曾有人写诗自嘲:"教学原来极苦清;既无权利亦无名;菜根粗糠聊充膳;淡淡平平过日程。"② 陈大白等在谈及乡村建设中教师待遇时说:"论及教师待遇,真为都市人所梦想不及,本区经济困难亦无力辅助,而他们亦无此企图,此种清苦生活诚堪敬佩。"③ 有些教师离家较远,却也没有在农忙时闲游,而是尽力多做一些事,减轻家庭生活压力。泰安乡村教师周庆浩曾记录他在麦收季节去收集麦茬,帮家里添置做饭的柴火,还要挑水、做饭的事情。他写道:

> 麦秋,是农民最忙的时候,无疑的乡村学生每到这两个时候,要在家中帮着父母做活,无论学校当局怎样的严厉,也是不能阻止他们的辍课;学校从不放假,他们也要给你个自行放假了。所以乡村小学为适应环境起见,不得不异于城市学校而在这两个时期放假了。每到这两个假期,学校学生固然要在家中工作,做教师的也不能因为放假便清闲起来,大多也要回家去帮着收获庄稼,做几天农人的。不过我却因远离家乡,寄居城内,是没有这种收获忙的,假如自己不寻事做的话,那就不免要做一个

---

① 熊安明:《中华民国教育史》,重庆出版社1997年版,第234—235页。
② 冼锡鸿:《教员生活》,《培正校刊》1948年第3期。
③ 章元善、许仕廉编:《民国业书》(第四编,乡村建设实验第三集),生活书店1936年版,第405—406页。

闲员了。不过我是一个吃、烧都要用钱买的贫人家,不必那靠田生活的,可以自生自食。家中人口虽然不多,但每月一两元的烧柴,总不能少的。因此我为省几个钱起见,每当放麦假后,我便把一个满生了锈的旧铲头找出来,送到铁匠炉上锻炼一次,再加了一点钢,就拿着钢好的铲,扛着铲杆和竹耙子,到一个麦子长得好的亲友家去。等他们割麦子的时候,于是我就随在割麦子的后面,两手按定了铲杆,用上力一送一回的起麦茬来。久不劳动的我,乍做这种劳工总要感觉异常的痛苦了,在学里的时候,常因用脑过度失眠,躺在床上,翻来覆去的睡不着;现在一到晚上,却倒头便睡,并且睡的像死人儿似的,休息一夜,到清早醒来,更觉得腰酸臂痛。睡态惺忪的懒怠起床,但因别人都已起来去工作,也只好勉强打起精神,起来去工作——起麦茬。这样的勉强支持六七天,便可以一两个月不用买烧柴。

自此以后,便是每天汲一两挑子水,和抱抱未满周岁的楷儿,好让母亲和妻多做点缝纫;到做饭的时候,也要帮着他们烹饪。除此以外,唯一的职务,便是照例的练习书法和每天跑到民教馆去阅报和借书。嗜书如老饕的我,平日在学校里,因教务的忙迫,常以不能多阅书为憾,而今呢,竟像农夫得食似的"手不释卷"了,当劳乏得头晕目眩,还不肯把书抛下,一个假期就这样的消磨过去。①

周老师已结婚生子,平时竭尽所能,砍柴、挑水、做饭、看护孩子,为其家庭分担压力,但做饭对他来说并不是一件容易的事情,尤其是在学校里时所有事情都需要自己动手。周庆浩说:

除上面(照顾学生)的种种外,最重要的便是每天待定的两顿饭了——其实别人都是每日三餐的,我为减少麻烦起见,是一

---

① 周庆浩:《乡村教师的生活》,《民众周刊》1934年第36期。

向每天两餐的,好在我是每日两餐惯了的,所以也不觉得怎样,假如肚子能允许我再少下去,恐怕我还要一日一餐呢!这也并非我吝啬掐□(原文模糊)给肚子吃;也不是我不善烹饪而懒于做饭,实际上因上课,批改作业,自修……已累的够受了,哪还有这闲心再求口腹之美呢?所以每日不过草草的咀嚼点馒头和时令蔬菜;或有时因教务的倥偬,时间的短促,便忙得没有三十似的,倒盆里点面,用刷帚蘸水洒着,用筷子拌成大小不齐的疙瘩,倾到煮沸了水的锅里,撮上点盐,再煮个开,舀到碗里,喝个饱,便已像缯了大菜似的适口充肠了!

"咦!老师真会过!"一个农友看见了诧异地说。

对!我诚有点会过,我诚不是终日求口腹之美者,然而还远不够我的载吗?已劳累之后,再冒着严寒、酷暑,跑到厨房里去当厨师!每遇到烧柴不干,或南风屋里裹挟的时候,屋内总要惹出浓烈的烟,压迫你的呼吸,熏呛你的视觉,弄得你呼吸短促,涕泪交流!

"喀喀!呵!做饭真不容易!又哭了一场!"我每当做饭受了烟的刺激,总会不觉得咳嗽着用手巾揩着眼泪,发出这样的一句话。[1]

乡村中教师匮乏,教员负担较重,每周多在三十课时以上,加之课外作业、辅导等事项,基本是自朝至暮,精神与肉体双重劳苦,不亚于农夫之累。乡村学校基本只有一两个教师,所有事项都由他们包揽。下课之后,身心疲倦之际还要亲自下厨,受那烟熏火燎的煎熬。如果是春、秋二季,他们还可勉强忍受;若是在酷暑或寒冬,其中之苦难以言表。

民国教师陈志贞认为,因为乡村小学教师是最接近民众的知识分子了,所以他们应该珍视自己的地位,在修养或工作上注意几点:

---

[1] 周庆浩:《乡村教师的生活》,《民众周刊》1934年第36期。

## 第四章 乡村教师的社会生活

"勇敢的精神——中国一般人的缺点便是精神懦弱;坚忍的精神——现在小学教师待遇最薄,而工作及责任却特别繁重,若不能坚忍耐劳,便难安其位;持久的精神——不论做什么事情,都应该有始有终;研究的精神——现代社会是进化的,无论国家或个人若不能随着时代前进,就要落伍,就要被淘汰了;振奋的精神——我们要振作,只要精神兴奋了,工作的效率一定大;吃苦的精神——凡是乡下的小学教师,必须要能吃苦,才能干乡下的工作,因为乡村的事情,都是吃苦的事,所以能吃苦的人,才能在乡村永远的做下去。"①

山东泰安程家海小学的乡村教师周庆浩曾经将一所较差的学校办成全区少有的几所特等学校,但他依旧认为学校没有达到标准。他撰文期望初级小学成立高级班或者补充简易补习班,因为初小所学的知识远不足以应酬世事;多数的农家子弟因为贫穷又无法升学,如果不让他们继续学一些知识,以前那些学的也基本上没有用处。他还希望有一天学校能有自己的图书馆,可供学生阅读,而不是啃那几本可怜的教科书。或者还要有自己的运动场,置办运动器械,甚至可以让村民共享。他认为,乡民在农忙季节终日忙碌,农闲季节缺少积极的娱乐,喝酒、赌博等不但伤身而且可能倾家荡产,影响家庭幸福、社会稳定。通过运动设施的共享,既可以增进学生体质,也可以为乡民提供健康的生活方式,并加强与乡民的联系、沟通。

俞子夷曾经鼓励教师说:"做(教育)试验事业的人,应当遇到困难。试看世界教育史中,凡是在试验中的人,哪一个不碰到这种批评和讥笑!我们不必灰心,也不必自满。"② 俞子夷在其构想的日记中也勾勒了乡村教师的生活图景,尽管乡村教学生活平淡无奇,但是,他们依然活得精彩。他在日记(主人公为杨老师,年轻女性)中如此写道:

> 过了清明天气渐渐地温暖起来了。所谓春光明媚鸟语花香的

---

① 陈志贞:《非常时期乡村小学教师的责任》,《乡村教育》1937年第5期。
② 《一个小学十年努力记》,中华书局1933年版,第2页(序二)。

●● 乡村教师生活的历史考察

时候到了。这次交谊会是东村陆师母轮值。她的帖子上写明今天的下午在香雪山郊聚。香雪山是看梅花的地方。这时候去，梅花早已过时，梅子还没有及时。恰在这看梅花吃梅子的中间里，恐怕要望梅止渴也做不到。别开上面的，且去欣赏那梅叶去。

课后有事料理，所以到犹迟，各人等我。见我时，有人主张要罚。刘先生说："要许他辩诉，才公平。"我陈述了理由，刘先生接着说道："好教员，要奖励呢！大家错了。"有人问奖什么？刘先生又打趣道："奖励一个勇健多情的夫婿！"说时还做手势表演。大家拍手笑我。刘先生太恶作剧了，弄得我怪不好意思的。①

事实上，在论述乡村教师的专业生活之时已有很多地方记录了他们的情怀，此处不过是专门阐述而已。如有人曾回忆他们开办小学的事情，其中提到几个教师一门心思要把学校办好，甚至是在条件极为艰苦的老解放区。他说：

我们那时候办学，真可说是赤手空拳。学校不收学费，每月只有政府贴补的七十五斤玉米，乡政府每月贴补我们的是四元抗币和地方公产收益中拨给的四元抗币。这就是整个学校的经费了，而我们教师就有七个人（我们并入了几所改良私塾，加强了师资）。记得当时出现了这样动人的情况，五位教师都自愿义务教学，不拿学校一个钱，连饭也回家吃。尽管待遇微薄，甚至完全不拿钱，但是我们决心大、劲头足，教师们常常是一个星期干脆办七天公。有的教师家离开学校有三四里路，可是他们不管风雨冰雪，一天跑两三趟，从没迟到或早退过。雨后的乡村，道路是泥泞难行的，他们有时跌得像泥人儿似的，可是从来没出过怨言。教师们对于教书、备课、改作业等都是一丝不苟的。那时我们每个人都要兼教几门课或兼做几项工作。像我这个校长，除了

---

① 俞子夷：《一个乡村小学教员的日记（下册）》，商务印书馆1928年版，第116—117页。

## 第四章 乡村教师的社会生活

做学校行政工作外，还得做三、四年级的级任老师，教音乐课和体育课，此外并负责社教工作。陆鼎三同志教一、二年级的语文，又负责全校的庶务。其他各人的情况也都如此。学校里没有一个工友，摇铃、吹哨子都是自己干。没有黑板，用油灰在墙上涂粘一下就成了；没有粉笔，用黄油泥做，那时大殿后面的办公室台上，每天晒满了一枝枝的泥粉笔。我们一门心思就是要把学校办好。①

一些地方史志资料里有大量的关于乡村教师不畏艰难、不辞辛苦坚持教育的记载。如菏泽文史资料中提到："日寇侵占菏泽后，学校迁到靳楼和大阎庄，工作和生活条件很差，房屋少，吃住困难，有的教师吃住在家，每天步行往返几十里路，还要绕道越过敌人的封锁线，并且薪水因战乱也减少，但教师没有一个叫苦的，也没有一个不愿意跟着干的，都能坚持正常授课。"② 菏泽立达小学教师文化水平较高，事业心较强，教学经验较丰富。他们为了教好学生，不计较个人得失，食宿在校，日夜陪伴学生。那时的课程设置单调，自习时间安排比较长，每天早晚自习就多达三个多小时。为了让学生充分利用这些自习时间，老师则不间断地到教室辅导学生学习。立达小学办学基金不宽裕，为了减少开支，学校没有聘用管理人员。学校的管理工作全部由任课老师承担。如教务主任、事务主任、训育主任等都由代课教师代理。③ 晁樾在《回忆父亲子秩先生》一文中说："当时学校的生活条件相当艰苦，三四位住校的老师和几个同学在一起搭伙吃饭，烧饭的刘师傅还监管打铃和做杂工。那时（1931年）物价虽不算高，但小学教师的待遇微薄。我记得经常从农村家里带些小米和玉米面到学校吃，其他老师也是交米面，折伙食费。开饭，师生在一起，像一个大家庭，边吃边谈，津津有味（现在缺少这种气氛）。有时老师买

---

① 《老解放区教育工作回忆录》，上海教育出版社1979年版，第197—204页。
② 《菏泽文史资料》（第一辑），山东人民出版社1988年版，第137页。
③ 《菏泽文史资料》（第二辑），山东人民出版社1990年版，第89页。

一点熟食，也一样分给学生。"① 土地改革时期，教师负担很重，除教学（初小多为复式班）以外，还负责社会宣传、民校、剧团等工作，动员学生上学的任务也很重。星期日，学区还有活动，教师很少处理家务。一些地方教育落后，师资缺乏，常被派到离家七八十里甚至百余里的地方任教，教师接到调令，立即打起背包步行到任。这些事件并非个案，是乡村教师教育生活的常态，也是其职业操守的体现。

---

① 《菏泽文史资料》（第三辑），山东人民出版社1991年版，第105页。

# 第五章 乡村教师的时代际遇

乡村教师需要完成国家推进新式教育的任务又要顾及传统生活的诉求,他们在新旧夹层中开展工作,生活难免受到影响。新式教师受制于时代潮流与社会发展,遭遇乡村疏离、职业困境在所难免,此乃个体难以超脱的亦是专业群体所共同面对的。教师需要完成相应的任务也需要为社会、社区做出贡献,但是,他们首先需要国家提供相应的保障和支持。克莱门斯·门策曾在分析洪堡所著《论国家的作用》时谈到,不能指望以暴力摧毁旧关系,也不可能以固守传统来改变现状而期待能有令人满意的效果。"如果借重这两种途径,人就会停留在作为单纯客体的地步,停留在作为没有发挥的潜在变化力量或者作为可交换的批量物品被人支配的地步。如果国家应该改善自身的话,那么首先是人必须振作起来,必须把自己看作为自身命运的主宰。"[①] 这启示我们,外在的暴力行为与因循守旧并不是好的办法,为人师者更不能消极忍耐、被动等待,而应克服社会转型带来的种种诱惑与挑战,坚守自身的道德底线并不断反省、提升自己。

## 一 乡村教师的生存论视角

### (一)知识与权柄的分离

"我们必须回到知识与权力的关系问题,我知道,在公众的眼里,

---

[①] [德]威廉·冯·洪堡:《论国家的作用》,林荣远等译,中国社会科学出版社2009年版,第2页。

知识与权力总是融合在一道，知识是一层薄薄的面具覆盖在统治的结构上面，这种统治总是意味着压迫、监禁等。"① 实际上，这种理解是荒谬的、肤浅的，福柯所要表明的是在知识与权力中间有可能引申一种关系体系，其基础不是原因和结果，更不是同一性，而是条件。

知识分子的角色并不是要告诉别人他们应该做什么，有什么权利这样做。想想两个世纪以来知识分子竭力表述的那些预言、承诺、指示和蓝图，产生了怎样的后果？我们现在可以看得很清楚了。知识分子的工作不是要改变他人的政治夙愿，而是要通过自己专业领域的分析，一直不停地对设定为不言自明的公理提出疑问，动摇人们的心理习惯、行为方式和思维方式，拆解熟悉的和被认可的事物，重新审查规则和制度，在此基础上重新问题化（以此来实现他的知识分子使命），并参与政治意愿的形成（完成他作为一个公民的角色）。②

近代以来的系列变革逐渐使中国过渡到"民族—国家"形态，知识人逐渐意识到了"国家"是个什么样子并在民国时期开始成为流行的词语。近代国家的兴起，需要有一个持续的、具有凝聚力的族群认同，必须培养具有"民族—国家"意识的公民，这就需要持续不断的国民教育，只有如此才能实现向现代国家转型的理想。然而，传统中国，国家权力很少直接介入乡村社会，地方的教育、经济、文化等具有明显的自主和自发特征并具有自我完善、自我调控的能力。这与自给自足的农耕生活有关，也与地方族长、士绅的传统教化相连，他们因血缘、知识、财富等获得教化一方的文化权力，在传承既往经验、习俗、规范方面的作用显著，也阻滞了新思想的推进。这必然要求一批新型知识分子担当此任。对于民国教师来说，他们亲身经历内乱与外侮并在救亡图存中体会到了时代的危机感，强烈地唤醒了他们内心的"民族—国家"意识。大部分的教师自觉地将追求功名利禄的知识

---

① ［法］米歇尔·福柯：《权力的眼睛》，严峰译，上海人民出版社1997年版，第146页。
② ［法］米歇尔·福柯：《权力的眼睛》，严峰译，上海人民出版社1997年版，第146—147页。

追求转变为复兴民族的责任感，从旧日迷梦与自我陶醉中走出甚至除旧布新、引领潮流，这为推进新式教育实现现代国家理想提供了更多的契机。

新型国家建立之后，其国家权力和意识形态需要通过教育等手段向下传播，而构建现代性的教育体制则是对手段的保障。同样，乡村基础教育的实践也是国家权力与意识渗透到乡村的手段之一，其中的乡村教师起到了一定的承接作用。这也提醒政府重视乡村教师，期待他们在传播国家意志的同时兼顾教化民众、服务社区，发挥与地方精英类似的作用，这与后来的乡村改造、乡村建设运动一脉相连。或许，乡村教师并没有意识到自身的作用，就像人们平时不易觉察自己的心跳一样，但是，这个群体却是切实地在传播国家意志。作为国家的一员，他们有义务布道国家意志、教化民众、塑造国民，那么，他们是否应该享有同等的权利呢？

民国之后，梁启超等人主张的自由观逐步深入民心。梁说，要人人自由，又以不侵犯他人的自由为底线；谈自由没有别的，不过是使人得全他做人的资格而已；即不受三纲压制，不受古人之束缚而已。[①]现在看来，这仍不过时。但是，在法制不健全、人民自由意识低下、人身自由保障匮乏的年代，民与官直接接触带来的混乱与破坏尤甚，并没有太好地体现新思想、新制度的优越性。这也使得很多持激烈革命观的人士在全盘否定传统君权、风俗、教化、话语的压制之后，又排斥西方自由、民主的虚与委蛇。最终，他们必将背离缓慢改良的路线，走向更加轰烈、破坏性更强的革命道路。如果说，民国乡村教师在反抗外侮、抵御侵略者的斗争中的行为值得褒奖，那么，他们在生活困苦之余的抱怨、罢教、弃教现象也令人反思。

**（二）守成与革新的割裂**

晚清民国时期，新式学校的建立逐渐将原本散落的学子、老师集

---

[①]《梁启超全集》，上海人民出版社1984年版，第138页。

中到一起，并越来越向专业化、封闭化的趋势演进。教育机构在物理空间、心理距离以及生活日用等方面远离传统，它们逐渐从乡村生活的一部分转化为嵌入乡村的他者。新式教育与乡村民众的传统生活相距较远，所授知识没有很好地融入乡村生活中，对乡村民众来说一切都是陌生的、怪异的，这也是乡村教师等新式知识阶层面临的一大困境。更为严重的是，新式学堂教育的骤然兴起逼迫地方快速建立新学堂、新学校。为此，政府敕令全国一律将庙宇、祠堂等改为小学堂并向广大民众收捐。这一行为在思想领域触动了乡民的信仰与寄托，在物质层面加重了他们的生存困境。偏偏教育的效果是缓慢的，乡民同样是只顾眼前的，这类似釜底抽薪的行径几乎将乡村生活推向深渊，是令人难以容忍的。

新知识阶层所传授的西方科学、进化理论等，因其突破了"天圆地方""三纲五常"的社会俗约，时常受到乡里民众的质疑甚至是剧烈的排斥。在旧式文人眼里，新教师所传授的不过是专业的、实践的知识，乃是低于"道"的"器物之说"，与古人所鄙夷的贩夫走卒无异。如果做得稍微"出格"，则会被讥为"吃洋药了"或者被背后唾骂，严重的时候还将面临泼粪、鞭笞的惩戒甚至可能落得"沉井"的下场。或许这些说法过于偏激，但这代表了新旧替继之间的两种对立心态。但无论怎样，新式教育是新型国家意志的体现，它相比旧有的私塾教育具有了时代的正当性，所有与"旧""传统"有关的都成为攻击对象。旧有的现象因其合法性危机而遭遇生存危机，成为众矢之的，旧私塾、塾师等甚至被表述成破败不堪、迂腐至极、一文不值。

战火频仍的苦难与旧貌新颜的嬗替并不是我们唯一的记忆。即便是乡村教师等小人物的微生活，也留下了属于自己的印迹。新式的乡村教师并没有那么轻松，上层政策压制与底层民众抵抗已经让他们苦不堪言；在教学效果上不能令上层新式精英满意，又在乡村被叱为狗叫猫跳的骗人把戏，没有真才实学，难以服务乡村社会。无论是在心理距离还是在主体认同上，乡村教师群体都或多或少地遭遇到乡村的疏离。相比士绅、塾师等旧式知识人，乡村教师的专业能力或许更为突出，但当时其社会功能乏善可陈。教师们的行为较难得到乡民认可，所持有的知识体系也与乡村文化隔膜重重，也就意味着他们不再是乡村文化生产与再生产的主角，逐渐被边缘化。

今天看来，外在的规约与他者的期冀是对那个时代的教师的过分要求。然而，我们仍然需要反思那个时代的教师为何有如此的遭遇、深层原因是什么。曾有研究者说："晚清以来的教育变革同样经历过曲折，历届政府一直大力推行的国民教育，在实际运行中遭遇重大障碍，而备受争议的私塾教育，则到20世纪40年代仍然具有相当大的规模。清末对学堂的非议很容易被视为守旧，倡行乡村教育的知识人对于国民学校的批评，就不再是一个新旧的判语所能了断。其中所包含的对于外来制度与国情现实的反省，值得后人深思。"[①] 事实即是如此，乡村教师所面对的不是简单的新旧交替过程，也不是乡民对知识学习的简单想象，它背后隐藏着更深层的变革逻辑。

### （三）洋务与乡土的冲突

即便如此，仍有学者用另一种思维看待中国近代教育的革命进程，认为它需要知识精英深入乡间、贴近大众，切实研究乡村社会之所需与所限。晏阳初说："中国近几十年来教育上最大的错误，在一切制度方法材料，多半从东西洋抄袭来的，那工商业发达的国家的都市人的教育，如何能适合犹滞在农业时代的中国社会的需要，我们初到乡间，看见农民的失学，慨叹中国的教育不普及，后来在乡间久住，才知道幸而今日中国的教育不普及，否则真非亡国不可。这并非愤激之谈，因为农村青年，未入学校之前，尚能帮助他的父母，拾柴捡粪，看牛耕田，不失为一个生产者，可是一旦入了学校，受了一些都市文明的教育，他简直变成一个在乡村不安，到城市无能，不文不武的无业游民。所以为实现民族再造的使命而创造的改造生活的教育，断不能不深入乡间，从农民实际生活里去找问题找材料，去求方

---

[①] 桑兵：《晚清民国的知识与制度体系》，《中山大学学报》（社会科学版）2004年第6期。

### 乡村教师生活的历史考察

法来研究实验,否则坐在都市的图书馆里讲农村教育,那就是等于闭门造车,隔靴搔痒。"① 乡土生活的现实也造成了乡村建设及其类似运动的困境。梁漱溟等人在开展乡村建设运动时发现,"号称乡村运动而乡民不动",他们本以为这种工作对乡民有好处,然而乡村并不喜欢,至少二者是两码事,没有打成一片。他说:"本来最理想的乡村运动,是乡下人动,我们摇旗呐喊。退一步说,也应该是他们想动,而我们领着他动。现在完全不这样。现在是我们动,他们不动;他们不惟不动,反而因为我们动,反来他们闹得很不合适,几乎让我们做不下去。"② 权力阶层与知识精英掌握话语权和决策权,他们根据描绘的教育理想图景来制订计划并付诸实践。这也不难理解很多知识精英,毅然放弃城市生活,义无反顾地投入乡村建设运动中这一行为背后的逻辑。尽管如此,乡村建设的现实还是处处暴露出权力阶层与知识精英的一种启蒙者的心态,以及由此显现出的方法论贫困。

虽然波普尔在《历史主义的贫困》中说道:"希望我们可能有一天也会发现'社会运动的定律',正像是牛顿发现了物体的运动定律那样,那就尤其是这类误解的产物了。既然在任何意义上都没有相似于或可以类比于物体运动的社会运动,所以就不可能有那类的定律。"③ 社会的发展强烈地受到知识的影响,知识又是难以预知的、难以完全把握的,历史主义的困境也在于此。但这不能让我们悲观、放弃,因为总会有解决的办法。借用俄国思想家别尔嘉耶夫的话:"历史首先是一种命运……它在当代时间里之所以不具有无限发展、不具有自然现象的规律,恰恰就是由于历史是命运……我们必须通过对历史各个时代人类命运的考察,证实人类命运在历史范围内不能解决。"④ 这种相对悲剧的历史形而上学隔断了与神化未来的若干幻想的

---

① 《晏阳初全集》(第一卷),湖南教育出版社1989年版,第298页。
② 《晏阳初全集》(第二卷),湖南教育出版社1989年版,第575页。
③ [英]卡尔·波普尔:《历史主义的贫困》,何林译,社会科学文献出版社1987年版,第137页。
④ [俄]别尔嘉耶夫:《历史的意义》,张雅平译,学林出版社2002年版,第166—167页。

联系,推翻了进步思想,但它巩固了一种希望,即指望在永恒的前景中,解决现实历史的一切苦难。

在我们的印象中,近代历史是晦暗、阴郁的,夹杂着太多的痛苦记忆,掺杂了难以克服的负面能量。恰如王德威在《历史与怪兽》一书中所阐述的,我们人类的每一代都在见证、抗拒,也亲手制造了自己时代的怪兽;我们需要克服历史的消极,警觉那些"非人"的行径乃是"人为"的,人性在"向善"挣扎的同时还有怪兽在暗处钳制。每当书写历史、建构过去的时候,我们往往无法克制自暴的劣迹——善的追求成为无限延后的目标。总之,我们不否认试图建构、恢复历史真实所付出的努力,但亦不能忘记弃恶扬善才是历史追求的终点。不管是哪些革命者推翻了"吃人"的礼教,又酝酿了更有技术的"吃人"手段或更高明的政党,那是政治的事情,是政客们的角逐,我们无能为力,但是,"史者,叙述一群一族进化之现象者也,非为陈人塑偶像也,非为一姓作家谱也,盖史必有史之精神焉"①。历史是有真相的,是需要澄明的,同时它更是需要探寻积极意义的——追求善的。在研究乡村教师生活的历史中发现了很多的问题,它促使我们追求更加美善的未来,并为之提供对策或希望。

## 二 乡村教师的知识论立场

近代中国的知识与制度体系剧烈变动,致使国人的精神世界和行为规范出现截然二分的趋势。这种千古局变,无论是在思想上还是行为上,无论是在城市还是乡村,都掀起了巨大波动。相较于帝制时代,乡村的知识学习已发生较大的转变,主要表现为传统守成的教化习俗遭遇开拓创新的科学意识的冲击,开始出现人伦知识向科学知识的转换。蒋梦麟曾经指出,新旧立场的争执不过是态度问题。"新"

---

① 邓实:《史学通论(一)》,《政艺通报》1902年8月18日第12版。

求丰富生活、充分愉快的知识;"旧"是保守安乐窝,是对新态度的反动。① 由此可知,乡村中新旧知识人立场争执的实质源于知识论的不同,体现了知识人方法、手段、思维模式迥异的逻辑。乡村教育者的话语表述与行为外显体现的知识论差异,延续了清末"体"与"用"整合困难的现实,也是人们在"知与行""守成与创新"对抗中的时代建构,更深一层则是中西哲学侧重偏差所致。新旧知识的杂糅与异质性的整合,使得乡村教师遵守传统和师法西洋都不合时宜,寻找二者的妥协、共融之处并非易事。

### (一)"体""用"博弈的乡村延续

所谓的"体""用"之争,可以狭义地看作传统道德知识和科学知识的争执,这种争论又在人口占到90%的乡村延续,在乡村知识者中间展开。直至今日,每到中华民族文化自觉"复苏"的时候,都会复演类似的争论。严复早已在其《论教育书》中指出,学者说西人的政论较易,为西人之科学难。故此后中国教育应该着意科学,使学者沉下心来,浸渍于因果实证之间。等以后学成,有治疗贫弱的实力,破除旧学的拘束,这才是中国之幸。后来主张"中体西用"的维新派人士亦多受他的启蒙。"中体西用"最初作为中西文化接触后的整合性尝试,作为老大帝国教育的指导方针,实在是迫于内外压力的无奈之举。这并非中庸或中间道路。对于这种没有克服中西矛盾的直接嫁接,悲剧后果可想而知。也如庄子所言:"凫胫虽短,续之则忧;鹤胫虽长,断之则悲。"(《庄子·骈拇篇》)因为古老中华帝国社会中"体即用"或"用即体",一元思维根深蒂固。很多知识精英期望中西两种明显对立的文化"合二为一",期冀中西交融,秉承"中体西用"的立场而找到新的"契合点",甚至达到如阴阳八卦一般的境界。但西方文化知识、科学技术在中国的渗透,使中式的"体"瓦解、西式的"用"确立。"格致""道""器"在当今中国语境里已经

---

① 陈飞、徐国利:《回读百年》(第一卷),大象出版社2009年版,第208—211页。

显得极为陌生，反倒是"物理学""物理学之后"在中国文化中生根、发芽。以"不是东风压倒西风，就是西风压倒东风"形容二者之间的"零和博弈"，可能更恰当些。

**（二）"知行""行知"的视阈对抗**

传统的学习是冥想式的理性主义倾向，为的是达到已知，然后根据前人经验去做事，这也是陶行知早期使用"知行"一名所坚持的观点。先知后行，不产生新问题、新知识，人们仅需"守成卫道"。由行致知，则需要人们不断在试误、猜想与反驳中创造新知。正如卡尔·马克思所坚持的，人的思维是否具有客观的真理性，这不是一个理论问题，而是一个实践问题。可以说，正因为我们真正地生活过，所以我们才获得现有的知识。"任何知识本身绝非充分自足的，知识只有通过占有知识的人才变得有意义。在绝大多数情况下，实际行动都是行动者不太清楚行动目的意义的状态下做出的，只是在较含糊的意义上'意识'到了它，而非'知道'它。"[①] 后来，陶行知受益于实用主义哲学，转而认为实践才可能获得真知然后再指导实践，即"行—知—行"，遂改名为"行知"。这一例证可以深刻反映我们在理性主义与经验主义中的立场摇摆。

**（三）"中""西"哲学的侧重偏差**

对于这一争执，张东荪、梁漱溟等人也有深刻的洞见。梁漱溟指出传统中国以道德代宗教，以伦理法则组织社会，以伦理为本位使得农工商皆不入流。国人尤其是山野乡民信仰历史，因循"过往""经验"，因为这样至少不会出现大的差错。他甚至更加尖锐地指出，文化早熟之后的中国，由此遂无科学。他指出："中国人讲学问，详于人事而忽于物理，此乃世所公认的。中国学问虽云详于人事，却非今之所谓社会科学。然而周孔以来，宗教缺乏，理性早

---

① 徐继存：《教育学知识的限度及其意义》，《教育学报》2011年第1期。

启，人生态度逐以大异于他方。在人生第一问题（我是谁）尚未解决之下，萌露了第二问题即第二态度（去往何处），由此而精神移用到人事上，于物则忽略。即遇到物，亦失其所以对物者，科学之不得成就出来就在此。"[1] 为了解决人生第一问题，人类从质朴的古老哲学逐渐发展到现代科学，尽管仍难以企及真知，但可以肯定，通过科学可以无限趋近答案。人生第二问题关注"我"与他者，需要注重伦理、关系，其复杂关系连当今内存最大的计算机都无法计算。正常情况下，第一问题的解决是为了更好地处理第二问题且具有优先性，过早成熟的关系社会在一定程度上扼杀了创新。这也是乡村民众用怀疑的眼神看待新知识、新教师的根本原因。除了思想、立场及其生存哲学的纠葛之外，乡村教师在专业化过程中所面临的职业困境也令人无法忽视。

梁漱溟在其《乡村建设理论》中谈道："传统中国社会是以乡村为基础，并以乡村为主体的；所有文化，多半是从乡村而来，又为乡村而设——法制、礼俗、工商业等莫不如是。在近百年中，帝国主义的侵略，固然直接间接都在破坏乡村，即中国人所作所为，一切维新革命民族自救，也无非是破坏乡村。所以中国近百年史，也可以说是一部乡村破坏史。"[2] 破坏无法避免，而破坏之后的融合则极为重要，这不是一朝一夕所能完成的。乡村教师作为乡村社会的独特成员，作为新式教育推进的关键一环，其重要性不仅仅是在教学方式等行为上，也是在启迪乡村新思维等思想层面上。

---

[1] 梁漱溟：《中国文化要义》，上海人民出版社2005年版，第237—238页。
[2] 梁漱溟：《乡村建设理论》，上海人民出版社2006年版，第10—11页。

# 参考文献

## 一 著作类

（清）丁柔克：《柳弧》，中华书局2004年版。
陈存仁：《银元时代生活史》，广西师范大学出版社2007年版。
陈飞、徐国利：《回读百年》（第一卷），大象出版社2009年版。
陈明远：《文化人的经济生活》，文汇出版社2005年版。
《第一次中国教育年鉴》（丙编），传记文学出版社1977年版。
费孝通：《乡土中国》，上海人民出版社2007年版。
费孝通：《乡土重建》，上海观察社1948年版。
费孝通：《中国士绅》，赵旭东、秦志杰译，生活·读书·新知三联书店2009年版。
甘豫源：《乡村教育》，中华书局1936年版。
国际联盟教育考察团：《中国教育之改进》，国立编译馆1932年版。
何兆武、陈启能：《当代西方史学理论》，上海社会科学院出版社2003年版。
何兆武：《上学记》，文婧转录，生活·读书·新知三联书店2008年版。
《菏泽文史资料》（第二辑），山东人民出版社1990年版。
《菏泽文史资料》（第三辑），山东人民出版社1991年版。
《菏泽文史资料》（第一辑），山东人民出版社1988年版。
黄炎培：《八十年来》，文史资料出版社1982年版。
《黄炎培考察教育日记》（第二集），商务印书馆1915年版。

《黄炎培考察教育日记》（第一集），商务印书馆1914年版。

黄宗智：《中国乡村研究》（第六辑），福建教育出版社2008年版。

蒋纯焦：《一个阶层的消失》，上海书店出版社2007年版。

《蒋梦麟自传：西潮·新潮》，华文出版社2013年版。

《教育法令汇编》（第一辑），商务印书馆1936年版。

《老解放区教育工作回忆录》，上海教育出版社1979年版。

李桂林、戚名琇、钱曼倩编：《中国近代教育史料汇编——普通教育》，上海教育出版社1995年版。

李景汉：《定县社会概况调查》，中国人民大学出版社1986年版。

李六如：《六十年的变迁》（第一部），人民文学出版社2007年版。

李文海主编：《民国时期社会调查丛编》（文教事业卷），福建教育出版社2004年版。

《梁启超全集》，上海人民出版社1984年版。

梁漱溟：《教育与人生》，当代中国出版社2012年版。

梁漱溟：《乡村建设理论》，上海人民出版社2006年版。

梁漱溟：《中国文化要义》，上海人民出版社2005年版。

刘百川：《一个小学校长的日记》，华文出版社2012年版。

刘大鹏：《退想斋日记》，乔志强注，山西人民出版社1999年版。

刘得志：《晋州市教育志》，河北人民出版社2001年版。

刘九龙、韩平：《聊城地区教育志》，聊城地区教育局内部印行1989年版。

刘仲元：《苦尽甘来忆童年：1938年至1952年》，北京出版社2009年版。

龙发甲：《乡村教育概论》，商务印书馆1937年版。

米迪刚、尹仲材：《翟城村》，中华报社1925年版。

欧阳哲生：《胡适文集》，北京大学出版社1998年版。

澎湃：《海丰农民运动报告》，作家出版社1960年版。

《钱宾四先生全集》（51），联经出版社1998年版。

桑兵：《晚清学堂学生与社会变迁》，广西师范大学出版社2007年版。

《山东省政府教育厅视察教育报告》(第二集),成章印务公司1931年版。

《山东文史资料》(第二辑),山东人民出版社1982年版。

舒新城:《蜀游新影》,上海开明书店1929年版。

宋锡超:《日伪占领泰安市推行奴化教育的概况》,泰山区文史资料第四辑1992年版。

孙中山:《建国方略》,牧之等选注,辽宁人民出版社1994年版。

陶钝:《一个知识分子的自述》,山东人民出版社1998年版。

《陶行知论乡村教育改造》,陕西师范大学出版社1989年版。

《陶行知全集》(第五卷),湖南教育出版社1985年版。

田正平、肖朗编:《世纪之理想——中国近代义务教育研究》,浙江教育出版社2000年版。

王笛:《茶馆:成都的公共生活和微观世界(1900—1950)》,社会科学文献出版社2010年版。

王日新、蒋笃运:《河南教育通史》(中),大象出版社2004年版。

《汶上文史资料》(第三辑),山东出版总社济宁分社1988年版。

吴洪成、田谧:《晚清教师史研究》,河北大学出版社2012年版。

熊安明:《中华民国教育史》,重庆出版社1997年版。

徐茂明:《江南士绅与江南社会:1368—1911年》,商务印书馆2004年版。

许烺光:《祖荫下:中国乡村的亲属、性格与社会流动(修订版)》,王芃等译,南天书局2000年版。

阎国华主编:《保定近代教育史略》,河北大学出版社1992年版。

《兖州文史资料》(第三辑),兖州政协文史资料委员会1987年版。

《晏阳初全集》(第一卷),湖南教育出版社1989年版。

《晏阳初全集》(第二卷),湖南教育出版社1989年版。

杨懋春:《一个中国村庄:山东台头》,张雄等译,江苏人民出版社2001年版。

《一个小学十年努力记》,中华书局1933年版。

《沂水县文史资料》（第三辑），沂水县政协文史研究委员会编，1987年。

《宜宾教育志》，西南师范大学出版社2005年版。

《俞子夷教育论著选》，人民教育出版社1960年版。

俞子夷：《一个乡村小学教员的日记（下册）》，商务印书馆1928年版。

恽毓鼎：《恽毓鼎澄斋日记》，浙江古籍出版社2004年版。

张伯苓：《张伯苓教育言论选集》，南开大学出版社1984年版。

张鸣：《民国的角落》，红旗出版社2011年版。

章开沅、马敏、朱英：《辛亥革命前后的官绅商学》，华中师范大学出版社2011年版。

章元善、许仕廉编：《民国业书》（第四编，乡村建设实验第三集），生活书店1936年版。

《中华民国档案资料汇编》（第一编·教育），江苏古籍出版社1994年版。

《中华民国教育法规选编（1912—1949）》，江苏教育出版社1990年版。

朱汉国：《中国社会通史》（民国卷），山西教育出版社1996年版。

朱有瓛等编：《中国近代教育史料汇编：教育行政机构和教育团体》，上海教育出版社1993年版。

朱有瓛：《中国近代学制史料》（第二辑，上），华东师范大学出版社1989年版。

庄俞编：《最新初等小学国文教科书》，商务印书馆1906年版。

《自贡市教育志》，四川人民出版社1993年版。

[奥]阿尔弗莱德·阿德勒：《生活的科学》，苏克、周晓琪译，生活·读书·新知三联书店1987年版。

[德]威廉·冯·洪堡：《论国家的作用》，林荣远等译，中国社会科学出版社2009年版。

[俄]别尔嘉耶夫：《历史的意义》，张雅平译，学林出版社2002

年版。

[法] 米歇尔·福柯：《权力的眼睛》，严峰译，上海人民出版社 1997 年版。

[美] E. A. 罗斯：《变化中的中国人》，公茂虹、张皓译，时事出版社 1998 年版。

[美] 埃德加·斯诺：《西行漫记》，董乐山译，生活·读书·新知三联书店 1979 年版。

[美] 艾·弗洛姆：《自我的追寻》，孙石译，上海译文出版社 2013 年版。

[美] 白修德、贾安娜：《中国的惊雷》，端纳译，北京出版社 1988 年版。

[美] 费正清、费维恺编：《剑桥中华民国史：1912—1949 年》（上卷），刘敬坤等译，中国社会科学出版社 1993 年版。

[美] 费正清、费维恺编：《剑桥中华民国史：1912—1949 年》（下卷），刘敬坤等译，中国社会科学出版社 1993 年版。

[美] 郝大维、安乐哲：《先贤的民主：杜威、孔子与中国民主之希望》，何刚强译，江苏人民出版社 2004 年版。

[美] 杰克·贝尔登：《中国震撼世界》，邱应觉等译，北京出版社 1980 年版。

[美] 孔飞力：《叫魂——1768 年的中国妖术大恐慌》，陈兼、刘昶译，生活·读书·新知三联书店 1999 年版。

[美] 明恩溥：《中国的乡村生活》，陈午晴等译，时事出版社 1998 年版。

[美] 明恩溥：《中国人的气质》，刘飞等译，上海三联书店 2007 年版。

[苏] 伊·谢·科恩：《自我论——个人与个人自我意识》，佟景韩、范国忠、许宏治译，生活·读书·新知三联书店 1986 年版。

[英] 吉登斯：《现代性与自我认同——现代晚期的自我与社会》，赵旭东等译，生活·读书·新知三联书店 1998 年版。

[英]卡尔·波普尔：《历史主义的贫困》，何林译，社会科学文献出版社1987年版。

[英]麦高温：《中国人生活的明与暗》，朱涛、倪静译，中华书局2006年版。

[英]齐格蒙·鲍曼：《立法者与阐释者》，洪涛译，上海人民出版社2000年版。

[英]沈艾娣：《梦醒子——一位华北乡居者的人生》，赵妍杰译，北京大学出版社2013年版。

于述胜编：《中国教育制度史（第七卷）》，山东教育出版社2000年版。

## 二　期刊报纸类

蓓蕾：《小学教员的自述》，《特写》1936年第2期。

车丽娜：《教师文化的实然诊断与应然追求》，《教育发展研究》2007年第1期。

陈志贞：《非常时期乡村小学教师的责任》，《乡村教育》1937年第5期。

陈秩：《搬神像，拆神台，移棺材》，《乡村教育》1936年第2期。

邓实：《史学通论（一）》，《政艺通报》1902年8月18日第12版。

范源廉：《说新教育之弊》，《中华教育界》1914年第5期。

冯国华：《从经济观点论今后之民众教育》，《教育与民众》1933年第4期。

高小强：《乡村教师阶层分化及其社会文化后果》，《中国教育学刊》2011年第12期。

高新民：《在乡村教学要注意的几点》，《民众周刊》1933年第42期。

郝文武：《论城镇化进程中的农村学校布局问题》，《教育研究》2011年第3期。

胡悦晗、谢永栋：《中国日常生活史研究述评》，《史林》2010年第5期。

黄卓甫：《一个徽州乡村小学教员的日记》，《安徽教育》1930年第9期。

蒋杰编著：《京郊农村社会调查》，《中华农学会报》1937年第159期。

金南屏：《乡校教员》，《消闲月刊》1921年第1期。

开元：《穷教员》，《南光报》1946年第31期。

雷颐：《"日常生活"与历史研究》，《史学理论研究》2000年第3期。

李楚材：《小学教师的生活问题》，《中华教育界》1928年第6期。

李贺汶：《在乡村里》，《妇女生活》1937年第11期。

李思秀：《做了民族解放的神圣事业》，《妇女生活》1936年第10期。

李云杭：《教育调查：南京燕子矶实验小学》，《湖南教育》1930年第17期。

梁庆椿：《从泰和乡村小学调查所见吾国乡村教育问题》，《国命旬刊》1938年第13期。

林春农：《乡村教师的生活》，《民众周刊（济南）》1934年第36期。

灵子（笔名）：《清高生活的一页》，《妇女生活》1937年第12期。

刘金钊：《乡村教员怎样应付时代与环境》，《光华大学》（半月刊）1937年第7期。

刘来之：《四块钱的月薪》，《妇女生活》1936年第10期。

刘林平：《外来人群体中的关系运用——以深圳"平江村"为个案》，《中国社会科学》2001年第5期。

罗志田：《科举废除在乡村中的社会后果》，《中国社会科学》2006年第1期。

穆义清：《劳苦功高的乡村小学教员》，《实报半月刊》1937年第14期。

容若：《为什么组织乡村教育通信研究会》，《民众周刊》1933年第42期。

容中逵：《百年中国乡村学校教学变迁的历史轨迹——基于颐村学校

容中逵：《他者规训异化与自我迷失下的乡村教师——论乡村教师的身份认同危机问题》，《教育学报》2009 年第 5 期。

桑兵：《晚清民国的知识与制度体系》，《中山大学学报》（社会科学版）2004 年第 6 期。

蜀庐（笔名）：《一个乡村小学教员的自述》，《湖南教育》1929 年第 3 期。

宋震寰：《山西乡村教育状况之调查》，《新农村》1934 年第 13—14 期。

唐松林：《理想的寂灭与复燃：重新发现乡村教师》，《中国教育学刊》2012 年第 7 期。

童荷生：《工作日记选录》，《乡村教育》1936 年第 2 期。

汪翰章：《上海教员的生活》，《现代学生》1930 年第 2 期。

王先明、龙永斌：《略论晚清乡村社会教化体系的历史变迁》，《史学月刊》1999 年第 3 期。

王骧：《从乡村歌谣谈到乡村教育》，《乡村教育》1936 年第 2 期。

王运明：《民国小学教师待遇初探》，《教学与管理》2011 年第 3 期。

吴琼：《民国时期教师薪俸的历史演变》，《教育评论》1999 年第 6 期。

冼锡鸿：《教员生活》，《培正校刊》1948 年第 3 期。

《乡村教育调查》，《农情报告》1936 年第 9 期。

晓（笔名）：《从生活中去学习》，《妇女生活》1937 年第 12 期。

谢润身：《武鸣县乡村教育调查》，《统计月报》1935 年第 5—6 期。

熊贤君：《中华民国时期私塾的现代化改造》，《华东师范大学学报》（教育科学版）1998 年第 3 期。

徐继存：《教育学知识的限度及其意义》，《教育学报》2011 年第 1 期。

徐继存：《中国传统社会的乡绅阶层及其衰落》，《当代教育与文化》

2015 年第 1 期。

徐阶平：《对于改良私塾的几个问题》，《乡村教育》1937 年第 5 期。

徐钧：《一个小学教员的生活写真》，《地方教育》1932 年第 33 期。

许玉洲、王景志：《做乡村教师的困难》，《教育短波》1935 年第 24 期。

杨旭：《怎样做乡村义教教员》，《湖南义教》1937 年第 71—72 期。

原颂周：《理想中之乡村学校教员》，《教育与职业》1924 年第 38 期。

恽代英：《怎样做小学教师》，《中国青年》1924 年第 20 期。

张天讨：《乡村小学教员底一年》，《教育论坛》1932 年第 6 期。

张英夫：《河北霸县乡村小学教师生活写照：工作劳苦到极点，生活低微到极点》，《众志月刊》1934 年第 3 期。

《中国各省的地租》，《农情报告》1936 年第 9 期。

钟南：《改善乡村教师待遇之我见》，《通中校刊》1934 年第 3 期。

周庆浩：《乡村教师的生活》，《民众周刊》1934 年第 36 期。

### 三 档案资料类

《博兴文史资料》（第二辑），滨州地区新闻出版局，1984 年。

《关于培养训练与教育小学教员的指示》，山东省档案馆，1942 - 03 - 27，档号：G004 - 01 - 0014 - 018。

《关于提高小学教员待遇问题的请示与批复》，山东省档案馆，1949 - 10 - 26，档号：G004 - 01 - 0371 - 003。

《关于小学及村学教员待遇的决定》，山东省档案馆，1947 - 02 - 14，档号：G004 - 01 - 0103 - 003。

《关于优待参加抗战工作之士绅名宿及特殊技术人才的通知》，山东省档案馆，1941 - 03 - 24，档号：G004 - 01 - 0013 - 021。

刘强：《1927—1937 安徽教师群体研究》，硕士学位论文，安徽大学，2011 年。

倪杨艳：《民国 25 年教师的聘约长啥样》，《嘉兴日报》2011 年 5 月 19 日第 B2 版。

《山东省各县小学教员救国会组织章程》，山东省档案馆，1942年，档号：G004-01-0014-005。

《山西村政汇编·修正人民须知》，山西村政处，1928年。

慎月梅：《近代变革中的乡村学校和教师：以嘉兴地区为例》，硕士学位论文，华东师范大学，2012年。

《滕县文史资料》（第三辑），滕州政协文史资料委员会，1987年。

统筹（笔名）：《民国老歌谣》，《燕赵都市报》2012年3月4日第19版。

王平（记者）：《透过三份聘书，看看清代、民国时期的教师待遇——当个教师，一年能挣多少粮》，《南阳晚报》2011年9月14日第W11版。

许庆如：《变革与传承：近代山东乡村教育研究（1901—1937）》，博士学位论文，华东师范大学，2012年。

一清：《教员生活》，《海宁》1939年第1期（创刊号）。

袁静波：《日伪道尹王绍武在济宁的片断》，兖州文史资料第三辑。

《在土地改革中关于（相关）问题之意见》，山东省档案馆，1947-09-14，档号：0003-01-0022-002。

张明水：《民国时期河南乡村小学教师群体研究》，硕士学位论文，河南师范大学，2013年。

# 后　　记

　　教师生活的回归要以其日常生活为前提，因为这是每个人必须参与的，是该群体其他生活的基础，其重要性不容忽视。通过对乡村教师生活的纵向分析和横向对比可以发现，教师的日常生活如若不能得到一定保障，无法满足其基本需要，他们在社会交往中的底气和在教育教学中的灵性则显不足。反观当今社会"教师专业发展"的热闹景象，教师日常生活质量的提升却显得无的放矢、无所适从，它不仅仅是加薪、减负那么简单。只期望，教师们有更大的生活空间、更多的自主选择，让教学真正成为其日常生活的延伸，将之作为个体生存满足之后的价值、意义所在。

　　既然如此，就需对教师回归日常生活的可能性与可行性进行批判。尊重并回归教师的日常生活，不单是对其职业生活困境的缓解，还是社会变化之后的必然选择。无论是战争的骤然爆发抑或社会的悄然变动，教师日常生活结构都在松动变形甚至裂变，这种状态对职业生活的冲击不可小觑。相较旧时代，当代的生活开始打破传统生活结构与行为图式，它将朝向更为合乎理性、更为民主、更为科学的路径。尤其是新型城镇化等潮流的变迁，使得这种过程出现加速度，教师从纯粹自在和封闭的王国迈向自觉自为的开放世界难以避免。然而，这种物理性的开放还可能带来教师心灵的桎梏，如何将物质丰富与精神丰盈相协调并为教师提供心灵的安全和慰藉是最基本的诉求。新的文化范式将会不断地渗透到乡村教师群体之中，进而影响其生活方式、价值判断甚至文化类型的转变。新形势下，乡村教师群体的人生观、价值观、世界观剧烈动荡，文化转型将无法避免。

  研究中，我努力将个体经验和先进理论转化为自己的判断，将乡村教师隐性的、缄默的生活日常转成边界明晰、逻辑自洽的系统表述。实际上，我深刻地同意哲学家怀特海的观点——洞察力的微弱、语言的贫乏以及想象力的不足，是阻止人类构建理论大厦、宏大叙事的顽强障碍。本书研究中所遇到的各种障碍和困难超出预期，没有诸位师友的指导与支持，是很难完成的。本书是在我的博士毕业论文基础上修改而成，能够最终成形，最应该郑重感谢我的导师徐继存教授，感谢徐老师的谆谆教诲和耐心引导；感谢路书红老师、孙宽宁老师、车丽娜老师、吉标老师和王春华老师给予的关心，他们是我的"良师"也是"益友"。另外，于洪波老师、魏薇老师给予了持续的关心和鼓励；崔永杰教授、曾继耘教授、李剑萍教授、石鸥教授在我学习与研究过程中的指点颇多，不胜感激。研究过程中，得到了各位学友和同学的支持；出版过程中，中国社会科学出版社的王琪编辑及其同事也付出了很多心血，在此致以衷心的谢意。最后，书稿审读过程中我的爱人徐诺女士替我分忧解难，给予了巨大支持，深表谢意。

高盼望

2021 年 3 月 21 日